本书为北京市教育科学"十三五"规划 2018 年度校本研究专项课题
——《小学德育中构建服务学习课程体系的研究》课题成果
课题编号：3096-0049

服务学习　志在家国

史家教育集团第二届"服务学习"课程
经典案例集

史家教育集团　编著

图书在版编目（CIP）数据

服务学习　志在家国——史家教育集团第二届"服务学习"经典案例集/史家教育集团编著．—北京：中国发展出版社，2019.1

ISBN 978 - 7 - 5177 - 0973 - 2

Ⅰ．①服…　Ⅱ．①史…　Ⅲ．①小学教育—教学研究—案例　Ⅳ．①G622.0

中国版本图书馆 CIP 数据核字（2019）第 043085 号

书　　　　名：服务学习　志在家国
　　　　　　　——史家教育集团第二届"服务学习"经典案例集
著 作 现 任 者：史家教育集团
出 版 发 行：中国发展出版社
　　　　　　　（北京市西城区百万庄大街 16 号 8 层　100037）
标 准 书 号：ISBN 978 - 7 - 5177 - 0973 - 2
经 销 者：各地新华书店
印 刷 者：河北鑫兆源印刷有限公司
开　　　　本：700×1000mm　1/16
印　　　　张：24.25
字　　　　数：310 千字
版　　　　次：2019 年 4 月第 1 版
印　　　　次：2019 年 4 月第 1 次印刷
定　　　　价：68.00 元

联 系 电 话：（010）68990642　68990692
购 书 热 线：（010）68990682　68990686
网 络 订 购：http://zgfzcbs.tmall.com//
网 购 电 话：（010）68990639　88333349
本 社 网 址：http://www.develpress.com.cn
电 子 邮 件：fazhanreader@163.com

本书编委会名单

编委会主任：王　欢　洪　伟

本 书 主 编：李　娟　张均帅

专 家 顾 问：谢春风　张　毅　朱晓宇　万　平　韩淑萍

编 委 成 员：（按姓氏笔画排序）

于　丹　马　岩　王　宁　王　滢　王　瑾

史亚楠　祁　冰　李红卫　吴金彦　汪　卉

宋　菁　宋宁宁　张　怡　张秀娟　陈　纲

周　舟　赵慧霞　贾维琳　徐　虹　高金芳

郭文雅　陶淑磊　黎　童

参与成员：（按姓氏笔画顺序）

于 佳	马 岩	王 宁	王 华	王 珈
王 雯	王 颖	王 滢	王 静	王 瑾
王竹新	王连茜	王秀军	王建云	王香春
化国辉	孔宪梅	孔继英	石 濛	卢明文
史亚楠	史宇佩	付燕琛	白 雪	乔 淅
刘 迎	刘 岩	刘 姗	刘力平	刘玲玲
闫春芳	安 然	祁 冰	许爱华	孙 莹
杜 楠	杜建萍	杨 扬	杨 奕	李 婕
李 静	李红卫	李岩辉	李梦裙	李焕玲
李超群	李惠霞	吴金彦	汪 卉	沙焱琦
宋宁宁	迟 佳	张 伟	张 彬	张 滢
张 蕊	张书娟	张艾琼	张牧梓	张京利
张春艳	张斌轩	张鑫然	陈 璐	陈玉梅
范 鹏	范欣楠	范晓丽	罗 曦	金 晶
周 舟	赵 苹	侯 琳	祖学军	秦 月
耿芝瑞	贾维琳	徐 卓	徐 虹	徐 莹
徐丹丹	徐愫祺	高江丽	郭 红	海 琳
陶淑磊	曹艳昕	崔 旸	崔 敏	彭 霏
葛 攀	温 程	鲍 虹	满文莉	蔡 琳
翟玉红	黎 童	滕学蕾	潘 锶	潘 璇
霍维东	魏晓梅			

序　言

　　教育影响着一个民族的未来，少年儿童是未来的希望。我们相信，影响孩子，就是影响未来。在孩子的心中从小埋下公益的种子，这颗种子必将陪伴他们成长，必将硕果累累、收获芬芳。2017 年 9 月，史家教育集团再次携手"益路同行"，通过"服务学习"课程，共同点燃孩子们的公益梦想，帮助更多的孩子走进社会与生活。在社会中服务，在实践中学习，实现由公益梦想到公益行动的蜕变。

　　经过两年的深度实践，"服务学习"课程已经成为史家德育工作的一大亮点和品牌。服务学习很好地调动了师生的公益热情，他们的参与热情高，获得了学生、教师、家长、社区的一致好评。通过课程学习，学生自主策划的公益项目书达到 3723 份，包括环境保护、社区发展、文化传承、扶贫济困、家庭健康、老妇幼服务等多个领域。继 2016 年的"影为爱""有故事的古树""八段锦进社区"等 10 个优秀项目成功入选"益路同行"平台，2017～2018 学年在全体师生的努力下，经过多轮评审和答辩，最终"家书守护行动""关爱失智老人""濒危盒子""小小社区消防员"等 15 个优秀公益创想成功与中国扶贫基金会"益路同行"平台签约。

　　师生们的公益热情高涨，积极参与公益项目，15 个学生自主发起的优秀创新公益项目带动全校 20 多个班级千余名同学全程深度参与，并在全校范围内掀起公益行动的风潮。同时，还有一批诸如"一页书图书馆""中医药文化进社区"等公益项目，虽然没有入选"益路同行"平台，却依然热情不减，执着于初心，尽自己所能，传递着正能量。此外，我们还欣喜地看到，2016 年入选的服务学习项目也并没有因为项目计划周期结束而停止。以"影为爱"项目为例，孩子们因为走近北京外来务工者，为他们拍摄工作照片，进而接触到了留守儿童这个群体。"影为爱"项目结束后，孩子们的爱心善行并没有停止，他们还在持续用一颗火热而赤诚的心在坚持服务、坚持奉献，在 2018 年的世界图书日，这群十来岁的孩子为湖南省安化县上马完小的伙伴们捐献图书 3000 多册，这些图书都是他们通过自己的努力募集而来的，每一本图书上都写满了赠予者的寄语。

"服务学习"带给学生真实的成长，具有全面育人价值。它将综合实践活动、研究性学习、社区服务进行整合设计，鼓励学生将实践与学习相结合，带动学生主动地发现、关注社会中的现实问题，自主策划、选择、反思公益项目，并通过服务和行动来改善社会生活和环境，唤醒更多的人参与到服务行动当中。它真正体现史家小学所一直倡导的"和谐教育"与"家国情怀"培育，是史家教育理念的落地与体现，让学生走出"自我中心"，不再只关注自我的需求，从"人与自身的和谐"不断向"人与人""人与知识""人与自然""人与社会"的和谐发展，学会关注他人的需求，产生服务他人的意识，并付诸实践与行动。

在服务学习中，孩子们的社会责任感、创新精神、实践能力、思维能力、组织能力、领导能力、沟通能力以及团队合作能力都得到了极大提升。服务学习并非一帆风顺的，正如孩子们在行动日记和反思工具表中记录的那样，在服务学习的过程中，他们有过迷茫、有过挫折、有过争执、有过担忧……有太多的困难摆在他们面前，等待他们去解决。孩子们凭着一腔真诚和一颗不断学习的心，不断地克服挫折与困难，在活动中不断历练，一次又一次让老师、让家长刮目相看。服务学习还是优秀的家校共育的载体，孩子们发起的公益项目成功带动了家长们参与公益，孩子们的微言善行对家长也是一次再教育，对家校共育、家校关系也起到了良好的促进作用。

经过评比，2017～2018 学年，共 76 名学生获得由中国扶贫基金会颁发的"小小公益创想家"，16 个中队获得了"优秀公益创新团队奖"，史家教育集团也因此获得"突出贡献奖"。同时，学生们自主发起的创新公益项目还获得了全社会各界的关注与支持，各级各类新闻媒体对项目进行了深度报道，人民网、光明网、新华网、中国教育电视台、《德育报》《现代教育报》《中国少年报》、北京电视台等权威媒体也对学生们自主策划的公益项目进行了深度报道。

正如孩子们在感言中所写的那样："我们就像风暴之眼，我们学习着，坚持着，努力引起热心公益的风潮。"史家小学的孩子们在"服务学习"中体验着成长的无限可能。我们相信，在服务学习风潮之下，每个孩子都会收获一份扎扎实实的成长。我们也期待服务学习能够在孩子们的坚持和努力下，带给更多人温暖与帮助。

目　录

小小社区消防员

　　"小小社区消防员"服务学习项目由史家小学一（7）中队柳依格同学发起，一（7）中队全体成员共同参与完成。项目指导教师为史家小学汪卉老师。"小小社区消防员"自2017年12月发起，至2018年6月顺利完成。项目组通过消防安全知识讲座、进行消防演习、认识"迷你消防车"、介绍灭火器使用方法、表演自制"三句半"、绘制百米画卷、消防知识问答等多种形式，开展消防安全知识宣传活动。自项目实施以来，项目组先后走进利星行奔驰汽车有限公司、北京某部队医院、丽都社区、龙潭公园、北京市第一幼儿园海晟实验园、王府井步行街等地，共举办了10场活动，参与人数达8600人次，将消防意识传递给千万个家庭。《新京报》《北京晚报》《北京青年报》《法制晚报》《现代教育报》等多家媒体对公益项目进行了报道，东城区政府、平安东城等官方微博也对活动进行了宣传。因项目影响力突出，北京市东城区公安消防支队地坛中队还特聘请一（7）中队的同学们为"小小社区消防员"，并为他们颁发了特别聘书，希望他们长期为东城区消防宣传工作助力。

一、指导教师推荐序

　　教育家陶行知先生曾经说过："爱是一种伟大的力量，没有爱就没有教育。"我觉得这种有爱的教育包括对学生的尊重与教导、关怀与理解、支持与欣赏。学校开展的"服务学习"课程，不仅仅完美诠释了这种"爱的教育"，更让学生们在"爱"中学"爱"，从一个个"接受爱"的小花朵成长为"给予爱"的小太阳。

2017 年开学伊始，新一轮"服务学习"课程在全校拉开了序幕。在课程开始之前，校领导就与我们低年级的班主任们开了专题会议。因为孩子们年龄偏小，他们参与这门课程的目标也有所不同，并不是要求孩子们马上就能写出自己的公益提案，而是先学会用心去观察，在高年级大哥哥、大姐姐们的优秀案例中获得启发。

时至今时，我想起学生们倾听"学会发现"专题讲座时的场景仍忍不住要笑出声来。讲座刚刚开始时，可爱的"小豆包"们坐姿端正，神气十足，一脸期待。可是听着听着，孩子们的状态就变了，小眉毛皱着，小嘴嘟着，一身的不自在，有的甚至打起了哈欠。

我微笑着问孩子们："你们这是怎么了？怎么不认真听啦？"

一个孩子问我："老师，什么是服务学习啊？视频中的老师说什么呢？我怎么听不懂啊？"

其他孩子也忍不住了，纷纷说："老师，什么是提案啊？""老师，这是要干什么呀？"

看着他们天真的面庞，我忍不住笑了。是啊，他们可是才刚满 6 岁没多久的娃娃们啊！这样专业的课程，对他们来说理解起来还需要一个过程。我赶快参与到讲座中，配合转播，给孩子们进行"翻译"，孩子们的注意力终于再次回到了讲座。

"孩子们，学习分很多种。在课堂中学习知识，是一种学习方法，比如你们来上学；课下看课外书，是一种学习方法，我们能从书本里获得知识；去参观博物馆，也是一种学习方法，你们能从博物馆里学到很多历史知识；我们出去旅行、去看话剧、看电影、去运动，甚至和小伙伴们在楼下玩耍，这都包含着学习，你们同样能从这些事情中有所收获。今天，为我们带来讲座的老师向我们介绍了一种新的学习方法，就是通过为大家、为他人、为社会服务进行学习。在这个过程中我们学习新知识，学习新技能，锻炼各方面能力，还能为大家服务。同学们明白了吗？"

孩子们专注地看着我，我故意把语速放得很慢。

"提案就是你们用心去观察生活中有没有需要你们帮助的人和事，你可以发现一个问题，通过自己的力量让生活变得更美好。你也可以想一件能为大家服务的事情，大家可以一起讨论，然后再一起看一看是否有意义，是否适合我们做。如果你的点子好，汪老师会和全班同学一起支持你，我们共同来实现你的心愿。明白了吗？"孩子们终于听懂了，兴奋地点点头。

这一幕的再现，也让您会心一笑吧？估计您和我当时的想法是一致的——服务学习对一年级的小孩子们来说太难了。然而孩子们总是给我们惊喜，抱着只要让孩子们热情参与，了解公益，埋下一颗小小的爱的种子就好的心愿，我们班的服务学习就这样开始了。孩子们纷纷开动小脑筋，一周的时间我就收到了十几份提案书，看着这些歪歪扭扭的带着拼音的项目书，我心头一热：这都是孩子们的爱和希望啊！

原以为，这些提案交上去会石沉大海。可意想不到的是，我们班的"小小社区消防员"的提案竟然得到了评审专家们的认可，顺利通过了第一轮选拔。兴奋之余，孩子们紧锣密鼓地进行项目团队的招募，再次完善项目申请书，积极准备项目答辩，最终从2000多份提案中脱颖而出，成为"益路同行"上线项目。

学校的支持与鼓励让这群"小豆包"们兴奋不已，孩子们欢呼着、庆祝着我们的"胜利"。然而，作为一名指导教师，我却默默担心着，孩子们真的能完成这一系列复杂的任务吗？

坚定信念，迎难而上，"不以善小而不为"

"小小社区消防员"由我们班的柳依格同学发起，这个想法源于她亲眼看见的一次火灾：小区内着火了，可由于车辆乱停乱放，消防车无法进入，延误了灭火时机。这一惨痛的教训给她幼小的心灵留下了深刻的印记。

然而大家都知道，这也只是众多火灾事故中的一幕。随着我国社会化的快速推进，城镇人口聚集地呈现出密度大、人口多等特点。由于居民大众的生活安全意识不强，防范力较弱，在无意识中可能引发本不应有的消防事故。而一旦出现偶然性的消防事故，将会增加社会危害，造成严重的人身财产损失，其后果不堪设想。就 2016 年，全国共接报火灾 31.2 万起，亡 1582 人，伤 1065 人，直接财产损失达 37.2 亿元。

看到这些触目惊心的数字，让班上的"小豆包"们坚定了此次服务学习的信念。虽然一年级学生们年纪小，但是他们仍然可以做一些力所能及的努力——"不以善小而不为"，孩子们相信，再小的贡献、再小的坚持，一旦汇集在一起，一定会凝聚成为一股强大的正能量。项目组计划将这次消防安全宣传活动，以儿童和家庭作为体验单位，以熟悉的校园和社区为体验场地，实现消防安全知识的广泛传播。

最终，孩子们的热情感染了众多的成年人，看到他们小小年纪这么有担当，专业消防队、学校、街道、社区、公园、幼儿园、企业、医院等多家单位的叔叔阿姨们都热心地参与进来，为他们助力，在社会中实现蒲公英式的宣传效果，真正实现教育一个孩子，影响一个家庭，造福整个社会。

积极学习，武装自己，"工欲善其事，必先利其器"

作为刚刚入学的小学生，实际上孩子们对于消防知识也是知之甚少。面对即将到来的消防安全宣传活动，我和"小小社区消防员"们首先展开了积极的学习。他们主动联系、邀请消防员叔叔，为大家进行了适合他们年龄特点的消防知识讲座。孩子们在学习过程中，努力听、认真记、专心学，在他们的脸上，我看到了往日少有的严肃与责任感。随后，项目组核心成员们一起将消防员叔叔的讲座内容进行了进一步总结，为孩子们准备了"消防知识备忘录"，包括：拨打火警的正确方法，灭火十招，逃生十策……孩子们还利用早读、自习、班会、课余等时间，不断复习，充分准备，努力武装好"消防头脑"。

作为班主任，我还有意识地去锻炼孩子们的勇气与自信。我们班的学生喜欢思考，内心情感丰富，乖巧可人，但大多内向胆小，总怕自己做不好，不敢展示自己。于是我充分利用课堂环境，鼓励他们多发言、多表达，积极为孩子们提供展示自己的机会。从最简单的事情入手，让学生们发现自己的闪光点与优势，一步步加强他们的自信，让他们知道不要怕犯错、不要怕被拒绝，为日后的宣传工作做好心理准备，打下心理基础。让他们明白只有不断地完善自己，才能走向社会，完成我们的梦想。

量身打造，刻苦练习，"有志者事竟成"

有了信念，有了知识，有了心理准备，那宣传消防知识就简单了吗？事实上还远远不够。为了能让一年级的小学生上台顺利地为社会上的小朋友们讲消防课，我和孩子们为此还下了不少功夫。

首先，宣传内容"化繁为简"。无论是"小小社区消防员"，还是听众，大都是 5~8 岁之间的孩子，讲解内容必须符合他们的年龄特点，难易程度适中，文字应贴近孩子们的生活与语言习惯。经过反复思考，项目组成员们为大家量身打造了一套适合他们的消防讲座。在讲座部分中，"小小社区消防员"们针对什么是火灾、火灾分类、火灾的危害和如何预防火灾的发生进行讲解。全班学生分为 5 个小组，5 名核心成员各自带领一个小组主持本组的活动，组员们负责不同的宣讲部分。涉及专业性很强的内容时，邀请消防员叔叔来助力，如介绍消防器材与灭火、逃生方式，而我们的"小小社区消防员"们则配合消防员叔叔做动作演示。

其次，宣传形式轻松多样。除了正式的讲座外，项目组还安排了参观消防车、观摩消防演习、共画百米长卷、消防知识问答等活动。在龙潭公园与幼儿园的活动中，孩子们还根据宣传环境的不同创编了"消防知识三句半"，打造出了一支倍受欢迎的明星小分队。

再次，刻苦练习，精诚合作。方案确定，就需要孩子们不断地练习与精心地准备了。作为年龄最小的"服务学习"成员，孩子们每走出校园一次，背后都要付出更多的努力。每位核心成员带领自己的小组，在微信中建立了小组群，根据各组的活动时间来组织大家进一步巩固学习。孩子们全班统筹，每天利用午休时间、自习时间进行演练，不同组别的"小小社区消防员"们站在班中的大屏幕前练习讲演、练习台风、练习胆量。其他组的同学们充当小观众，无论效果如何，大家都会给予热烈的掌声，鼓励伙伴们共同成长。

每组活动前，核心成员们在家长义工的协助下，提前与各个社会单位进行积极联系，协调活动时间、场地、设备，然后再次和组员们确认活动流程。同时借助家长委员会的力量，合理分工，群策群力，一起细致、有效地安排好活动当天的各项事宜。宣讲日，除了主办小组外，班中其他小组的成员、家长义工也会尽量到场为公益行动帮忙、出力，这是多么难能可贵的集体意识与团队精神啊！

一分耕耘，一分收获。为了让班里每个孩子都有机会在服务学习活动中收获、成长、受益，我们全班覆盖参与的背后更体现出了踏踏实实做公益、扎扎实实求进步的态度。而孩子们的飞速成长更是令人欣喜，在"六一"总结汇报展示活动中，大家精神抖擞，勇敢自信，精彩绽放。孩子们在多彩的学习中，用自己的社会责任感与家国担当，一步步从实践中学习做人、学习立志、学习创造。我相信，这些学会给予爱、传递爱的"小太阳"会让我们的世界更加温暖。

指导教师：汪　卉

二、创想梦工厂——种下一颗公益的种子

（一）创想动因

项目发起人柳依格发现在生活中，经常看到附近的小区发生火灾险情。她注意到小区道路两边停满了私家车，导致遇到火灾时消防车无法快速进入小区，延误了救火最佳时机，这一惨痛的教训给柳依格留下深刻的印象。同时，她还了解到自家也有灭火器，但是家里无人熟悉怎么使用。在与小伙伴展开了讨论后得出一个结论：大家对于日常生活中消防安全知识知道得太少了，最主要的原因还是大家没有一个获取消防安全知识的渠道。

于是，柳依格及项目组萌生了借助"服务学习"课程发起"小小社区消防员"的公益项目，走进社区、学校、公园等地，向更多的人宣传消防安全知识，帮助人们认识火灾的危害、如何避免火灾的发生以及出现险情如何自救等，呼吁社会关注消防安全。

（二）团队介绍

发起人及总负责人	柳依格	史家小学一（7）中队成员，自信活泼，乐于助人，有着一颗小爱心；曾经发起义卖捐书活动，获得北京成长教育发展基金会"小小公益家"的称号。入学一年来，荣获校级三好生，被评为"公益之星"和"艺术之星"

续表

团队伙伴	罗新然	史家小学一（7）中队成员，热情善良，自信乐观，沟通能力、表达能力强。擅长绘画，被评为区级"雷锋小标兵"，校级"公益之星"，校级"三好学生"。本次公益项目中负责宣传工作
	薛馥彤	史家小学一（7）中队成员，热情开朗、自信乐观、善于表达；有一颗善良温暖的心，在社区和学校都是公益活动积极分子。在班级担任数学课代表，喜欢为大家服务和付出。一直以来团结协助的观念强，负责本次公益项目的组织工作
	郑可昕	史家小学一（7）中队成员，做事认真负责，细心且有耐心，善于沟通，执行力较强，擅长绘画和跳舞。被授予区级"安全小卫士"、校级"艺术之星"、校级"礼仪之星"、校级"三好学生"等荣誉称号。在项目中主要负责编制预算，记录资金使用情况，物资采购等工作
	任逸瑄	史家小学一（7）中队成员，活泼开朗，热情自信且善解人意，乐于助人，学习优秀，获得校级"三好学生"，爱好广泛，善于和他人交流，在此次公益活动中负责项目的各种外联工作
指导教师	汪卉	史家小学一（7）中队班主任兼语文教师，热爱学生，专注育人，在教书的同时，注重培养学生全面发展，深受学生与家长们的喜爱，所带班级曾多次获得优秀集体奖

（三）实施过程

"小小社区消防员"项目自 2017 年 12 月发起，至 2018 年 6 月顺利完成，分为前期筹备、项目调研、校内宣传、活动开展、总结分享五个阶段。

第一阶段（2017 年 12 月~2018 年 2 月）：前期筹备阶段。这一阶段主要开展项目核心团队成立初期准备等工作。招募工作分两期开展，第一期招募志愿者 10 名，以同校学生为主；第二期招募志愿者 20 名，面向全社会中小学生及幼儿园。项目准备工作包括：设计招募海报、活动宣传海报、线上页面、项目参与荣誉证书、调查问卷等；申请开通微信公众号，进行项目活动发布、线上宣传等；外联组负责各方组织协调，与街道社区居委会、消防支队、实施场地负责人，消防运营团队深入沟通落实活动的体验时间、场地及内容；由活动组及财务部配合完成物料筹备，准备志愿者荣誉证书、调查问卷、小消防服、儿童手绘消防手册、矿水泉等。

　　第二阶段（2018年2～3月）：项目调研阶段。这一阶段主要进入社区开展消防安全知识调研活动。调研活动分两场开展，第一场前往东四街道豆瓣社区、东四街道六条社区、史家小学、第一幼儿园等地；第二场前往龙潭街道左安漪园社区、王府井等地。调研通过对话询问、填写调查问卷、有奖问答等形式了解青少年、儿童、家庭对消防知识的熟悉程度。同时根据调研报告有针对性地制定项目实施方案。

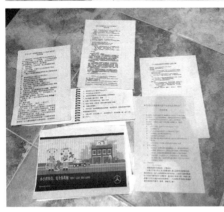

　　第三阶段（2018年3～4月）：校内宣传阶段。这一阶段主要在史家小学校内开展，邀请专业消防人员现场讲解消防安全知识，由项目组核心成员配合开展演练，向更多学生介绍消防知识，为后续活动开展打好基础。

　　第四阶段（2018 年 4 ~ 5 月）：活动开展阶段。项目组核心成员及志愿者分别走进利星行奔驰有限公司、北京某部队医院、丽都社区、龙潭公园、北京市第一幼儿园海晟实验园、王府井步行街等地开展活动。

　　2018 年 4 月 14 日，走进利星行奔驰有限公司进行消防安全知识宣传讲演，同时组织穿消防服比赛的互动小游戏环节活跃现场气氛。开展消防演习，现场教学灭火器使用流程。组织现场儿童进行消防安全知识绘画，让消防知识深入每个人心里。

　　2018 年 4 月 20 日，走进北京某部队医院开展消防安全知识公益讲堂，对消防知识中的急救相关内容进行针对性讲解。同时配合"迷你消防车"讲解消防车内部结构及操作指南，邀请小朋友现场体验"迷你消防车"。

　　2018 年 4 月 22 日，走进丽都社区，由"小小社区消防员"及专业消防人员开展消防安全知识讲座，向社区居民及儿童宣传消防安全知识，并邀请社区儿童开展消防演习、认识"迷你消防车"、体验高压水枪、颁发参与荣誉证书等活动。

　　2018 年 4 月 22 日，走进龙潭公园向游客宣传消防安全知识。项目组自创"三句半"表演吸引游客驻足观看，同时设置有奖知识问答环节，增强与现场观众的互动。最后还邀请众多游客参与百米画卷的制作，呼吁更多的人关注消防安全知识。

2018 年 5 月 6 日，走进北京市第一幼儿园海晟实验园。室内宣传活动：由"小小社区消防员"及专业消防人员，向幼儿园师生宣传消防安全知识。室外表演及互动环节：由项目组成员表演"三句半"，同时邀请幼儿园师生共同绘制百米画卷。

2018 年 5 月 31 日，走进王府井步行街。王府井步行街发布"看'小小社区消防员'们这样过'六一'！"的主题视频，由两块商业大屏循环播放录制的消防安全知识讲座以及活动视频，向社会公众大力宣传消防安全知识。

第五阶段（2018 年 6 月）：总结分享阶段。本阶段主要在校内进行项目总结与成果展示。项目组分别在史家小学一年级部、二年级部、高年级部进行活动视频播放，同时积极参加"新时代志在家国，创智汇服务学习"2018 年史家小学庆祝"六一"儿童节活动，面向全校展示、汇报项目成果。

三、学生行动日记——记录公益之花盛开全过程

学生行动日记精选（一）

2018 年 5 月 6 日　星期日　晴

一（7）中队　柳依格

今天天气特别的晴朗，我一早便起了床，怀着激动的心情来到了我的母园：北京市第一幼儿园海晟实验园。今天我和史家的小伙伴们要在这里举办一场"小小社区消防员"的宣传活动，把我们所学到的消防知识告诉弟弟妹妹们！

虽然是我熟悉的幼儿园，但是我还是有点紧张，因为我这次回到幼儿园是要站在舞台上向弟弟妹妹们宣传消防常识，就像老师平时给我们上课一样，我的手心都出汗了。走进幼儿园大门，我又看见了"今天我以一幼为荣，明天一幼以我为荣"这几个大字，顿时我又觉得全身充满了力量。我告诉自己："我已经长大了，成为一名史家小学一年级的小学生，凡事都有第一次，而且这里都是我熟悉的环境，熟悉的面孔，还有我幼儿园的班主任，我一定能做好的。"

我们组的八名同学和消防员叔叔一起讲解了消防常识，还进行了现场模拟演练，同学们还和幼儿园的弟弟妹妹们展开了一场别开生面的消防知识抢答比赛。最精彩的就是消防员叔叔教我们使用水枪了，它可不是一般的玩具水枪，它是一把多功能消防水枪，有喷雾、开花、直流三种模式，就像家里的洗澡用的淋浴喷头一样。水枪的直流挡，水平方向有效距离可达到 30 米，垂直方向可以达到 20 米（六层楼）那么高呢！在活动现场，我们迎来了有史以来最小的"小小社区消防员"——他就是我们班主任汪老师的儿子，他也加入到了我们的队伍。我们都很喜欢他，他才一岁呢，小名叫卷卷，一场活动下来，小家伙嘴里不停地说着："消防车、消防车……"汪老师说卷卷连睡觉都要搂着玩具迷你消防车呢！看到我们的公益行动在小朋友的心里留下深刻的印象，我非常高兴，心里特别自豪：别看我们小，我们也能把公益行动做得非常好！

活动结束，我们的园长妈妈还给我们颁发了荣誉证书。回到家，我把它好好地珍藏了起来，这是对我最大的鼓励，也是我最大的骄傲！

学生行动日记精选（二）

2018 年 4 月 22 日　星期日　阴

一（7）中队　罗新然

今天我们"小小社区消防员"公益项目在龙潭公园举办了一场别开生面的消防知识活动。我和小伙伴们在现场表演了我们自编自导自演的《消防知识三句半》，有好多游客围着我们观看，给我们掌声和欢呼，我们真开心、骄傲啊！因为我们的精彩表现，还被大家称为一（7）中队的"天团F8"。

在现场，我们还演示了逃生时的正确姿势。这可是我和小伙伴们最擅长的，每次在学校消防演习时，我们班总是做得最好。最终我们标准的动作引来现场的阵阵喝彩，大家也更努力地表演了。我们还和在公园里游玩的小朋友们一起在百米长卷上画画，我画的是一个和钢铁侠一样强壮有力的消防战士——我希望这位消防战士在火灾现场可以保护到每一个人。

　　最开心的是有奖知识问答环节了，在场的大人和小朋友都争先回答问题，好不热闹！最后我们邀请一部分回答问题正确的哥哥姐姐们一起乘坐上迷你消防车，与消防员叔叔一起巡视公园。我好像真的成了一名消防战士啦！今天真是过得太有意义了！

四、学生反思工具——从回望中汲取前行的力量

学生反思精选（一）

姓名：柳依格　时间：2018 年 5 月 7 日
提案名称：小小社区消防员

发生了什么	有何感受
今天我们高兴地走进北京市第一幼儿园海晟实验园举办了一场"小小社区消防员"的宣传活动。一路上，我都在重复着我的台词，生怕在弟弟妹妹们面前出现错误。我们向弟弟妹妹们宣传了消防常识，还分别表演了精彩的节目。我们要把我们学到的消防知识告诉幼儿园的弟弟妹妹们，这样他们也能把学到的消防知识告诉身边的人	幼儿园给我们留下了美好的回忆，但这些回忆都是在幼儿园跳舞，在幼儿园学习自己系扣子，在幼儿园学会用筷子……现在我们回到幼儿园是为了向弟弟妹妹们宣传消防常识，我觉得自己就像老师一样，感觉非常紧张。给弟弟妹妹们讲完了消防常识，我忽然觉得，原来当老师真是件不太容易的事情

有哪些主意	有哪些问题
在发放宣传资料时，有个小朋友的爷爷拿起了宣传资料又放了回来，说了一句："字太小，看不见呀！"我们突然意识到，要照顾到老人和小孩，下次不但要标注拼音，而且印刷的字体要更大一些。我们还联想到，如果是盲人该怎么看呢，是不是需要绘制一本适合盲人阅读的消防手册呢？由此我们询问了消防员叔叔，他告诉我们，北京市还真有一套适合盲人阅读的消防常识手册，我们决定下次活动的时候把它借出来，这样可以使我们的活动准备得更加充分和完整	在活动过程中我们还是有点紧张，这次表演是我们和弟弟妹妹们分别表演的节目，如果可以共同排练一个消防安全的小节目，那样会更有互动性，会更吸引弟弟妹妹们。另外在活动过程中，我们班的一名同学肚子忽然有点儿不舒服，幸好幼儿园有医务室，大夫给看了看说没有大碍。这也提醒了我们，以后的活动，如果可以招募一名从事医疗方面的大夫，一边教会我们简单的急救措施和处理方法，一边也是对我们活动的一个保障

教师评语

你真是一个善于思考的孩子，能从实践活动中找出问题，总结不足。针对不同人群的需要，想出了更为细致的活动方案，为我们日后的活动提供了宝贵的建议。同时对于活动中互动性不足的问题也提出了新颖、有效的解决方法。关于急救医生的建议也非常好，希望接下来的活动中，能看到你们在这些方面的改进，加油！

学生反思精选（二）

姓名：薛馥彤　时间：2018 年 5 月 28 日	
提案名称：小小社区消防员	
发生了什么	有何感受
在参加社区、医院、公园、幼儿园很多次宣传活动中，单次活动就超过一百人，大家都特别热情，帮助我们摆放展示的物品，搭建小舞台，大家积极参与，相互付出	我感到越来越多的人关注公益活动，大家都有一颗公益心，身边的叔叔、阿姨、哥哥、姐姐们很愿意参与进来。我感觉"小小社区消防员"是一个有凝聚力的活动

续表

有哪些主意	有哪些问题
因为我们的活动有意义，形式新颖，吸引了很多人来报名，但是我们的宣传现场地方不够大，坐不下那么多人。所以我们以后需要对听讲座的人进行"分流"，比如单独幼儿家庭，青少年家庭和老年人家庭，可以分开来听讲座	现场活动的组织工作非常重要，不能有任何混乱。在人数这么多的活动中如何保持良好的秩序呢？那就需要我们向社区的工作人员学习，他们有很多经验

教师评语

　　你根据实际情况，提出新的建议，让消防知识宣传进一步细化。分人群展开宣传讲座，我觉得特别好，这样更具有针对性。既然人群分流了，那宣传的内容是否也要相应调整呢？同时，你还发现了活动中秩序组织的重要性，期待着你们向社区工作人员学习后组织能力有所提升。老师也相信，有了这些经验，我们以后的活动会越办越好的

五、家长感悟——在公益服务中和孩子一起成长

家长感悟精选（一）

让我们拥有一个有温度的人生

柳依格家长

　　在短短半年的服务学习活动中，我时常会翻阅孩子儿时的照片，一边翻阅，一边回忆，生命之初是多么的美丽！在产房，孩子那热乎的小脸第一次贴在了我的胸口，我禁不住流泪了，因为我感受到了一个有温度的生命。渐渐的，孩子已长大，转眼成了一名史家小学一年级的"小豆包"。作为一名新生家长，在欣慰孩子成长的同时，也深刻地意识到有一种爱叫做放手，就如同蒲公英一样，任其自由生长，我想这也许才是成长的意义。在整个项目进展过程中，有这样几个画面是我难以忘怀的。

第一幕："妈妈，您会帮助我吗？""妈妈，老师会支持我吗？""妈妈，我能行吗？"永远记得"益路同行"评审答辩会前，孩子问我的这三个问题。说实话，我又何尝不是忐忑不安的，这对孩子来讲是一种挑战，对家长又何尝不是一种修炼。毕竟孩子还小，刚踏入一个新的学习环境、成长环境，面对本来就有点羞涩、内向的女儿，我作为家长必须坚定地鼓励她："当你面对审核的老师大声说出'老师您好'的时候，你就已经胜利了！"现在回头想想，这就是我和女儿的第一次收获：勇敢去面对！

第二幕："愿你走出半生，归来仍是少年！"这是孩子幼儿园毕业典礼上，园长妈妈对每一个孩子的临别赠言。这一次宣传活动，孩子们回来了——而且是以向幼儿园小朋友宣传消防知识的形式回来的。我相信，这让孩子觉得无比的骄傲和自豪。记得在活动中，有一名记者采访女儿："你就是柳依格吗？你以前是这个幼儿园的吗？你为什么要组织这次活动呢？"我正担心孩子因为太过内向而想帮她回答时，孩子抢先回答了："我是一幼海晟实验园的，我就是觉得我长大了，我想把我学到的消防常识告诉弟弟妹妹们，再让他们去告诉身边的每一个人，我觉得我特别高兴！"说完，她又露出了腼腆的笑容，虽然门牙掉了两颗，但这一幕也深深地留在了我的心中。

第三幕："小小社区消防员"走进了王府井大街。孩子们放学后，都纷纷拉着家长的手，走向王府井，站在大屏底下，一个个仰起脑袋盯着大屏，久久不肯离去……看到这一场景，我的眼睛不禁湿润了。以前带着孩子去王府井是妈妈弯着腰拉着孩子的小手，而今已是孩子发起的公益行动在这繁华的大街循环展示！看到孩子们一个个仰起的脸，那期待的眼神，我看到他们拥有了更多的社会责任感和自信，我知道他们的未来有无限的可能！而生命的宝贵正在于不断地挑战自我。孩子们用他们的正直、热情和善良打动着身边的每一个人，也赢得了叔叔、阿姨对他们活动的大力支持。

　　孩子们是稚嫩的，但感受是真实的，是有温度的。只有真实地经历过才能体会到这其中的爱与感动，也为孩子今后的成长埋下一颗爱的种子，这颗种子会永远地植根于她的内心，变成她的一种习惯，一种行为准则。我忽然明白了，与其对孩子百般呵护，希望她被这个社会温暖对待，不如让她变成一个内心充满爱的人、有责任感的人。一个心中充满爱的孩子，脸上的笑容一定如阳光般明媚，相信：爱笑的孩子，运气总不会太差！

　　无论对孩子还是家长，这场活动没有结束，而是一段精彩华章的开始。我们一起拥有了一种情怀，这种情怀为我们打开了一扇通向未来的窗户，让我们的人生变得有温度。就如同耳边一直萦绕的：生活不止眼前的苟且，还有诗和远方。

　　一个有温度的人生，面对金钱和名利，痛苦与伤害，都会保持一颗从容淡泊的心，从来不会喧哗自己，更不会苛求他人。一个有温度的人生，面对嘈杂的世界，满目都是花草的芬芳，可以战胜岁月的无情。让我们一起拥有一个有温度的人生！这份温度来源于孩子们的热情和真实感受，来源于勇敢和自信，来源于心中那颗爱的种子！

家长感悟精选（二）

共同成长的日子

罗新然家长

　　5月31日，孩子们在学校进行"小小社区消防员"项目最后的汇报展示。音乐声中，孩子们喊着口号跑步上台。他们喊口号的声音虽然稚嫩，但是一张张面庞上都是充满自信，朝气蓬勃。台下的观众们情不自禁地和着节奏使劲地鼓掌，为他们助威。此时在后台播放视频的我早已是泪流满面。在电视台直播节目的导播台上都未曾紧张过的我，那天在播放视频时竟然紧张得手心直出汗，生怕因为自己的一点儿失误而影响展示的整体效果。

项目进行的这段日子虽然短暂，但是对于一（7）班的"小豆包"们，却真是迅速成长的几个月，真有"天上一日，地上一年"的感觉。一年级的"小豆包"们对消防安全知识都知之甚少，要在有限的课外时间里迅速掌握这些知识，并且以多种形式传播出去，难度颇大。这个过程，多亏有汪老师指导，让孩子们迅速进入状态，并且把家长的积极性都调动起来，全班孩子齐上阵，家长义工齐助力，共同加入"小小社区消防员"公益行动当中去。

回首这段日子，看着孩子一点点进步一天天成长，从最初上台都紧张得小手直抓裤缝，到后来现场主持声音洪亮，流利自如，以及"F8天团"的成员们一起表演"三句半"时台风稳重，再到最后展示时手捧自己的画作自信介绍而被台下的校领导大声表扬，我深深地为孩子感到骄傲与自豪。

孩子的成长，不仅仅是知识上的积累，更多的是社会责任感、担当意识、团队合作精神等等综合素养的提升。项目进行的过程，不仅孩子们在学习成长，家长们也经历了共同成长、共同进步的过程。

感谢项目发起人美好的创意，感谢汪老师对孩子们的无限信任与强有力的支持，感谢一（7）中队家委会这个强大团结的集体，感谢"益路同行"，感谢史家小学，为我们的孩子提供了一次美好的成长机会。感恩有你有我，我们共同成就这份美好的记忆！

家长感悟精选（三）

益路公益，一路成长

任逸瑄家长

史家小学每年一度的"服务学习"给孩子们一个展现自我的平台。这次一（7）班的"小小社区消防员"公益项目，在各方的积极配合下成功完成了。全班同学在班主任汪老师精心指导带领下积极参与，情绪高涨，并且出色地完成了此次活动，受益良多。

自史家校区消防现场演示，到走进公司、社区、医院、公园、幼儿园，孩子们从穿上消防服那一刻起都长大啦！穿制服，站直立正，瞬间完成了从孩童到小小少年的蜕变。活动是以宣讲消防安全知识重要性展开的，班主任汪老师对孩子们充分信任，让每一个孩子都得到了锻炼，他们自信满满地带领大家识火灾、知危害，认器材、识标志，演示自救方法。一个个小小身影，一言一行，一板一眼，严肃认真又生动有趣，这样的宣教，效果显著且很成功。孩子们走出校园融入社会，长知识，亦获得感受，再回到课堂，会有全新的体验。孩子们对社会有了初步认知，再开始新的学习，我相信这种感受是不一样的。正如史家小学王欢校长所言："社会活动的参与是真实充满未知带来成长的！所谓名校，国之重器，肩负着为国家，为社会培养、输送优质人才的责任。"因此，"培养具有家国情怀底蕴，和谐发展的人"始终都是史家小学一直秉承的教育理念和根本。

孩子们在此次公益项目中成长了，任逸瑄走在大街上会很自豪地告诉我："妈妈你看，那是我们的迷你消防车。"经过某个社区时她会说："妈妈这里这么窄，消防车肯定进不来。"看，参与社会活动给她带来了延伸思维。我想，今后六年的时光，孩子在这样美好的校园，接受如此优质全方位的教育，她必将健康、快乐、优秀地成长，我会鼓励支持她多参加这样有意义的活动，也希望有更多的人加入服务学习中，让我们的生活变得更加美好！

六、帮扶对象——公益服务社会，爱心连接你我

帮扶对象感言精选（一）

某部队战士："我是一名战士，非常高兴史家小学一（7）班同学能够

来到我们这里开展公益活动，为我们普及消防安全知识，并教会我们如何正确处理烧伤伤口。孩子们的公益项目非常有意义，通过消防安全知识讲座，让更多的人了解这些消防安全知识，这样做可以消除很多安全隐患，避免火灾的发生。即使是火灾发生了，我们也可以用孩子们教的这些消防安全知识来迅速地应对，减少一些损失和伤亡。我也会把孩子们的爱心继续传递下去，把这些知识教给身边更多的人。"

帮扶对象感言精选（二）

丽都社区居民胥琳佳："'小小社区消防员'项目走进社区给学龄前孩子们提供了很好的学习参与机会。首先，孩子对于消防方面的认识都仅来源于书本，当这些图片上的消防车和消防员们走出书本来到现实中，对孩子们有着十足的吸引力。从消防员口中传达的消防知识也让孩子印象深刻。其次，活动参与性强，能够更有效地调动小孩子全方位的感知力。比如项目组很细心地为孩子定制了消防服装，孩子的好奇心被充分调动，这套衣服在活动之后的很长时间都被孩子在家里各种试穿演练。而且活动方配备的迷你消防车，能让孩子上手去触摸这个大工具，体验手举喷水带的乐趣。再次，社区的活动有不同年龄段的孩子共同参与，孩子们之间的带动作用很强。在活动中，我们看到了小学生们上台演示火灾现场的逃生动作，我们孩子回家后还一直表演遇上火灾时自己捂着口鼻低头撤离的动作，孩子们互相学习、模仿的效果很好。总之，'小小社区消防员'活动让孩子们玩得高兴、学得开心，并且得到了奖状鼓励，从形式到内容都是非常成功的，是孩子和家长都欢迎的，感谢组织者们！"

帮扶对象感言精选（三）

北京市崇文小学五年级 8 班罗以然："我今年 11 岁，是'小小社区消防员'核心成员罗新然的哥哥,我参加了 4 月 22 日龙潭公园的活动。因为弟弟在家里准备活动的各项内容,我也逐渐熟悉、了解了很多消防知识。我还把弟弟和同学们表演的'三句半'熟记、背诵,在自己班级里表演给我的好朋友们,让我们崇文小学的同学们也知道了史家小学一年级的小朋友们在做着一个有意义的公益项目。在了解消防知识后,我们哥俩还建议妈妈为家里和车里都配上灭火器,并教给家里人如何使用灭火器,保证家中消防安全。得知弟弟参加的公益行动汇报展示结束后,我还给了弟弟一个大大的拥抱,也感谢弟弟班上的这群'小豆包'们给我们普及了这么多消防知识。"

帮扶对象感言精选(四)

北京市第一幼儿园海晟实验园负责人:"通过'小小社区消防员'公益行动,我们的幼儿不仅知道了面对火灾如何逃生,还了解了如何预防火灾。大家用手中的画笔将这些消防知识绘成长长的画卷,希望将消防安全知识传递给更多的人,增强防范意识,远离火灾危险,让每个人做自己生命安全的导演!通过这次活动也让我们全园师生更加明确了消防培训、演练的重要性:安全在于遵守制度,在于平时预防,在于学习知识,更在于临危不惧。今后我园还会继续采取定期和不定期逃生演练、消防知识宣传,不断提高全园师生的消防安全意识和消防技能,为构建平安、和谐、文明、安全的幼儿园而不懈努力!"

七、成果展示——公益,我们一直在路上!

"小小社区消防员"公益项目自开展以来,受到广大学生、家长、社区的大力支持,得到利星行奔驰有限公司、北京某部队医院、丽都社区、龙潭公园、北京市第一幼儿园海晟实验园、王府井步行街等社会各界的大力支持。尤其是，项目得到东城区消防支队的大力支持。2018 年 6 月，项目组的全体同学还获得北京市东城区公安消防支队地坛中队颁发的特别聘书——聘请一（7）中队学生作为东城区的"小小社区消防员"，长期宣传、普及消防知识。"小小社区消防员"项目还得到了《新京报》《北京晚报》《北京青年报》《法制晚报》《现代教育报》等多家媒体的广泛关注，东城区政府、平安东城等官方微博也对项目进行了全方位报道。因表现突出，项目获得了由中国扶贫基金会颁发的"益路同行·优秀公益创新团队"奖章。

项目组自编顺口溜

消防讲座顶呱呱，观众拍手人人夸

学校公司和医院，社区公园幼儿园

识火灾，知危害，认器材，记标牌

自救演习全不落，消防知识进万家

项目自创三句半

一七班有个 F8

小小天团响当当

三句半来讲消防

表扬！

龙潭湖畔表演毕

幼儿园里再接力

宣传消防不能停

给力！

三句半呀接地气

消防知识牢牢记

大小朋友保安宁

酷毙！

项目组自制小诗

小画笔，手中拿

消防主题画一画

你画消防车

他画灭火器

我画帅气的消防员

他们可爱又伟大

百米画卷传八方

共绘安全心意达

项目组自编消防宣传册

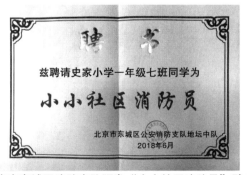

北京市东城区消防支队颁发"小小社区消防员"聘书

2018-05-07 18:41:31 | 新京报新媒体 作者：冯琪　　　　原创版权禁止商业转载 授权》

"小小社区消防员"活动走进北京一幼海晟实验园

新京报网发布"'小小社区消防员'活动走进北京一幼海晟实验园"报道

小学生策划消防教育活动

来源：北京晚报　2018年05月06日　版次：03　作者：

本报讯（记者牛伟坤）登上迷你消防车、学习逃生绳打结；观看消防战士出警，体验接力比赛……今天上午，北京市第一幼儿园海晟实验园里来了一群"小小消防员"——30名大班幼儿家庭与史家小学一年级的30位同学共同开展了"我是小小消防员"亲子体验活动。

据了解，活动由幼儿园毕业生、刚升入史家小学的柳依

《北京晚报》（电子版、纸媒版）发布"小学生策划消防教育活动"报道

"小豆包"进幼儿园科普消防知识

2018-05-06 10:58:17 来源：北青网-北京青年报

北青网发布"'小豆包'进幼儿园科普消防知识"报道

《现代教育报》发布"小小消防员"报道

北京市东城官方微博发布"我是小小消防员"报道

王府井步行街商业大屏播放"看'小小社区消防员'们这样过六一！"视频

利星行奔驰汽车有限公司公众号发布"珍爱生命，安全第一"报道

项目获得"益路同行·优秀公益创新团队"奖章

家书守护行动

"家书守护行动"服务学习项目由史家小学二（1）中队罗悠可同学发起，二（1）中队全体成员共同参与完成。项目指导教师为史家小学周舟老师。"家书守护行动"项目自 2017 年 12 月发起，至 2018 年 6 月圆满结束。项目组通过搜集、展示和分享家书、家训、老照片等方式，呼吁全社会重视家庭精神和家风美德的建设和传承。同时项目组积极组织学生、社区居民亲笔书写家书、邮寄家书，寄托与家人的亲情、感恩。截至 2018 年 6 月，"家书守护行动"项目组共举办十余场活动，收集了 150 多份调查问卷，征集到 300 多封家书资料，多家权威媒体进行了专门报道，近 40 余家网站媒体进行了转载报道，影响人群预计达百万人。

一、指导教师推荐序

家书是亲人间进行沟通与交流的情感载体，是一种感染力极强的鲜活文本，无论是闲坐屋檐下的漫漫长文，还是置身烽火壕堑中的寥寥数笔，都是一份拳拳思念、一份殷殷嘱托、一份浓浓牵挂。家书抒发情感最直接、最酣畅、最透彻，被西方人称之为"最温柔的艺术"。铺一张白纸、修一方尺翰，是我国古代文人表露心绪的最佳形式；展一方徽宣，写一帧信札，是传统士子寄寓乡愁的有效渠道，"鱼传尺素""鸿雁传书""目断鳞鸿"，代代相因、世世相袭，久而久之升华为中国乡土文明重要维度的家书文化，沉积为融亲情、乡情、友情于一体的独特民族文化现象。

令人遗憾和忧虑的是，自从现代通信技术广泛应用之后，特别是伴随互联网覆盖全球、广布诸域，视频电话、QQ、短信、微信、电子邮件几乎已然成为家庭成员沟通信息、交流情感、保持联系的主要方式，人们只需动动手指，接通视频、敲打键盘，相互间便可诉说心曲、互道衷肠，而传统家书却日渐式微、走向边缘，家书文化正面临着衰败消亡的严峻情势。诚然，互联网这种现代通信手段，不仅实用而且快捷，打破了家人、亲友间的空间阻隔，缩短了人们的时间距离，但毕竟不是所有的亲情、友情都能通过键盘敲打出来，也不是所有的感激、感念都能通过手指的滑动传给远方的亲朋。正如社会学家们所担心的"互联网越来越损毁着家人交往的质量和品位"，于是我们不能不警觉和预防网络对传统文化积累功能的稀释和摧残。

我们二（1）中队罗悠可同学因为爸爸珍藏的一抽屉家书，对家书产生了浓厚的兴趣，并在学校开展的"服务学习"课程中提出了"家书守护行动"公益项目。其实，项目刚发起时，很多孩子还不怎么理解家书是什么，因为孩子们生活中已经很少出现"家书"了，尤其是在信息技术飞速发展的今天，传统书信的身影越来越难觅身影。虽然各种通信工具让人们的沟通变得更加便捷，但家庭成员之间深入而庄重的对话变得越来越少。事实上，家书作为一个家庭自身的历史记录，承载了一个家庭的文化精神，是维系家庭的纽带和传承家风的桥梁。"家书守护行动"项目就是要号召更多的人成为家书的守护者，让人们重拾家书，注重优良家风、家训的传承，共创一个更美好、和谐的家庭和社会。

走近家书，孩子们的第一次

如何能让他们更好地理解家书及其深远的意义，并将它传播出去，召集更多的人来集家书、写家书、诵家书，弘扬中华文明呢？孩子们决定先从身边做起。通过策划与组织各种宣传活动，他们手拉手一起深入校园，发动全校的同学们，收集自己家中的家书，了解自己的家庭故事。为了更加深入了解家书，孩子们还特意参观了家书博物馆，那一封封带有各个历史时期鲜明特质的信件，仿佛穿越时空讲述着一个个动人的故事。在家书博物馆，孩子们还郑重写下了他们的第一封家书，送给最亲的人。他们还通过微信公众号，将自己书写的以及征集来的家书，读给大家听……

通过参与这次服务学习项目，孩子们除了对"家书"有了更深入的理解，还在参与这次公益项目的活动中得到了多方面的锻炼。在项目开展的半年时间内，从初期的头脑风暴到制定计划书、再到策划线上线下推广活动，联系媒体进行宣传等等，每一步对孩子们来说都是新的尝试。孩子们也学习到团队工作的要领，每个人都努力成为资源的联络者、过程的反思者、方法的创新者、项目的完善者；项目还充分融合了艺术实践，在艺术老师的带领下一起为活动进行了系统的设计，包括活动的 Logo、资料，等等。

为了吸引更多的人参与其中，项目组还决定走进社区，为社区的爷爷奶奶、叔叔阿姨们读信，分享他们的家书故事；走进高校，主动拉起哥哥姐姐的手，鼓励他们为自己最爱的人写下一封家书。整个项目是面向全社会的，所以孩子们需要与公众和机构进行多次沟通交流。一开始他们也有些紧张，担心自己完成不了任务，但是在老师和家长们的鼓励下，他们大胆去尝试、去表达自己的意愿，去和成年人沟通、协调，看到他们自信的神情和一路的成长，作为老师，我由衷地欣慰，这正是我们常规课堂中缺少的东西。

几个月的时间，项目组先后走进了北京市角楼图书馆、史家胡同博物馆、中国人民大学、碧水庄园社区和家书博物馆等地，覆盖了北京东城、海淀和顺义 3 个区域。在孩子们的分组联络和号召下，"家书守护行动"的影响力也从北京辐射到外地，广州中山 5 所学校（永康小学、九洲基小学、菊城小学、吉安小学和白沙湾学校）、吉林东北电力大学联合当地机构开展了"家书守护行动"系列活动。同时，由于活动的主题和形式积极、新颖，"家书守护行动"还得到了众多媒体的关注，包括报社、电视、网络和自媒体等，多家媒体对活动进行了专题报道，包括新华社、《光明日报》《德育报》北京电视台和爱奇艺，新浪网、搜狐网、中华网等 40 家网络媒体进行了转载。众多媒体的报道让"家书守护行动"项目得到了广泛传播，产生了积极的社会影响。

孩子们在学习和实践中锻炼了组织能力、沟通能力、表达能力、分析能力，提升了自信心，培养了团队精神。整个过程中，孩子们优势互补、各司其职，表现出充分的责任心，使得项目得以顺利进行，最终收获了团队协作的丰硕成果，甚至超出了预期效果。通过这样走出校园、走进社会的探索与尝试，很大程度上提升了学生们的社会意识和社会能力，培养了他们的人际交往和沟通合作能力，有效促进了学生们的社会化成长，让他们更好地适应未来的发展。最为重要的是，孩子们收获了很多个生命中的第一次：第一次布置展览、第一次走进公共场所进行宣传活动、第一次书写和朗读家书、第一次录制宣传片、第一次走进录音棚、第一次接受采访……孩子们凭借自己的力量，努力为社会做出有意义事情的同时，也在活动过程中不断挑战自我，得到了锻炼和成长，我相信这将是他们一辈子的财富。

传诵家书，点燃人类情感共鸣

家书在我国历史上具有重要的价值与地位，是中华优秀传统文化的重要组成部分。在现代社会寻找家书并重温家风、家训，对优秀家庭文化的发扬传承将有着积极作用。"家书守护行动"是一项很好的传统文化教育课,具有较强的人文性,活动内容涉及了家庭情感、历史、文化和教育等,这些内容能够潜移默化地融入学生的价值取向和理想追求之中,促进学生对优秀传统文化认知与内化,学生们对于"家书""传统文化"不再只是概念性的认识,而是切身体会到家书对亲情维系的重要性,以及传统文化的魅力。

"家书守护行动"项目开始之前,很多孩子对家风、家训的认识大多源于"说教",与学生的实际生活关联不大,他们很难从中产生情感共鸣。随着"家书守护行动"项目的推进,项目组征集到了许多老家书、老照片、老物件,虽然孩子们也许并不能完全看懂书信中的内容,但是老家书中的声声问候,老照片中的浓浓亲情,老物件中的时代印记相信都能击中他们小小的心灵。我相信孩子们一定开始理解"传承"的含义。"家书守护行动"公益项目丰厚了孩子们的生命底蕴,让他们在人文精神层面不断发展、完善。

最让我难忘的是,在准备学校"六一"儿童会演节目时,孩子们所表现出来的创造力和行动力。在收到"六一"儿童节会演的通知后,项目组孩子们都积极开动小脑筋,热烈讨论项目展示的形式,但始终争执不下。就在演出前一周的一天,项目发起人罗悠可同学一进家门听到喜欢吉他的爸爸在轻声弹唱:"亲爱的爸爸妈妈/你们好吗/现在工作很忙吧/身体好吗/我现在广州挺好的/爸爸妈妈不要太牵挂/虽然我很少写信/其实我很想家……"动听的旋律、朴实的歌词,却唱出了感人的亲情,罗悠可被这首歌曲打动了,问爸爸这是什么歌。爸爸告诉她,原来近期和她一起参加"家书守护行动"项目,勾起了爸爸的回忆,回想起自己在外求学的那段时光。那时候,只要一想家,爸爸就会弹这首《一封家书》寄托思念之情。听完爸爸的讲述,罗悠可的心里有了新主意。第二天来到教室,她就给大家播放了这首歌曲,同时说出了自己的想法:"《一封家书》这首歌旋律动听，歌词感人，能勾起爸爸的回忆，我们是不是可以借这首歌来展示我们的项目，我们也编写一首《新一封家书》，送给爸爸妈妈们？"这个提议一出，大家都拍手称赞，但是，编写歌词这个难题摆在了大家面前。从来没有写过歌词的小小少年们，该怎么办呢？

改编歌词、演唱技巧都是比较专业的事项，大家还是求助于语文老师和音乐老师。在老师的指导下，大家确定了这次歌词改编的核心：《新一封家书》是孩子们写给最亲爱的爸爸妈妈的，是孩子们想对爸爸妈妈说的话，是孩子们的心声，这样才能让更多听到歌曲的人产生共鸣。于是孩子们又自发组织了讨论会——"最想对爸爸妈妈说的一句话"，面向全班同学征集歌词。就这样，在专业老师的指导下，孩子们一次次修改歌词、练习演唱，并在家长志愿者的帮助下拍摄了《一封家书》MV。

终于，在"六一"汇报演出当天，《新一封家书》在全校师生面前精彩亮相，当屏幕上慢慢出现画面，音响里逐渐传出孩子们稚嫩的歌声："亲爱的爸爸妈妈/你们好吗/现在工作很忙吧/下班早点回家/我现在学校挺好的/老师同学陪着我长大/校园到处美丽如画/这里温暖如家/爸爸经常要加班出差/清晨离开夜晚归来/各处奔忙一身尘埃/我准备了件礼物给妈妈/那是老师给我的 A +/以前总让您放心不下/现在懂事我长大啦/爷爷奶奶都还好吗/让我祝福你们吧/辛苦了一生只为大家/一定要好好的歇歇啦/姥爷姥姥也保重身体/不要让我们放心不下/今年春节我们一定回家/好了先写到这吧/此致敬礼……"真实走心的歌词，感人的旋律打动了全场，礼堂内鸦雀无声，许多平时闹腾的孩子也安静了下来，老师们更是听得潸然泪下。演出结束后，礼堂内的掌声经久不息，我想这是对孩子们最好的肯定。

守护家书，连接小家与大家

"家书守护行动"项目以"共享家书故事，让爱代代相传"为主题，旨在促进家人之间的情感交流与沟通。活动首先就提升了团队成员对家庭情感的感悟与认识，让学生更好地珍惜家长的付出，也让家长更好地关注孩子的情感需求。特别是《新一封家书》的改编创作，让学生与家长的情感纽带更为结实。项目结束后，有家长发表感悟，说道："对孩子们而言，'家书守护行动'公益项目是一堂生动的社会体验课，让他们真切地感受到了家书的力量，感知到家庭关系的维系和传承。而对于我们家长而言也是一种学习和再成长的机会，曾几何时，我们开始由于工作繁忙忘记与家人沟通，也开始因为烦琐事情而伤害最亲近的人。看着这些在活动中不断成长的孩子们，我也会反省自己是否用心与家人沟通。'家书守护行动'项目对于我们这些家长而言，也是一种难得的受教和成长的机会，所以我个人也十分感谢并感恩在这个活动中收获到的所有经历以及所有的帮助！"

家书是在特定时代背景下产生的，蕴含了大量的国家历史和民族情怀，是爱国主义教育的良好题材。"家书守护行动"的意义也绝不仅仅局限于对传统意义上的信件的收集和整理，而是从不同角度诠释了小家与大家的多样情感，这正是我们史家小学所倡导的家国情怀。在当下社会发展的进程中，培养具有时代精神的青少年成为学校教育的一个重要任务。家国情怀作为史家小学的重要价值基因，贯穿了整个学校教育过程，家国责任也成为史家小学开展服务学习课程的一条重要主线。家书故事的学习和分享，能够有效培养学生的家国情怀，也让他们更好地理解小家与大家的关系。孩子们从最初的只关注自身，到关注周边的人、关注父母亲人、再到关注社会广泛群体。从走出课堂、走出学校到走向社会，这个过程使孩子们从一个个"个体"逐渐转变为"集体"，也从"小我"逐渐转变为"大我"，孩子们收获的不仅是个人的成长，还有对国家、对社会深深的责任感。

"家书守护行动"，不忘初心，感恩前行，共享家书故事，让爱代代相传！

指导教师：周 舟

二、创想梦工厂——种下一颗公益的种子

（一）创想动因

"家和万事兴"深深根植于中华民族的文化传统中，家书是维系家庭的纽带、传承家风的桥梁。家书作为一个家庭自身的历史记录，承载了一个家庭的文化精神。"家书抵万金"反映了家书在中国家庭传统中的重要地位。然而，在信息技术飞速发展的今天，传统家书的身影已经很难寻觅。虽然各种通信工具让人们的通信变得更加便捷，但家庭中人之间心与心的交流、深入而庄重的对话变得越来越难。因此，在全社会倡导家风建设的今天，寻找家书并重温人生经历和感悟，对优秀家风的发扬传承将有着积极作用。

史家小学二（1）中队罗悠可同学，在看到了曾祖父、曾祖母、曾外祖父、曾外祖母、爷爷、爸爸之间一封封情真意切的家书后，对家书这个现代社会已经不那么通用的沟通形式产生了浓厚的兴趣。这些家书，有的鼓励子女好好学习、志存高远，有的谈论执着、坚韧、乐观、淡泊名利等家庭品质，有家谱、老相册、家族故事汇编等，读着这一封封的家书，罗悠可同学小小的心灵感受到了一种震撼与共鸣。虽然有的信件她还不能完全理解，但她能够真切地感受到家书是亲人之间相亲相爱的纽带。可是，为什么大家现在都不怎么写家书了呢？带着这样的疑惑和失落，罗悠可同学决定和小伙伴们共同开展"家书守护行动——共享家书故事，让爱代代延续"的公益项目，希望能够唤起人们对家书的回忆和重视，通过征集和展示过去的家书和老照片，倡议公众通过撰写家书等形式，呼吁人们传承家庭精神和家风美德，弘扬家庭新风尚。

（二）团队介绍

发起人及 总负责人	罗悠可	史家小学二（1）中队副中队长，性格开朗，热心公益，爱好吉他、阅读和书法，有学校报社记者站工作经历，能够从事采访整理等工作。在项目中负责整个项目的策划与组织工作
团队伙伴	马千寻	史家小学二（1）中队成员，学校金帆舞蹈团成员，具有较好的艺术表达能力。在项目中负责宣传相关工作
	李奕彤	史家小学二（1）中队成员，擅长书法、画画。在项目中负责宣传资料的设计和文字编辑以及宣传工作
	温舒雯	史家小学二（1）中队成员，有较好的表达能力，担任史家博物馆英文讲解员，热情、有礼貌。在项目中负责外联工作
	黄煜洋	史家小学二（1）中队成员，活泼开朗，善于与人交际沟通，担任史家博物馆中文讲解员。在项目中主要负责宣传推广工作
指导教师	周　舟	史家小学二（1）中队班主任，在班级内多次组织开展服务学习等内容丰富、形式多样的班级活动，辅导学生多次获得校级以上奖励，有较强的活动组织和指导能力
专家顾问	薛晓平	中国老龄事业发展基金会公益部主任，银龄书院创始人。长期从事老年关爱活动

（三）实施过程

"家书守护行动"项目自 2017 年 12 月发起，至 2018 年 6 月圆满结束，共分为筹划准备、搜集家书、家书行动推广阶段、成果总结分享四个阶段。

第一阶段（2017 年 12 月~2018 年 2 月）：筹划准备阶段。这一阶段主要制定详细的行动方案，设计并制作家书宣传册，开通微信公众号，策划并拍摄"家书守护行动"宣传片等准备工作。同时，项目组前往四季青养老院、朝阳区老年大学、银龄书院、远洋天地小区、碧水庄园小区等地进行调研，了解大家对于家书的态度与需求。此外，项目组还在专家顾问的指导下，制定科学可行的家书收集和共享方式。

第二阶段（2018年3～4月）：搜集家书阶段。走进社区、学校等地，征集家书、照片等，进行整理、分类、存档工作，同时记录相关书信资料的背景和故事经历，挑选打动人心并愿意公开的家书和照片，与相关家庭达成一致，签署相关协议。

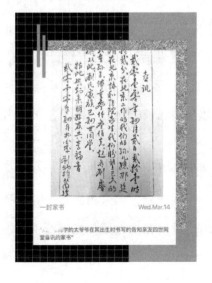

一封家书   Wed.Mar.14

……学的太爷爷在其出生时书写的告知家友四世同堂喜讯的家书"

致我的女儿

孩子，当你打开这封家书时，呈现在你眼前的不仅仅是一张老照片，更是一段妈妈想讲给你听的关于中国与家的故事。

照片中的那个小女孩儿，就是妈妈，当时的妈妈与你年纪相仿，也是一副俏俏可爱的模样。妈妈和你的姥姥、姥爷、舅舅站在一座雕刻着许多石锁的大桥上，这座桥就是著名的卢沟桥，它的著名不仅仅是它精湛的建筑工艺，更是因为它承载了中国的一段历史，发生在81年前的7月7日，日本帝国主义在此发动了全面侵华战争，史称"卢沟桥事变"，中国抗日军队打响了全面抗战的第一枪，也打开了中国长达八年抗战的帷幕，这里面有太多可歌可泣的故事，妈妈无法为你一一道来。相信你会很快了解我们的那段历史。你也许会问，我们为什么会挨打？妈妈来告诉你，那是因为当时我们国家的国力贫弱，必然会招致列强它国的欺凌。

照片可以打开尘封的记忆，也可以启迪我们的未来。这张照片拍摄于上个世纪八十年代初，那时的妈妈大约七、八岁的模样，而妈妈又恰巧出生于中国改革开放的第一年，妈妈的成长也伴随着中国的成长，妈妈见证了我们国家的国力发展，从积贫积弱到繁荣富裕的过程。妈妈小时候没有电脑、手机……

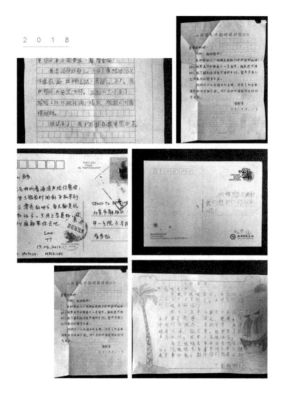

第三阶段（2018 年 5～6 月）：家书行动推广阶段。项目组走进东城区第二图书馆角楼分馆、碧水庄园社区、史家小学、中国人民大学、家书博物馆、史家胡同博物馆、广东中山小榄镇 5 所学校及东北电力大学等地，开展"共讲家书、共承家风、共享家爱"主题活动，组织师生、家长、社区居民书写家书，并对征集到的家书进行分类、存档。同时开展"见字如面——家书朗读会"活动，由团队成员、家长志愿者、部分家书作者进行朗读、分享家书。

2018 年 4 月 18 日，走进东城区第二图书馆角楼分馆，举办优秀家书展览，向读者展示了活动征集的家书，并朗读感人的家书故事，分享了有代表性的家书。同时组织参加活动的朗读者们在现场用传统信纸手写一封家书，进行交流互动，读者反响积极。

　　2018年5月5日，走进碧水庄园社区，项目组联合居委会发动业主征集老家书和照片并让家庭分享了家书背后的精彩故事，社区居民参与踊跃，反响积极。

2018 年 5 月 9 日，走进史家小学。在史家二年级部，在老师的指导下，同学们利用印刷术制作信纸，并在亲手制作的信纸上书写给妈妈的一封家书，作为母亲节礼物赠送给妈妈。

　　2018 年 5 月 28 日，走进中国人民大学。项目组在人大校园进行了"家书守护行动"公益项目宣传，展示优秀家书，鼓励大学生们亲手书写家书，重视家书文化，传承家风家训。

　　2018 年 5 月 28 日，走进家书博物馆。项目组成员走进人大家书博物馆，参观名人名家的家书、信件，聆听家书博物馆馆长对老家书、老物件的讲解。

　　2018 年 5 月 30 日，走进史家胡同博物馆。项目组组织优秀家书展览，向公众展示了收集和甄选出来的近百份家书资料，得到了游客的热烈关注。

　　同时，"家书守护行动"还走向了全国。在广东中山小榄镇，项目组联合当地公益组织在 5 所学校开展了活动；在吉林东北电力大学，项目组与校方联合组织了全校师生的家书撰写活动，并开展优秀家书分享、朗读座谈会，呼吁更多的人书写家书，传承家风。

第四阶段（2018 年 6 月）：成果总结分享阶段。设计、编排、印刷《最美家书》集，拍摄项目宣传片，改编出歌曲《新一封家书》，积极参加学校"六一"汇报演出，向全校师生展示"家书守护行动"项目，呼吁更多的人关注家书、传承家风。

三、学生行动日记——记录公益之花盛开全过程

学生行动日记精选（一）

2018 年 5 月 5 日　星期六　晴

二（1）中队　罗悠可

今天，我们"家书守护行动"公益项目走进了北京碧水庄园社区。这是在角楼图书馆之后，我们"家书守护行动"的第二次活动。

到达碧水庄园社区以后，我们项目组核心成员就开始忙着布置活动现场。我们的工作主要有现场桌椅摆放、活动资料准备和家书资料展示。首先大家一起把桌椅按之前计划好的顺序进行摆放，但因为桌椅比较沉，许多社区居委会的叔叔阿姨也积极帮助我们完成了这项工作。大家配合得非常默契，很快就摆放好桌椅了，看着一排排放好的桌椅那么整齐，我们心里都非常高兴。接下来我们就要

准备活动要用的资料了，有贴纸、调查问卷、信纸、笔、图书等。我们按照使用地点把这些资料都放到了不同的地方，有室外、签到处，还有室内的桌台。最后一项比较重要的准备工作就是展示我们收集到的家书资料了。由于我们收集来的家书资料份数比较多，种类也比较多，如果一张一张贴出来就比较乱，所以我们先将家书资料进行了分类，按照旧家书、老照片、新家书和明信片4个种类区分，然后把不同种类的家书资料张贴到相应的区域。这样既做到了有规律，也方便人们浏览观看。

下午2点，活动正式开始了，有不少的人前来参加。活动进行了一个半小时，内容丰富精彩，有家书朗读、故事分析、心得交流和书写家书等。特别是参加过抗美援越的赵文德爷爷分享了他在战场上给家人的书信，深深打动了每一个参加活动的人。

最终，我们"家书守护行动"的这次活动得到了居委会和社区居民的一致好评，大家都表扬了我们团队，并且表示将来还要继续在社区举办"家书守护"的活动。我们感到了无比的骄傲和自豪，也让我和小伙伴更加深刻地体会到了服务他人的价值。

学生行动日记精选（二）

2018 年 4 月 18 日　星期三　晴

二（1）中队　马千寻

自 2017 年 12 月份开始，我加入了我的好朋友罗悠可发起的公益项目——"家书守护行动"，成为这个有爱、有意义的公益项目组核心成员，我觉得特别的高兴和光荣。在加入之后的这几个月里，我和项目组的小伙伴们一起做了很多有趣、又有意义的家书征集工作，当看到一封封饱含爱和记忆的家书通过各种渠道汇集到我们手中时，我们的心就像被温热的手包裹着一般，备受鼓舞、非常温暖。

而今天是个特别的日子，我和项目组的小伙伴们要进行这个项目的第一次实地活动——走进角楼图书馆，向抵达图书馆的爷爷奶奶、叔叔阿姨介绍和推广我们的"家书守护行动"公益项目。在今天这第一次的实地活动中，我和小伙伴们既带着紧张，也怀揣着兴奋，向到场的所有人介绍了什么是家书，我们为什么要写家书、守护家书等公益理念。活动现场的每个人全程都认真倾听，不停点头称赞我们小小年纪就有一颗公益之心。

在我们一起轮流朗读完征集到的几封具有代表性的家书后，在场的所有人都很感动，纷纷在现场开始动笔写家书。其中有一位老爷爷在活动接近尾声时，站起来激动地说："我没想到现在的小学生，小小年纪就能那么有家国情怀，知道用实际行动来呼吁联系家人和家庭的情感。我其实从年轻时就喜欢给家人写家书，这个习惯到现在还保持着，我希望自己和自己的孩子也能把它继续保持下去。"还有龙潭湖社区的一位阿姨,她也非常肯定我们的活动,并欢迎我们有机会走进龙潭湖社区宣传"家书守护行动"公益项目。

无论是最后发言的老爷爷,还是活动结束后肯定我们活动的社区阿姨,他们的鼓励和肯定,都让我更加深刻地认识到我和小伙伴们在做一件有意义、能温暖人心的活动。同时,也让我发现了今后我们活动宣传的一个方向,那就是一个好的公益项目必须要迈开步子走出去,让更多的人知道、参与进来。社区就是一个很好的窗口,期待我们下一次走进社区宣传我们的"家书守护行动"!

学生行动日记精选(三)

2018 年 5 月 28 日　星期一　晴

二(1)中队　温舒雯

今天我们"家书守护行动"公益项目组来到了中国人民大学的"家书博物馆"。博物馆的馆长叔叔亲自给我们进行了讲解,他说这里收藏了 5 万多件信件,最早的有 300 多年前明朝末期的信件,最晚的则是最近两年才写的。馆长叔叔还特别给我们介绍了陈独秀、梁启超等名人的信件,他说这是"家书博物馆"的镇馆之宝,我们都大饱眼福!

这里展览的家书大部分都是写在纸上的,也有写在丝绸上,还有做成折扇的。参观时,我看到有一个信纸和信封上还留有红色的印记,馆长叔叔介绍说,这是一位解放军叔叔的遗物,那个红色的印记是他的鲜血染红

的，他是为了保护我们的祖国才牺牲的。了解了这封信背后的故事，我们都对解放军叔叔产生了由衷的敬佩之意。

"家书博物馆"里除了信件，还展示了很多随信寄来的东西，比如说粮票之类的，这些东西我都没有听过、见过。妈妈告诉我说，这些都是我们国家在过去特定的时间里存在的，以前我们国家穷，很多东西都限量供应，所以就会有粮票这样的东西，老百姓买粮食，要有粮票和购买指标才可以买。后来，随着我们国家越来越强大，人民生活也越来越富有，很多像粮票这样的东西就不再需要了，这些带有历史印记的老物件也就慢慢从人们的生活中消失了。

听馆长叔叔和妈妈讲这些故事，我突然觉得我们"家书守护行动"项目很有意义，它能帮助我们了解历史，还能帮助我们记录现在。也许，再过很多年以后，未来的孩子们看到我们写的家书，也会对我们的生活多一些了解，我们也成为记录历史的人，这也很有意思呢！

四、学生反思工具——从回望中汲取前行的力量

学生反思精选（一）

姓名：罗悠可 时间：2018 年 4 月 18 日	
提案名称：家书守护行动	
发生了什么	**有何感受**
我们收集上来的家书资料内容和形式都比较多，有旧家书、老照片、明信片、新写的家书，等等。所以需要对这些资料进行较好的整理，才能方便以后的保存和使用	家书资料的形式多种多样，很丰富，说明了家人之间用来表达和传递情感的方式也很多，这正是家书文化影响深远的原因之一。其实，除了写家书外，人们平时也可以通过合影、写明信片、写寄语等方式来进行沟通，促进家庭的情感

有哪些主意	有哪些问题
为了整理好这些家书资料，我们对资料的提供者和形式进行了分类。比如整理学校里征集到的资料时，我们先按照年级和班级给捐赠人进行标注，然后再按照家书资料的形式进行分类，分为家书、照片、回忆录、家谱等。这样，我们就很好地把这些家书资料统计和管理起来了	对于家书的整理，其实还可以从更详细的角度上进行分类。比如写信人与收信人的关系、信件的时代背景、信件的内容特征等等，这样可以更好地反映这些家书的情况。但由于时间精力有限，之前活动中的家书还没有详细整理，后期我们还需要再进行整理

教师评语

你们收集到的家书资料种类繁多，但你们找到了科学的方法进行分类、整理，这样能更好地保存、利用这些家书，为项目开展提供便利。在项目过程中你看到了问题，也找到了解决问题的方法，老师为你的细心和机智点赞！

学生反思精选（二）

姓名：李奕彤 时间：2018 年 5 月 9 日
提案名称：家书守护行动

发生了什么	有何感受
在史家二年级的美术教室，雕刻坊的李老师带着我们体验了雕版印刷术。我们用印刷术制作了漂亮的信纸，在上面写上了给妈妈的一封家书，作为母亲节礼物送给妈妈	我觉得雕版印刷术看上去很简单，但是想要把图案或者字迹印刷得很清晰、漂亮也非常不容易。同时，我也觉得用自己亲手制作的信纸、亲笔写好的家书作为母亲节礼物非常有意义。另外全班同学一起来践行我们的"家书守护行动"，看到大家热情高涨简直太棒了
有哪些主意	**有哪些问题**
可以尝试使用更加好用的颜料或者模具，提高印刷的质量。母亲节礼物的想法非常好，以后也可以在"三八"妇女节、春节等节日鼓励大家写家书给家人	因需要分组合作，现场秩序有些混乱，有同学把颜料弄在了身上，也有同学没有完成家书书写

教师评语

你从一节特殊的家书制作课中思考了很多，也看到了存在的问题，这也将引导你去进行更多的思索并寻求解决的方法。希望你继续保持这股学习热情，继续宣传"家书守护行动"公益项目

学生反思精选（三）

姓名：马千寻 时间：2018 年 6 月 10 日
提案名称：家书守护行动

发生了什么

在收集和展出家书的时候，我发现了很多珍贵的家书，它们很多都经历了 10～40 年或者更长的时间。信纸都有些泛黄了，有些起了毛边，有些还破损了，所以我们在展出时必须对这些信件进行覆膜保护。

但我还发现，有一些家书信件投稿给我们的时候，却保护得很好，有些已经采取过塑的方式，有些则是用影印扫描下来的形式投递给我们的

有何感受

虽然家书的"旧"和"破"能体现它的年代感，但当看到旧家书破损时，我还是会觉得很可惜。我认为家书是非常宝贵的，不应该让它受到时间的破坏。我们应该学会并且号召大家竭尽全力、想方设法地去保护现有的珍贵家书

有哪些主意

"家书守护行动"最重要的一个问题——如何保护好家书？我和爸爸妈妈讨论后，觉得目前可以从以下几个方面来实现：

1. 号召大家整理有意义的家书，可以运用目前比较流行的"一键印书"APP，将家书排版编辑成册，方便今后翻阅，同时也减少了翻阅家书实物时造成破损的可能；

2. 对于年代感强、时间悠久、意义厚重的信件进行过塑保存，并通过扫描等方式进行电脑保存。

3. 可以建立一个家书收藏网站，寄信人、收信人如果觉得它值得分享、可以供后世阅读，就可以上传到网站上，网站按照一定的分类和检索标准，搜索、展现这些信件，方便大家寻找家庭和家族的历史记忆

有哪些问题

问题 1：人们目前对历史较长的旧家书缺乏保护和收藏意识，或者保护的力度不够；

问题 2：让家书流传几代，代代传阅、传看的习惯还没有真正地建立形成

教师评语

你对家书容易破损这一问题进行了全面的思考，并在其中探索出了很多保护家书的方法，这些方法也为"家书守护行动"项目未来的开展提供了更加明确的方向，希望你们能继续探讨，并将这些好的措施应用在以后的行动中，加油！

五、家长感悟——在公益服务中和孩子一起成长

家长感悟精选（一）

家书守护，共承家风

罗悠可家长

当下中国社会处在一个飞速发展的时期，我们的情感、价值和文化也经受着技术变革、工作压力和生活冲突所带来的冲击。如何去维系、保护和传承这些精神，成为一个重要的社会问题。家书蕴含着丰富的传统精神和文化，对家书的保护和传承可以让社会更好地去坚守这些传统的情感、价值和文化。"家书守护行动"项目很好地处理了传统价值与现代社会的关系，让人们更好地认识到家庭传统精神文化传承的重要性，并促进家庭与社会的和谐。

由于"家书守护行动"这个活动的内涵与当下的社会诉求较为吻合，很快就引起了人们的共鸣。短短几个月，孩子们在图书馆、博物馆、书店、大学、社区等地都举办了多场"家书守护行动"的专场活动，得到了大家的肯定和支持。通过这些活动的举办，作为家长，我们看到孩子有了明显的成长变化。他们从班级走到了学校，而后又走向了社会。他们要与不同的人们讲述活动的意义，并号召大家参与到活动中来，这一系列的活动表明他们已经开始去和这个社会交流与融合，这个过程对于孩子们来说是一个跨越，他们变得更为自信、更为大方，对事情更有好奇心，也更具有责任感。

在史家小学"六一"活动总结汇报的时候，没想到孩子偶然听到我弹唱的《一封家书》，竟能有自己改编歌曲的想法，真是让我非常震惊和感

动。在几位家长志愿者的帮助下，孩子们自主创作并录制了《一封家书》MV。这个 MV 从孩子的视角用心去感受，形成了"家书守护行动"版的《新一封家书》。看着这个小小的 MV，我相信这份礼物一定会成为孩子们一生的记忆。孩子们非常喜爱这首歌，走在路上都会不约而同地唱起来，我们做家长的感到很欣慰。一封小小的家书已经在他们的心灵中发了芽，家书文化也已经得到了传承。

"家书守护行动"项目在学校、各机构和社会的大力支持下取得了成功，孩子们都很高兴。这是一次成功的学校教育，更是一次成功的家庭教育。在此我特别要感谢史家小学开设的"服务学习"课程，感谢所有支持和帮助"家书守护行动"项目的人们！

家长感悟精选（二）

陪伴孩子守护家书 追逐梦想

李奕彤家长

自 2017 年 12 月至 2018 年 6 月，"家书守护行动"公益项目陪伴着项目组的孩子们走过了让人难忘的半年时光。孩子们在实现公益梦想的路上勇敢前行，收获满满。

"家书守护行动"是一种富有中国烙印的文化信仰。文化的传承是中华民族延续几千年的核心力量，"家书守护行动"项目正是触碰到了中华文化的内核。项目让孩子们了解家书、熟悉传统、理解历史，在收集家书、书写家书、朗读家书过程中，更加懂得怎样去传递情感、传承家风、传诵故事。"家书守护行动"不是一句口号，而是一种文化的传承方式，它将"家书""家庭""家国"内化成为孩子们血液中流淌的文化基因和文化自信。

"家书守护行动"也是一种有温度、有品质的生活方式。项目开展过程中，孩子们多次向参与者介绍项目的目的、意义、内容，对项目的内涵也有了更加深刻的理解。每个孩子都写下了人生中的第一封家书，然后又有了和家人往来的更多家书。在书写和阅读家书过程中，孩子们惊奇地发现，书信里的文字可以让他们感动落泪，书信在邮寄的途中更让人怀有美丽的等待与期望。虽然互联网时代手写书信不再是唯一传达情感、传递信息的方式，但却是最美好的方式，它让孩子们的情感生活因"纯手工打造"而更加有温度、有品质。

作为家长，一路陪伴孩子，共同学习、共同体验、共同成长，即是一份最大的收获。在陪伴和互动的过程中，家长和孩子的距离拉近很多，我很享受源自平等沟通和共同努力的亲密感。收到儿子在母亲节写给我的家书，我也第一次提笔给儿子写下一封家书。儿子悄悄告诉我，他读信时都感动哭了。"爸爸总是加班出差，清晨离开夜晚归来，各处奔忙一身尘埃，注意身体啊……"听到儿子和小伙伴们唱起"家书守护行动"版的《新一封家书》时，我瞬间眼泪奔涌而出。

感恩"家书守护行动"公益项目，感恩这个项目的发起者罗悠可同学，是她让我们走近了这个既有温度又有深度的主题，以家书为载体，唤醒根植于每个人心中的家国情怀。感恩周舟老师对项目的耐心指导和大力支持！感恩项目组核心团队的小伙伴和大朋友们！感恩所有支持和帮助孩子们实现公益梦想的好心人！愿所有人在追梦和圆梦的旅途上内心光明，脚步坚定。

家长感悟精选（三）

益路虽远，贵在同行

马千寻家长

时光荏苒，白驹过隙，转眼"家书守护行动"项目从成型落地到执行收官，陪伴参与其中的孩子们走过了整整半年的时间。作为"家书守护行动"项目的家长志愿者，我为孩子们能参与这项活动感到欣慰、骄傲和自豪，也为史家小学、中国石油和中国扶贫基金会拿出态度、拿出力量、拿出资源给孩子们体验公益、服务社会的初心由衷地敬佩和感谢。感谢这个活动给了孩子们一次与公益同行、与爱同行的机会，也给了我们家长与孩子们成长同行的机会。

公益这个词在很长的一段时间和一些领域内，被频繁地使用，这种频繁让我们也渐渐开始对公益产生了模糊感和偏离感。何为公益？为何而做公益？是我们这些成人世界都无法精准有力作答的问题。而史家的"服务学习"课程却用一颗具有前瞻性的温热初心给了孩子们答案——公益就在身边，就在你们熟悉的环境里，就在你们关心的大事小情里；公益不意味着你要超出自己能力范围，自掏腰包地去解决他人的困难和社会的问题，公益在于你看到了什么问题，你想到的解决办法是什么，只要你的思路和办法足够好、足够对，社会和公益团体就会给小小的你一种大大的力量，去帮助你实现你的公益之心，去促使你获得个人视野和能力的成长。

就拿"家书守护行动"这个项目来说，从学校到社区，从图书馆到博物馆，从小学到大学，都留下了孩子们为公益而行的身影。在项目执行和推动的过程中，我们看到了每个孩子在这其中的成长：从最初不解家书其意到如今与人自由广泛地交流家书的意义，从最初毫无章法地执行任务到如今有步骤、有分工、有目标地运作项目，从最初简单地整理家书到如今随性地著写家书，从最初小声地诵读家书到如今勇敢地走向人群、走向街头进行公益宣讲，从最初家长陪伴式、启发式地告诉"你应该这样做公益"到如今整个团队明白方向，反推着大人去实现"我要这样做公益"……其间这一切的转变、一切的变化都是巨大而快速的。作为与孩子们在项目中一同经历、一路同行的亲历者，我很高兴见证了他们的这种变化与成长。

公益的背后永远站着一个字，那就是爱。人类的爱是不会消失，也不会停止的，因而公益之路是一条漫长的道路，它需要我们永远地行走其中。因而我希望这200多天对于孩子们来说不是一个结束，而是一个开始，我祝福他们能借此拥有一颗公益之心，用最大的善意和爱去怀抱这个世界，行走在公益的道路上。正如"家书守护行动"的项目口号所指向的最终旨意——"让爱代代相传"。感谢指导老师周舟老师和史家小学的各级领导，让孩子真正在"益路"上开始启程、同行。

六、帮扶对象——公益服务社会，爱心连接你我

帮扶对象感言精选（一）

图书馆读者东城龙潭街道办工作人员："参加'家书守护行动'项目很有收获，让人们了解了家书的价值和意义，让人们更加注重家庭情感的沟通和交流。这个活动非常好，我希望可以把'家书守护行动'项目带到我们街道和社区，让更多的人来读家书、写家书。"

帮扶对象感言精选（二）

碧水庄园居委会主任张钰："我很高兴'家书守护行动'项目能够走进碧水庄园，这是一项非常有意义的传统文化活动，社区需要这种有内涵、高层次的文化活动。'家书守护行动'项目为社区创造了一个更好的文化氛围，带动了很多居民前来参加，让社区的家庭

文化得到更好的发展。项目促进了家人之间、邻居之间的关系和感情。通过读家书和写家书的活动,让我们的家风、家训得到更好的传承。"

帮扶对象感言精选(三)

碧水庄园居民赵文德:"'家书守护行动'这个项目很好,我非常支持。我参加过抗美援越战争,在战场上给家人写了很多信,还寄回了很多照片,而这些信件都被保留下来了。今天有机会把这些资料拿出来给大家看,我十分高兴。我可以把我的故事告诉我的后辈,让他们了解我们那个时代的故事。我是一名老兵,我希望现在的人们知道和平的重要,要珍惜现在的生活。我希望这个活动能一直做下去。"

帮扶对象感言精选(四)

中国人民大学学生:"我已经有很多年没有给家里人写过信了,最后一次好像是初中吧,写给我妈妈的。其实来北京念书后,离家更远了,但还真的没有给妈妈写过信了。今天看了'家书守护行动'项目中展览的家书,我很受感动。'家书守护行动'是一个有温度的公益活动,它唤起了人们对家人的思念,让这种感情更深厚了。我打算以后要经常给家里人写信。"

帮扶对象感言精选(五)

家书博物馆馆长张丁:"人大家书博物馆是我国第一个家书博物馆,多年来我们坚持在社会上号召人们关注家书，传承家风家训，并广泛在民间征集家书。史家小学的'家书守护行动'项目居然是由几个小学生发起的，太不可思议了。我们家书博物馆发起过很多征集家书的活动，也在大学生群体里发起过，但还真的没有在小学生群体里举办

过家书活动。所以，这个'家书守护行动'项目非常有意义，连小学生都重视家书了，我们的社会更应该来关注家书文化。我希望以后我们家书博物馆能有更多的活动与史家小学的学生们来共同举办，让'家书守护行动'推广的更远、更好。"

七、成果展示——公益，我们一直在路上！

"家书守护行动"公益项目在近半年的时间内先后走进东城区第二图书馆角楼分馆、碧水庄园社区、史家小学、中国人民大学、家书博物馆、史家胡同博物馆等地，累计举办 10 余场活动，项目还辐射到外省市，与广东中山小榄镇 5 所学校及东北电力大学联合发起多场主题活动，共征集到 300 多件家书资料，受到社区居民、学校学生的大力支持与响应。项目组自主申请了"家书守护行动"微信公众号，定期推送项目进展情况的原创报道；同时自制项目宣传片以及《新一封家书》MV，呼吁更多的人了解家书、传承家风。项目还受到新华网、新浪网、光明网、北京电视台、《德育报》等多家权威媒体的关注与报道，取得较好的社会影响。因表现突出，项目获得了由中国扶贫基金会颁发的"益路同行·优秀公益创新团队"奖章。

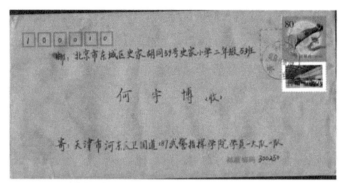

"家书守护行动"征集书信精选（一）

"家书守护行动"征集书信精选（二）

亲爱的妈妈：

希望这封信可以给您带去一些安慰。在过去，您总是起早贪黑地为我，而我呢去只能给您带去一些麻烦，在此我要向您真诚地说一声："妈妈，对不起。"

妈妈啊，您养育起已经8年了，我要感谢您养育之恩。每次看能早贪黑地工作我劝了您好几次，您总是说："你不用管我，只要你好就行了。"我听了，顿时我的眼泪尤流……

妈妈，天气凉了，您一定要注意身体啊！儿子知道您们很不容易，我长大了，我一定会好好学习，以优异成绩来回报您和爸爸的养育之恩，为你们送上最好的新年礼物！身体健康！天天快乐！

您的儿子：李思轩

2018年月7日

"家书守护行动"征集书信精选（三）

"家书守护行动"微信公众号发布文章

"家书守护行动"《新一封家书》自制 MV

新华网发布活动报道

光明网发布活动报道

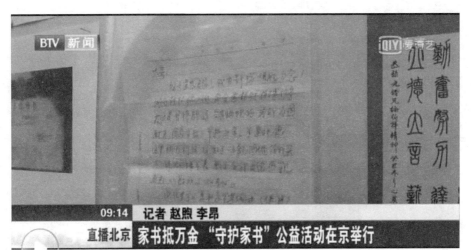

北京电视台发布活动跟踪报道

《德育报》头版发布活动报道

中国文明网北京站＞北京东城首页＞要闻

共讲家书 共承家风 共享家爱

发表时间：2018-04-20 来源：角楼图书馆　　　　　　　　字体：[大][中][小] [打印] [关闭]

驿寄梅花，鱼传尺素。在通讯不发达的古代，家书抵万金，没有什么比收到异乡的亲人一封书信更安心的事情了。人们将情感诉诸笔墨，字里行间，揖让进退之态不仅依稀可见，而且显得更为温文尔雅，彬彬有礼，这就是具有中国特色的家书文化。方寸家书，绵延至今已有两千多年的历史，收揽了千年的烟云，万里的风雨。无论是文人士大夫还是布衣百姓，都把书信作为相互沟通，传情达意的重要手段。

东城文明网进行专题报道

项目获得"益路同行·优秀公益创新团队"奖章

濒危盒子

"濒危盒子"服务学习项目由史家小学二（1）中队吴奕涵同学发起，二（1）中队全体成员共同参与完成。项目指导教师为史家小学周舟老师。"濒危盒子"项目自2017年12月发起，至2018年6月圆满结束。"濒危盒子"公益项目通过征集小画手的濒危物种画作，并将其进行数字化处理，通过画展、明信片、包裹帖、贴纸等多种形式，倡导保护濒危动物，项目以期让更多人关注、保护并拯救濒危物种。短短几个月的时间内，"濒危盒子"项目已在史家小学、史家胡同博物馆、朝阳大悦城、大栅栏社区、京东大厦、某物流公司站点等地相继举办活动，征集近100种小学生手绘濒危动物的图案，完成1500多个濒危盒子的发布和数百包裹帖的发放。项目还得到《北京晚报》、环球网、首都公益网等多家知名媒体的关注。

一、指导教师推荐序

长耳跳鼠、金斑喙凤蝶、斑尾榛鸡……看到这些名字你也许会感到陌生，这些正是目前地球上的濒危物种，这些陌生名字的背后，流露着一个个物种无声消逝的遗憾。濒危物种是一直存在于人类世界里的生命共同体，它们的名称和数量一直变化着，但不变的是它们危险的生存处境。

值得高兴的是，现在有更多的小学生认识了这些濒危动物，能够说出它们的名字，描述它们的样貌，了解它们的生存状态……他们就是来自史家小学二（1）中队的孩子们。别看这群"小豆包"年龄不大，能量却是满满，这不他们就靠自己的力量做了一个名叫"濒危盒子"的公益项目。

一个温暖的善念，点亮一个班级的正能量

仍然清晰地记得，在学校开展服务学习项目选拔时，班里孩子纷纷亮出自己的提案。最令人印象深刻的是吴奕涵同学讲的一个故事。她说："2016 年，在美国亚特兰大植物园，12 岁的'硬汉'孤独地挣扎在灭绝的边缘，作为世界上最后一只莱伯氏非凡雨蛙，人类无计可施，只能每天惴惴不安地打开它的房门证实这个物种消失的日子……终于，它还是安静地离开了，连同莱伯氏非凡雨蛙这个物种的踪迹一并带走。遗憾的是'硬汉'的离开却是很多人第一次知道它和这个物种的存在……除了莱伯氏非凡雨蛙，世界上还有更多物种直至消失也不为人知，绝大多数人与它们成为素未谋面的物种。"

"我不想和它们说再见。"在故事的最后，吴奕涵同学这样说道，这句话也成为她发起保护濒危物种项目的初衷和终极目标。这句话也触动了全班同学的心灵，大家纷纷表示支持吴奕涵同学的项目。但是，如何让更多的人参与到濒危物种保护的项目，并让它传播到社会上更多不同人手里呢？这成为大家面临的最大问题。在和小伙伴、家长、老师等多方沟通了很多次后，同学们逐渐有了一个清晰的思路：在学校号召更多的小朋友们画下濒危物种的图案，然后再把这些图案传播出去，这不就是最可爱，也最打动人的方式吗？艺术无边界，而孩子们的画作大都稚嫩、可爱，没有人会拒绝这可爱的善良。那么，如何让更多的人看到这些饱含爱心的画，把它们传递出去呢？孩子们又一次陷入了沉思。"为什么不用快递呢？"一个声音点亮了大家。"对呀，我们家几乎每天都有快递。""没错，我妈妈也有一堆快递。""我们可以把这些画画在快递盒子上啊!""可是我们的力量太小

了，画在盒子上才能画几个盒子呀!""为什么不用贴纸呢？我们可以把画印在贴纸上，直接贴在快递盒子上，这样就能让全国各地的人都看到了。""我觉得我们可以去找快递公司的叔叔阿姨聊一聊。"……孩子们总能给人带来惊喜，三言两语之中，一个一个难题迎刃而解，他们的点子创意十足，让我们这些大人都忍不住要为他们点赞。没错，在电商时代，快递越来越多，几乎每家每户都对它不陌生。而且快递包裹就像一个个信息载体，如果能通过它们去传递濒危物种，那么会让小小的盒子们承载着使命感快速飞向各个角落替濒危物种发声。孩子们的这个主意太好了！身为老师，我想我们最需要给孩子的就是点燃他们的学习的热情和探索的欲望，在孩子们身后，不断地去引导。在孩子们的共同努力下，"濒危盒子"的公益创想诞生了。而且值得庆祝的是，它一路过关斩将最终被选进学校 15 个优秀项目，得到了宝贵的实践机会。

团队是动力，燃出更多个精彩的第一次

"濒危盒子"项目正式启动的那天，就快速成立了以吴奕涵、杜苏涵、刘景函、孙凡凯、老宇同 5 位同学为核心成员的项目小组。小组里每个同学都有着不同的爱好和特长：发起人吴奕涵同学拥有极强的亲和力，不怯场，喜欢讲故事，有强大的组织能力；杜苏涵同学擅长画画，曾经在学校举办过个人画展；刘景函同学性格灵敏、冷静，能够快速应对不同的环境；孙凡凯同学机智、乐观，对科技很感兴趣，也能照顾其他人的想法；老宇同同学是一个有些内敛却极为认真的孩子。虽然 5 个同学拥有着不同的性格，但自从进入项目组，大家都拧成一股绳，互帮互助。项目前期，大家一起召开沟通会，一起勇敢地去往其他班级征集小画手、发放濒危动物材料和讲解项目等，在一系列的默契配合中大家学会了彼此帮助、相互学习、齐心协力向着项目最终目标奋进。还记得一开始的时候，老宇同很内向，不

敢走进其他班里和老师同学们宣讲、发放资料，吴奕涵和刘景函两位同学每次都会主动带着他、鼓励他上前讲解，使他能够快速突破，越来越得心应手。

在项目进行中，项目组成员有时也会产生不同的意见，这考验着每个人的团队精神，但令我感到很骄傲的是小小年纪的他们能在关键时刻放低自己，时刻以集体为先。还记得孩子们第一次在二年级部亮相布展，那天是周日，罕见高温下，孩子们没有一个逃避和偷懒，争先布置活动场地。当时，设备安装及使用方面也遇到了很多问题，但大家迎难而上，最终呈现了一次完美的展出。那是项目组成员们第一次亲身参与布展，他们出色的表现甚至就超过了很多成年人。像这样的"第一次"，还有很多，比如第一次把画作放进源自欧洲的创意展览装置里，第一次在朝阳大悦城向无数个陌生人推介项目和发放包裹帖，第一次进入京东内部自提点贴包裹……这些珍贵的经历凭靠的正是团队合作，是集体的力量。

与困难同行，"濒危盒子"终长成

起初，几乎所有人都认为"濒危盒子"是个容易快速启动的项目，然而在项目执行中却发现它所面临的困难一个接一个。

首先是孩子们的画作如何被应用在不同的场景里而不会被破坏，还有一些尺寸不同、纸张材质不一的画作如何呈现完美的样态。最终项目组核心成员讨论后选择了虽然繁琐、耗精力，但却易于保存、能够完整呈现的数字化方式来处理征集来的画作。为了节省预算，项目组核心成员们现学现用，每张作品都细心地抠图、修图，最后再将它们匹配到各种各样的展览相框尺寸中。看起来非常容易，但真正实施起来却不容易。孩子们昼夜不眠的赶工，这些不为人知的努力是为了让"濒危盒子"呈现出不一样的精彩。

不仅仅是制作阶段，在项目推进过程中，项目组也遇到了前所未有的困难——与快递物流的合作，也是决定项目是否能顺利执行下去的关键点。起初项目组认为贴包裹帖是一件并不困难的事情，只要和物流点沟通清楚项目的初衷，应该会容易获得许可。项目组先后联系了顺丰、圆通、京东等知名物流公司，刚开始所有企业都表示很支持这个公益项目，认为孩子们的项目出发点很好，保护动物的公益理念值得宣传。可这毕竟是一个品牌参与的项目，都要经过流程申报。在审批的过程中，最大的问题降临了，诸如顺丰、圆通等物流企业采取的是 C2C 模式，每个包裹都是单独的个体发向另一个个体的过程，所以即使是公益项目，个体知情权也是一个难以逾越的鸿沟，所以最终几家物流无法在短时间内完成这个项目的合作。最后，在物流合作上，项目组还是选择了与京东物流合作。首先，京东物流绝大部分是自营产品，在发货人知情权层面的敏感被消除；其次，京东物流的品牌色是红色，也一直在传递温暖的理念，而濒危物种的权威名录正是"红色名录"。于是，在京东物流的爱心助力下，孩子们终于在京东大厦完成了一次完美的项目展现。更令项目组感动的是，一位经营物流企业的爱心人士在得知"濒危盒子"项目后，主动提出帮助项目组无偿发出 500多个"濒危盒子"的善念，这一举动给了项目组莫大的鼓舞，更给孩子们更多动力去扩大保护濒危物种的公益理念。

线下到线上，濒危盒子不说再见

当前已是互联网时代，项目组成员们深知仅靠线下传播辐射范围是有限的，时间和空间都受限。如果能利用互联网持续、广泛地传播，那么项目的影响力将得到极大提升，所以孩子们很快就决定了采用线上、线下相结合的方式共同完成项目推广。

孩子是动物天然的伙伴，拥有最强的情感冲击力，"濒危盒子"项目通过征集小学生手绘出近 100 种代表性及极危濒危动物的图案，采取办画展及贴在快递盒上的方式传递至全国，通过发散式的快递将濒危动物保护的传播和认知的途径最大化，倡导"保护环境，拯救濒危动物"的公益理念。那么，如何让这些濒危动物的图案深入人心呢？项目组还想出了一系列的线上线下相结合的延伸方式，通过让小画手们一一录制小视频，介绍所画的濒危物种的样态、生存环境等信息，结合网络上的百科知识，让小画手的作品在广泛传播的路上影响更多人。实践证明，"濒危盒子"公众号上小画手们的精彩画作和视频获得了非常多的关注和转发，这也将会是小画手们成长中的宝贵财富，相信日后他们回看这些稚嫩的视频，一定会有更深刻的感触。"濒危盒子"公益项目也因此成为一个具有公知、教育意义的平台，越来越多的孩子参与进来，在这里了解濒危动物，传递环保意识。

短短几个月，"濒危盒子"时刻变身去迎接各种发光的可能，因为同学们坚定：濒危盒子，不说再见。项目虽然告一段落了，但是他们的热情丝毫没有减退，他们将继续把濒危物种的保护意识传递下去。可以说，"濒危盒子"在孩子们心目中埋下了一颗爱的种子，相信在不久的将来一定能发光、发热，逐渐成长为参天大树。

指导教师：周　舟

二、创想梦工厂——种下一颗公益的种子

（一）创想动因

在约 46 亿岁的地球上，已有约 5 亿个物种在这个蓝色星球上繁衍生息，可如今他们大都已不复存在。进化论曾是物种灭绝的主要因素，但自从人类进入工业社会后，物种灭绝的原因越来越复杂和多元化，人类活动成为背后越来越突出的原因，物种灭绝的速度和数量都快速上升。然而，遗憾

的是，危机的形势并没有得到广泛的认知，很多濒危物种沉默地挣扎、消逝，成为一颗颗寂寂无声的种子。

史家小学二（1）中队吴奕涵同学关注到濒危动物这一群体。她和小伙伴查找资料发现，据联合国环境规划署的一份报告显示，目前世界上每分钟都有 1 种植物灭绝，每天会有 1 种动物灭绝。40 年来，全世界野生动植物减少了约 50%，目前有超过 1.6 万种动植物被认为濒临灭绝。

这些数字触动了吴奕涵同学的内心，于是她和小伙伴倡导并发起"濒危盒子"公益项目，通过征集小学生们画下濒危物种的图案，并以贴在快递盒上的贴纸和举办濒危动物画展的方式，将守护濒危物种的意识传递到各个角落，让更多人去认识它们并了解它们，走近渐行渐远的物种。

（二）团队介绍

发起人及总负责人	吴奕涵	史家小学二（1）中队成员，喜爱小动物，爱阅读、画画，擅长沟通，喜欢交朋友，喜欢探究新鲜事物
团队伙伴	杜苏涵	史家小学二（1）中队委，喜欢画画、唱歌，乐于助人，在项目中主要负责执行工作
	老宇同	史家小学二（1）中队委，热情开朗、活泼向上，团结同学、乐于助人，执行能力强，平时喜爱朗诵、钢琴、游泳和绘画，是一个充满阳光的小男孩，在项目中主要负责外联工作
	刘景函	史家小学二（1）中队小队委，乐观向上，做事积极认真，热心公益，兴趣广泛，喜欢跳舞、国画、古筝，对传统文化有着浓厚的兴趣，在项目中主要负责宣传工作
	孙凡凯	史家小学二（1）中队小队委，是一个有想法、负责任、有爱心、乐于助人的小朋友，喜欢国际象棋、跆拳道和击剑运动，在项目中主要负责财务工作
指导教师	周　舟	史家小学二（1）中队班主任，在班级内多次组织开展服务学习课程及内容丰富、形式多样的班级活动，辅导学生多次获得校级以上奖励，有较强的活动组织和指导能力

（三）实施过程

"濒危盒子"服务学习项目自 2017 年 12 月开始，至 2018 年 6 月结束，共经历调研准备、濒危动物画作设计及活动场地对接、线下活动推进、项目总结分享四个阶段。

第一阶段（2017 年 12 月 ~ 2018 年 2 月）：调研准备阶段。这一阶段主要确定项目组核心成员并进行任务分配和班级成员分组，由五位核心成员查找资料进行濒危动物资料筛选，备齐参考资料和素材。同时，还进行了项目宣传资料设计和制作，制定宣传文案，成功征集小画手，对征集的画作进行信息梳理和画作摄影，完成画作登记留档。

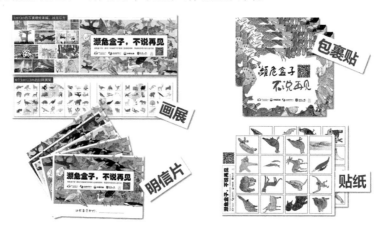

第二阶段（2018 年 3 ~ 4 月）：濒危动物画作设计及活动场地对接阶段。这一阶段主要开展画作数字化设计，做好后期多样化的宣传物料延伸，完成包裹帖样式设计并完成项目专属小礼品、明信片等物料设计；开展小画手视频脚本及录制等工作，完成物种介绍小视频的录制；与史家胡同博物馆、朝阳大悦城等资源单位进行沟通与对接，根据不同的布展条件进行画作的数字化排版和宣传物件的制作；全方位接洽多家物流企业，进行项目宣讲。

第三阶段（2018 年 5～6 月）：线下活动推进阶段。在这一阶段，项目组先后走进史家小学、史家胡同博物馆、朝阳大悦城，完成策展设计；开启规范化的微信公众号传播，日常传播内容包括专属物种传播卡图案、小画手介绍物种的短视频、百度百科上对相应濒危物种的权威深度介绍等。

2018 年 5 月 13 日，走进史家小学二年级部，开展首次物种画作展览，并发放根据小画手画作设计制作的明信片和小礼品。

2018年5月16日，走进史家胡同博物馆，开展"濒危盒子"专题展览，展示所有小画手的画作及物种名称，并引导社区居民及游客扫码添加公众号，了解更多濒危物种知识。

2018年5月20日，走进朝阳大悦城，开展"濒危动物画作"公益画展，发送项目明信片及包裹帖，呼吁游客关注"濒危盒子"项目微信公众号，保护濒危物种，发送包裹帖传递守护意识。

2018 年 5 月 28 日，走进大栅栏社区，在大栅栏社区举办的"书香杨梅竹"活动中完成"濒危盒子"的创意展览，展示数十种典型的濒危物种，在互动中引导社区居民和儿童熟记濒危物种名称，引导人们加入公众号，了解更多濒危物种的相关知识。同时发放明信片、寄出包裹帖，采用多种传播方式呼吁更多的人关注濒危动物保护。

2018 年 6 月 1 日，走进京东大厦，携手京东物流开展"美丽盒子，守护濒危"公益传递活动，传递 1000 个"濒危盒子"包裹，发放上千张合作版明信片，引导工作人员及参观游客添加微信公众号，了解更多濒危物种知识。

2018 年 6 月 14 日，走进某物流公司站点，配合物流车间工作人员粘贴印有保护濒危动物的包裹帖，共计发出 500 个"濒危盒子"，并在全国范围内传递。

第四阶段（2018年6月）：项目总结分享阶段。总结项目进程中的设计画报、小画手画作及宣传视频等过程性资料，整理汇编成册。同时积极准备学校展示活动，分享项目收获，号召更多的人加入保护濒危动物的行列。

三、学生行动日记——记录公益之花盛开全过程

学生行动日记精选（一）

2018年6月1日　星期五　晴

二（1）中队　吴奕涵

今天是"六一"儿童节，也是我们"濒危盒子"项目组去京东大厦做活动的日子。我们为了这次的行动做好了充分的准备，听说京东的叔叔阿

姨们也为了迎接我们的项目准备了很久，这让我感动不已。要知道，这次的行动在沟通过程中遇到了很多困难，最后终于能在"六一"儿童节这个特别的日子里举行活动，我心里真高兴啊！

一到京东大厦，我们就看到了早早等待着我们的工作人员叔叔。话不多说，我们项目组立刻展开了行动。我们把核心成员分成两组，先在京东的快递盒子上贴上包裹帖。给快递盒贴包裹帖对我们来说还是头一次，这和我平时在家里玩儿贴纸意义完全不一样，在家里的贴纸就是小孩子玩儿的贴纸，而这个却是满载着我们保护濒危动物希望的包裹帖呀！我们每个人都认真地贴着，生怕漏下一个快递盒。一想到我们贴上的包裹帖将要被传递到各个地方和不同人手里，能让更多人了解濒危动物，我心里就美滋滋的。快到中午时 1000 多个包裹帖就全贴完了，看到我们这么高的工作效率，在场的工作人员都给我们鼓掌点赞呢！

下午 1 点，我们开始在京东大厦的自提点分发明信片。路过的叔叔阿姨们一边看着我们的明信片，一边说"这几个孩子好可爱啊，这么小就知道保护濒危动物"。慢慢地这里的叔叔阿姨越来越多，我们几个核心成员也发得越来越起劲儿！我发现过来领取明信片的叔叔阿姨不仅有在京东工作的，还有好多都是来这里参观的人们，因为他们的手臂上都贴着和我们一样的"邀请帖"。于是，我们决定也把明信片发给这些叔叔阿姨，这样肯定会让我们"濒危盒子"公益行动传播得更远！我们几个核心成员都积极、

努力地发着手里的明信片，向每一位路过的叔叔阿姨介绍并传播着"濒危盒子"的意义，忙得顾不得喝上一口水，这种团队合作精神真是让我感动极了！这也更加坚定了我一定要把"濒危盒子"公益项目做好并且一直做下去的动力和决心。

一转眼已经是下午 3 点多了，京东的叔叔阿姨们还为我们准备了一个儿童节礼物——小京东狗玩偶，叔叔阿姨夸我们今天表现得棒极了！我觉得这是目前我过的最有意义的一个儿童节，我喜欢这一天！

学生行动日记精选（二）

2018 年 5 月 16 日 星期三 晴

二（1）中队 老宇同

今天，我们"濒危盒子"项目组在历史悠久的史家胡同博物馆举办了画展。活动开始前，我们已经提前把画作装裱一新，做好了充分的准备工作。我们利用中午课间休息的时间来到史家胡同博物馆，向前来博物馆参观的居民和游客介绍我们的公益项目和作品。

不同于校园内的展示，这是我们第一次走出校园，向社会宣传和推介我们的项目。面对陌生的游客，一开始的时候难免会有些紧张，但是很快我们就打开了局面。我第一个推介的对象是一位领着小朋友的阿姨，我走过去对她们说："您好，我们是史家小学二（1）中队'濒危盒子'公益项目组的，欢迎加入保护濒危动物的活动。"她们听了有些不

解："益路同行是做什么的？盒子还有濒危的啊？"面对她们的疑问，我耐心地给她们讲解了"濒危盒子"公益项目的意义和方式：我们是通过小画

手绘画濒危动物并用快递盒子传递的方式，引起人们的关注，促进濒危动物的保护。她们听明白之后，连连点头称好。就连这个小朋友也特别感兴趣，一把拉住我的手，说道："快带我去看你们的画展。"我真是高兴极了，急忙带着他们去参观我们的画作了。

万事开头难，通过第一次的校外宣展，我们积累了宝贵的经验，我相信"濒危盒子"公益项目会越办越好。

四、学生反思工具——从回望中汲取前行的力量

学生反思精选（一）

姓名：孙凡凯　时间：2018 年 6 月 9 日

提案名称：濒危盒子

发生了什么	有何感受
在宣传"濒危盒子"的过程中，我们去了史家胡同博物馆、朝阳大悦城、京东总部、竹梅斜街等地，通过发放包裹帖和明信片等方式宣传保护濒危动物的公益理念	在宣传的过程我们遇到了很多热心的爷爷、奶奶、叔叔、阿姨，还有一些小朋友，他们都能认真倾听，并通过微信扫码等方式加入我们，主动帮助我们传播保护濒危动物的理念
有哪些主意	**有哪些问题**
这次行动我们去了 5 个地方，尽管有些报纸和微信公众号也对我们的公益项目进行了宣传，但了解的人数还是有限的，接下来我们仍将继续宣传。虽然益路同行的项目暂时告一段落，但我们"保护濒危动物"的信心和行动不能停止	在项目进行过程中，我们只是画了一小部分濒危动物，以后可以通过微信公众号等多种形式对更多的濒危动物进行宣传，进一步唤起人们保护动物的意识

教师评语

你们小小年纪，却善于在生活中细心观察，能够基于不同传播平台的属性，看到不同传播渠道的潜力和局限，并由此想到对应的解决思路，真是太棒了。继续加油！

学生反思精选（二）

姓名：吴奕涵　时间：2018 年 5 月 27 日

提案名称：濒危盒子

发生了什么	有何感受
"濒危盒子"联动所有小画手录制小视频，在很短的时间里就完成了 80 多个精彩的视频内容，每个小画手都生动地介绍了自己画下的濒危物种，让项目变得更有生命力了	我觉得每个人都可以成为濒危物种的代言人，很多小画手也因此成为关注濒危动物的人，我觉得很骄傲。体会到了我们的公益行动真的可以帮助到濒危动物们
有哪些主意	有哪些问题
将小画手的画作和视频进行多种多样的内容制作，让它们以更丰富的形式留存得更长久	"濒危盒子"保护的是濒危物种，里面有非常多的知识和不为人知的故事，如果可以邀请相关的专家和老师为大家科普，会让项目更有权威性和趣味
教师评语	
你能够发散思维寻找项目宣传推广的更多方式，非常棒！相信借助专业的力量，"濒危盒子"的教育意义将继续扩大，希望在你们团队的努力下，让"濒危盒子"真正实现更深远的梦想！	

五、家长感悟——在公益服务中和孩子一起成长

家长感悟精选（一）

公益的每一步，都是成长的一大步

吴奕涵家长

　能够陪伴孩子参与到"濒危盒子"的全过程我觉得很珍贵，孩子们的善良和周老师的用心打动着我。每次看到孩子们认真准备的神情和奋力宣讲的真诚时，我都觉得天使在人间。孩子们这么小就懂得身体力行去保护

濒危物种，把自己的想法一一实现，背后的艰辛和成就是这次"服务学习"课程带给他们的难得的学习和锻炼机会。

项目中最让我感动的还有参与的所有小画手们，这些孩子们都是7、8岁的孩子，但是在拿到濒危动物资料后，他们画的每一笔都那么认真。有的孩子甚至反复画了好几遍，还有的孩子因为画了某个物种而喜欢上了它，买了很多玩偶放在房间里，和它共同成长。在录制绘画小视频时，所有孩子都付出了周末和晚上的课余时间，一遍遍熟悉稿子和录制。当看到那些充满爱心的视频后，项目组的孩子们真的充满动力和感激，因为他们知道在这背后是那么多爱心汇聚在一起，他们觉得自己所做的事情是那么重要和富有意义。看着他们一次次赶赴各个活动场地，穿着各种各样的统一服装，孜孜不倦地向公众传递公益行动时，我真的觉得公益的力量存在于点点滴滴中，每一小步都在帮助孩子们树立起心中强大的公益信念。

我们作为家长，一直在告诉孩子世界有多大，未来多精彩，其实孩子也需要拥有社会责任心和保护欲，因为他会在其中发现强大的自己，那是最美的成长。

家长感悟精选（二）

公益不止，爱心不断

刘景函家长

时间过得飞快，"濒危盒子"公益项目就要接近尾声了。五名核心成员，全班集体出动，完成一百多幅画作，实现五地展出，共寄出1500多个快递盒子，数百个包裹帖、上千张明信片、众多爱心企业的参与，这一串串数字承载了孩子们的努力，也让我们家长倍感欣慰。

从立项伊始，孩子们便展现出他们的热情与担当。他们独立在校内开展宣传，短短两周的时间就收集了近百名小画手的动物画作。我还清楚地记得他们第一次走出校园去往朝阳大悦城办画展的情景：他们要把手里的贴纸和明信片发到陌生人手里。当时的孩子们在人群里不知道走了多少个来回，都没有勇气迈出第一步。然而随后去至京东大厦时，孩子们已是熟练地为快递盒贴上快递帖，并且滔滔不绝地给哥哥姐姐们讲"濒危盒子"的故事。当看到孩子们去往各个地方，让这份爱不停地传递下去的时候，我也发现我们家长见证了孩子们的成长。不得不承认公益让孩子们付出爱心的同时，更让他们收获了知识、能力、自信、智慧还有坚韧，使他们在学习和校园生活之外，体验、感悟、领会大千世界，吸取更多的正能量。

"小小公益创想家"的称号已经属于孩子们，希望他们继续秉公益不止、承爱心不断的理念，把这份爱心继续传递下去。孩子们，继续加油吧！

家长感悟精选（三）

点滴进步，收获成长

杜苏涵家长

自 2017 年 12 月份以来，我的孩子参加了班级同学发起的"濒危盒子"公益项目，我们家长也多次陪伴孩子参与了活动。半年多的时间下来，我发现孩子得到很多锻炼，收获很多。

一是孩子更加注意保护环境。参与项目过程中，孩子更多地了解了濒危动物的知识。当看到电视上介绍白鳍豚、苏门答腊犀牛等物种也可能灭绝时，她就会伤心。另外，孩子在生活、学习中知道注意节俭了，节省一度电、节约一张纸，因为这样可以减少对大自然的伤害。

二是孩子更加注意锻炼自我。在朝阳大悦城、京东大厦分发明信片，宣传濒危物种知识时，她有点胆子小、声音低，我就鼓励她多向现场的吴奕涵、刘景函、孙凡凯同学学习。她一看同学们都很积极，心里也就有了底气，便也逐步大方地向身边的人员介绍起保护濒危动物的知识了。

三是孩子更加注意互帮互助。项目组核心成员每个人身上都有自己的优点，他们的爸爸妈妈也都热心参与、献策献力，为活动的顺利开展提供了后勤保障。我也鼓励孩子主动发挥绘画等特长，借助一起参与活动的机会，认真学习其他同学的长处，并在行动中积极分担任务。

总之，通过"濒危盒子"公益项目，孩子学习了相关知识，也得到了锻炼提高。感谢学校和益路同行平台的支持与帮助！

六、帮扶对象——公益服务社会，爱心连接你我

帮扶对象感言精选（一）

某物流企业员工李先生："我是在一次上门取件时看到了'濒危盒子'的包裹帖，寄件人的孩子当时和我说这是他们几位同学做的公益项目，是保护濒危物种的。我当时觉得孩子们那么小就已经在做社会公益了，真是了不起。我被孩子们的纯真感染了，我愿意把这个理念宣传给更多寄件人，让他们愿意贴在快件上，让印有濒危动物的包裹帖得到更广泛的传播。虽然我的力量有限，但我还是希望帮助孩子们实现他们的公益梦想。我觉得这个项目能够联系到物流是一个特别棒的想法，祝愿项目可以一直开展下去，让更多濒危物种得到保护。"

帮扶对象感言精选（二）

史家胡同社区郑先生："一个偶然的机会，我在史家胡同博物馆看到了孩子们举办的'濒危物种'公益行动画展，第一印象就是孩子们画得太棒了！可以想象他们画得多么认真和专注。我听项目组的一个小男孩介绍说，这些小画手都录制了小视频，可以在微信公众号上更加详细地了解每个濒

危物种的形态和生存环境，可见孩子们的公益项目做得非常细致。我觉得这个项目意义深远，在人类不断提高生活品质的当下，我们确实应该跳出自我，去关注更多生命共同体，因为地球不只是人类的，我们所有物种的命运都紧密相连着。"

帮扶对象感言精选（三）

朝阳大悦城画展参观者任女士："犹然记得五个可爱的小学生走到我面前，递给我一张色彩绚丽的明信片，告诉我他们在开展濒危物种保护的公益项目，那神情严肃又可爱，我能感受到他们满满的真诚和奋力的呼吁。小小年纪的他们能够关注到濒危动物的保护，还采用了快递包裹帖的方式，我觉得不仅创意赞，善心更赞！通过接触这个项目，我也认识了很多以前从未听说的物种。我真诚盼望有越来越多的人可以认识到保护濒危动物的重要性，这样世界才会变得更美好。"

七、成果展示——公益，我们一直在路上！

"濒危盒子"公益项目自 2017 年 12 月份正式开启，在半年时间内共走进史家小学、史家胡同博物馆、朝阳大悦城、大栅栏社区、京东大厦、某物流公司站点等地，通过举办画展，分发明信片、贴纸，在快递盒上粘贴包裹帖等形式宣传保护濒危动物。项目组开通微信公众号定期发布小画手画作及介绍濒危动物的宣传视频等，通过线上线下相结合的方式推广保护濒危物种的公益理念。项目得到了环球网、《北京晚报》、首都公益网等多家知名媒体的关注。因表现突出，项目获得了由中国扶贫基金会颁发的"益路同行·优秀公益创新团队"奖章。

"濒危盒子"项目微信公众号及发布内容

"濒危盒子"小画手作品展示

保护濒危物种，一群小学生的"濒危盒子"在行动

2018-05-30 11:43　　环球网　　　　　　　　　　　0　分享

长耳跳鼠、金斑喙凤蝶、斑尾榛鸡……估计很多人在看到这些名字时一头雾水，但有一群小学生却能给你说出它们是谁，长什么样子。这群孩子来自北京市史家小学，他们发起了一个保护濒危物种的公益项目，名字很特别，也很好记，叫作"濒危盒子"。而段首出现的那些名字，正是目前地球上的濒危物种，它们鲜为人知的背后，是一个个物种无声消逝的遗憾。

环球网发布活动报道

《北京晚报》进行专门报道

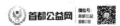

六一来了 超龄儿童都在强行过节看看真正的小朋友都在做什么？

2018-06-04 09:27 千龙网

在约46亿岁的地球上，已有约5亿个物种在这个蓝色星球上繁衍生息，可如今他们大都已不复存在，进化论曾是物种灭绝的主要因素，但自从人类进入工业社会后，物种灭绝的原因越来越复杂和多元化，人类活动成为背后越来越突出的原因，物种灭绝的速度和数量都快速上升。然而，遗憾的是，危机的形势并没有得到广泛的认知，很多濒危物种沉默地挣扎、消逝，成为一颗颗寂寂无声的种子。

但是，它们在一群孩子心里长出了希望的芽。

这个六一，在京东大厦，一场"美丽盒子守护濒危"的包裹传递吸引了众人关注和分享。这是京东物流助力扶贫基金会、益路同行APP、中石油、史家小学主办的益路同行之"美丽盒子"项目组共同开展的公益行动。在京东大厦的自提点，上千个被贴上濒危物种包裹贴的快递被一一发放到不同收件人手里。包裹贴上的所有动物，都是小学生们画下的濒危物种，除了人们熟知的如金丝猴、江豚等等外，还有更多鲜为人知的物种，如长耳跳鼠、四川山鹧鸪、金斑喙凤蝶等等这些连名字都很难叫对的动物，稚嫩而精致的画作触动了很多观者的心。

首都公益网发布活动报道

"濒危盒子"项目获得"益路同行·优秀公益创新团队"奖章

"陶器宝"打开无声世界

"'陶器宝'打开无声世界"服务学习项目由史家小学二（5）中队禹沐含同学发起，二（5）中队全体成员共同参与完成。项目指导教师为史家小学王宁老师。项目自2018年2月启动，至2018年6月顺利完成，历时4个月。项目组走进北京市健翔学校、朝阳区澳美听力语言康复中心、西城区人工耳蜗培训学校、通州区人工耳蜗培训学校、昌平区小桔灯儿童康复教育中心和舒耘听力语言康复中心等6家听障学校和康复中心，共举办10次活动，160余名听障小朋友直接受益，制作了400多件陶器作品，并在地坛青少年活动中心进行展出。活动不仅受到各校听障儿童及家长的欢迎，更受到《人民政协报》《首都之窗》等媒体的关注。

一、指导教师推荐序

据报道，目前我国有0~6岁的听障儿童13.7万，每年新生2.3万，是世界上听障儿童数量最多的国家。近年来，社会各界高度重视和关心听障儿童，在各类救助项目的陆续开展下，越来越多的听障儿童可以实现能听会说、全面康复的梦想。"'陶器宝'打开无声世界"公益项目是禹沐含同学发起的创想。项目的创意确定之后，同学们经常在一起讨论项目的实施计划，随着项目的启动，同学们也开始了他们的下一步行动。选定项目组核心成员、制定更加详尽的实施计划和方案，项目计划得到了二（5）中队同学的全力支持，同学们都非常喜欢这个活动。

工欲善其事，必先利其器

古语有云："工欲善其事，必先利其器。"在项目正式实施前，项目组核心成员为项目的实施做了大量的准备工作。他们设计并制作了公益活动徽章和活动手册，与北京市健翔学校等6家听障学校和康复中心取得联系，协调前期调研与项目实施的具体时间。为了能让陶器制作更加顺利，孩子们还与陶艺培训机构"艺猎陶艺"取得了联系，当孩子们介绍了他们的公益项目后，陶艺机构立即表示会大力支持他们的项目。听到这个消息后，同学们纷纷摩拳擦掌，为即将开始的活动积极储备知识和技能：因为项目涉及3~6岁的盲童，所以核心小组带领同学们学习了听障孩童陪护知识；学习和练习如何与听障小朋友交流；还有很多以前没有接触过陶器的同学专门去学习了陶艺知识，在班会上与其他同学进行了分享。可以说，为了这个公益项目，孩子们忙得热火朝天。

正是因为他们前期充分的准备，才能使每一次公益活动都能够按照计划顺利开展，因为本项目的人文属性很强，除了前期需要做大量的工作外，每一场活动前都要做大量的沟通工作。其实最好的学习，不仅是在实践中充分的运用所学的知识，更是在真实的情境下，不断地学习新的知识，这些知识可能是课堂上学不到的。与其对孩子耳提面命，告诉他们准备工作是多么重要，不如放手让孩子自己去做，鼓励他们在尝试的过程中会不断总结经验、吸取教训，利用团队的智慧，试着去克服那些看起来"不可战胜"的困难。

倾我满腔爱心，助你快乐成长

因为场地和人数的限制，每次活动前我们都会先建立15~20人组成的

"陶器宝行动小队"。孩子们的项目也得到了家长们的大力支持，10次活动日，不论路途远近，不论节假日与否，大家都会不辞劳苦，准时从全城各地到达集合地点。

在每次活动中，行动小队的同学们都会先为听障小伙伴表演各种精彩的小节目，比如手语表演、独唱、舞蹈、乐器演奏、魔术、京剧、朗诵等，与听障小伙伴进行互动，拉近与他们的距离。陶艺老师接着会向小伙伴们介绍陶艺的基本知识，并展示陶艺从泥坯到成品的过程。神奇的陶艺制作使小伙伴们产生了极大的兴趣，每位同学都会体验一次陶艺制作的过程，切身感受陶艺的魅力。同学们与听障小伙伴们用富有创意的双手，创造出了造型各异的碗、瓶、罐等小件陶艺作品，以及各种有趣的人物、动物和植物陶泥作品。除了做拉坯陶罐，同学们还体验了往玻璃瓶上贴陶泥的制作过程，经过认真地制作，一个个贴满了花草树木的带有春天气息的玻璃瓶出炉。参加活动的同学们和听障小伙伴们不仅收获了技能，还共同团结协作完成陶艺作品，结成了一对对的好伙伴。

令人欣喜的是，听障小伙伴和他们的家长也特别喜欢"陶器宝"活动。活动中，有些听障小伙伴是第一次接触陶艺制作，第一次接触拉坯和陶泥，有的甚至不太敢用手触碰，在史家同学们的鼓励和帮助下，他们开始喜欢上了做陶罐、捏陶泥，做出了精美漂亮的作品。家长们也希望自己的孩子可以多参加我们的活动，一方面可以获得快乐和技能，另一方面可以锻炼他们与健听孩子交往与沟通的能力。

一人拾柴火不旺，众人拾柴火焰高。为了让更多的人关注听障小朋友，项目组成员及志愿者们纷纷走出教室和家门，走进社区及其他很多公共场所进行活动宣传，一张张精心设计的活动宣传单传递着他们对听障小朋友最动人的情谊。同学们为爷爷奶奶叔叔阿姨和其他小朋友们耐心地讲解"陶器宝"活动，宣传"陶器宝"活动。孩子们说，他们的力量很小，但是全社会的力量很大，他们要努力帮助听障小朋友做自己喜欢的事情，快乐地成长。

相对于这些听障儿童来说，我们健听的孩子是幸运的。同样都是含苞待放的孩子，同样都需要一个快乐的童年。欣慰的是，我们的孩子小小年纪就懂得感恩生命，更懂得用自己的力量去关心和爱护这些需要帮助的孩子，还给他们一个快乐的童年。

用心陪伴，共同成长

5月12日，"无声世界的五彩梦"陶艺作品展在东城区地坛青少年活动中心举行。这些作品全部是10次活动中"陶器宝行动小队"与听障小伙伴们一起结伴共同制作完成的陶艺作品。数百名来自东城区、西城区、朝阳区、海淀区和丰台区的中小学学生及幼儿园小朋友参观了展览。一件件用心制作的陶艺作品展现了听障小朋友心中彩色的梦想，也打破了听力的障碍，架起了小朋友心灵间的一座桥梁，至此，"'陶器宝'打开无声世界"公益项目活动全部结束。

通过"'陶器宝'打开无声世界"公益项目，不仅为听障儿童的生活带去改变，项目组同学们的综合能力也都得到了显著提高。从发现问题到解决问题，从调查研究到归纳整理，从家庭走向听障学校，从教室走入社区宣传……所有这一切都锻炼提升了同学们的应变能力、沟通能力、解决问题能力和团结协作能力。同学们在公益中学习、在公益中立志、在公益中成长，他们不但学会了关爱他人、扶困助残，更加懂得了感恩和珍惜。"'陶器宝'打开无声世界"公益项目对参加活动的健听同学和听障同学都是一次难忘的经历，让成长在不同环境中的孩子们"益路同行，一路同行"，加深了健听同学与听障同学之间的相互了解和友谊。同时，半年多的活动历程也是老师、同学和家长共同的成长经历。我相信，如果以后还有机会做这个项目，除了二（5）中队同学，我们还可以招募其他更多的同学来参加活动，让更多的健听同学可以接触到听障小朋友，可以关爱关心听障小朋友，一起收获快乐与成长。

在 2018 年的春天，"陶器宝行动小队"的同学们用爱心打开了无声世界，与听障伙伴们加深了了解，增进了友谊，携手一路同行，希望孩子们都能够成为和谐大社会中幸福快乐的小成员。从"陶器宝"出发，让爱继续前行。

指导教师：王　宁

二、创想梦工厂——种下一颗公益的种子

（一）创想动因

二（5）中队的禹沐含同学在电视上经常关注听障儿童的相关信息。当她了解到许多听障儿童的世界是一片寂静，无法像正常的小朋友一样，去感受这个多姿多彩的世界的时候，便产生了想要去帮助他们的想法。但是该怎么帮助他们呢？她想到自己曾经观看过的首个国际听障孩童合唱团的精彩演出，当时很多听障小朋友和家长都表达了想跟正常小朋友一样，能够学习到更多的兴趣爱好，收获快乐并更多地融入社会中。于是，禹沐含和伙伴们决定帮助听障儿童学习发展一项兴趣爱好，让他们感受到快乐与美好。

通过讨论，禹沐含和她的成员们想到了一起做陶罐这个创意，陪伴听障小朋友做陶罐，并用陶罐的精神激励他们。他们还给项目定了一个富有深意的名称——"陶器宝"打开无声世界，希望听障小朋友都能和健听小朋友一样活泼、淘气，个个都是小宝贝。项目组成员们希望通过这个项目陪伴听障小朋友一起动手做陶器，让更多的听障小朋友得到温暖和关怀，让他们学会一项技能，并感受到成功的喜悦和快乐，同时让更多的社会爱心人士关注他们的成长和身心健康。

（二）团队介绍

发起人及总负责人	禹沐含	史家小学二（5）中队宣传委员，性格开朗热情，热心公益，多次参加所在社区和街道组织的为贫困山区小朋友捐赠书籍和衣物等公益活动；有较强的表达能力，多次被评为校级三好学生及"蓝天之星"。在本次项目中担任总负责工作
团队伙伴	傅明哲	史家小学二（5）中队组织委员，热心公益，小时候在新西兰生活时，曾多次参加慰问养老院老人的公益活动，为听障老人和孤寡老人献上自己的爱心；擅长跆拳道、游泳和围棋，曾被评为学校的"礼仪之星"，并在北京市东城区"蓝天工程"课外活动中被评为"课外活动之星"。在本次项目中负责外联工作
	龚之达	史家小学二（5）中队成员，有较强的表达、沟通和自学能力、组织能力强；热爱表演，擅长电爵士鼓，多次参加罗兰新年音乐会表演，在本次项目中负责组织工作
	芦一诺	史家小学二（5）中队成员，热心公益，曾多次去中国盲人图书馆，与盲人小伙伴一起读书、做游戏；动手能力强，有思辨意识，入学以来，多次获得校级"三好学生""公益之星""阅读之星"和"蓝天之星"。在本次项目中负责宣传工作
	张译文	史家小学二（5）中队学习委员，热爱公益活动，曾于2016年12月参加社区组织的顺义区孤儿院活动等公益活动；为人认真严谨、学习能力强，多次被评为校级"三好学生""阅读之星""音乐之星"；擅长弹钢琴，在本次项目中负责财务工作
指导教师	王 宁	担任史家小学二（5）中队辅导员，毕业于首都师范大学，富有工作热情和高度的责任感，对学生充满爱心和耐心，具有丰富的教学经验和组织指导学生参加各种活动的经验，所带班级多次荣获校级优秀班集体，班级小队被评为区级优秀小队，个人荣获区级优秀辅导员、史家教育集团优秀共产党员等荣誉称号。同时，具有较强的教科研能力，曾发表教育教学论文及案例，多次荣获市、区级一二三等奖

（三）实施过程

"'陶器宝'打开无声世界"服务学习项目自 2018 年 2 月开始至 2018 年 5 月顺利结束，项目过程共分为活动调研准备、活动实施、作品展示推广、项目总结分享四个阶段。

第一阶段（2018 年 2 月）：活动调研准备阶段。核心小组进入北京健翔学校进行调研，并与确定的其他 5 家听障学校和康复中心进一步沟通，与陶艺中心联系，确定合作事宜。项目组在专业老师的帮助下，调研、学习听障孩童的陪护知识，学会如何与听障小朋友相处。结合国博课的知识，学习陶艺制作和鉴赏知识，并设计活动 Logo 和徽章。

第二阶段（2018 年 3~5 月上旬）：活动实施阶段。项目组成员与志愿者一起与听障学生一对一制作陶器：在北京市健翔学校、西城区人工耳蜗培训学校、通州区人工耳蜗培训学校、朝阳区澳美听力语言康复中心、昌平区小桔灯儿童康复教育中心和舒耘听力语言康复中心这 6 家学校和康复中心共实施 10 次活动。项目组活动分为两轮开展。

第一轮：2018 年 3 月 1 日~4 月 1 日，项目组一共走进了 5 家听障学校和康复中心，共实施了 5 次活动，分别为：3 月 24 日走进西城区人工耳蜗培训学校，3 月 25 日走进朝阳区澳美听力语言康复中心，3 月 26 日走进北京市健翔学校，3 月 31 日舒耘听力语言康复中心，4 月 1 日走进昌平区小桔灯儿童康复中心开展丰富多彩的活动。

每到一所学校，项目组成员先为参加陶艺活动的听障伙伴带去精彩的节目，拉近彼此的距离。随后由项目组专门邀请的陶艺机构的专业老师为大家讲解陶艺制作的基本技巧，最后项目组成员及志愿者们与听障伙伴一对一结伴制作陶艺。虽然很多听障伙伴都是第一次接触陶艺制作，但是在项目组及所有志愿者们的鼓励下，每一组都顺利完成了陶艺作品的制作。

在第一轮的接触中，不论是项目组的伙伴还是听障儿童都有一点儿羞涩，但是随着交流的深入，大家迅速地熟悉了起来，共同完成陶器制作后，聊了很多话题。而且经过4场活动的历练，项目组成员已经能够顺畅地与这些听障儿童沟通，每次活动结束时，听障儿童都表示非常期待第二轮公益活动。

第二轮：2018年4月14日~5月13日。有了第一轮的基础，第二轮的活动开展得更为得心应手。项目组在4月14日前往舒耘听力语言康复中心，4月15日前往朝阳区澳美听力语言康复中心，4月23日前往北京市健翔学校，5 月 6 日前往通州区人工耳蜗培训学校以及 5 月 13 日前往昌平小桔灯儿童康复中心共举办了 5 次活动。

通过对第一轮活动的反思，项目组成员在第二轮活动时根据每所学校的听障儿童的特点，有针对性地调整了方案。比如对于给大家印象最深刻的昌平区小桔灯听力康复中心的孩子们，他们带去很多特别深受儿童喜欢的礼物。因为第一次来到这里时，项目组成员了解到这所康复中心的孩子大多是外地来京治疗的孩子，半年或一年才能见到一次自己的父母。所以在第二轮活动时项目组成员给他们带去了很多玩具、书本和食物，大家还表示以后要经常来看望这些孩子们，给予他们精神上的温暖。

为了让活动更丰富，项目组成员还利用自己的书法特长为孩子们赠送了书法作品。受到鼓舞的学校的听障小朋友也为项目组的成员们献上了动感的舞蹈。在制作陶器的阶段，小朋友充分发挥了他们的创意，制作出了许多精美的陶器，很多都入选了最终的陶器展。

第三阶段（2018 年 5 月中旬）：作品展示推广阶段。通过在社区和其他公共场所宣传，在班级微信公众号上推送活动照片等多种方式对项目进行推广。并从所有作品中精选部分作品在东城区地坛青少年活动中心进行了主题为"无声世界的五彩梦"的陶艺作品展。

第四阶段（2018 年 5 月下旬）：项目总结分享阶段。对整个项目进行反思和总结并做项目的分享展示。制作完成活动的纪录短片，在学校"六一"汇报演出时，通过短片对项目进行分享与展示。

三、学生行动日记——记录公益之花盛开全过程

学生行动日记精选（一）

2018 年 3 月 24 日 星期六 晴

二（5）中队 傅明哲

今天是我第一次参加班级的"'陶器宝'打开无声世界"公益项目活动。我们来到了西城区人工耳蜗培训学校，和 15 名听障小朋友一起做陶器。因为这是我们第一次和听障小朋友接触，心里还是有些紧张。我们先为他们表演了自己准备好的节目，每个人都用自己的才艺给小朋友们表演了不同的节目，有魔术，有小提琴演奏，还唱了歌。我们的演出得到了小朋友们的热烈欢迎，看到他们露出开心的表情，我紧张的心情一下就不见了。

接下来就开始了今天最重要的事情——分组做陶器。我们和听障小朋友们一对一配对，在老师的指导下，合力完成一个陶器作品。其实，在去之前，我一直很担心，不知道怎么和听障的小朋友沟通，很担心万一我们听不懂彼此的话怎么办。但是当我真正和他们见面以后才发现，有些听障小朋友是可以听见的。比如和我配

对的小朋友是一个四岁的小男孩，他佩戴了人工耳蜗，可以听得到我讲话。只要我慢慢说，他就可以听懂，而且他也会说一些简单的语言，所以我俩完全可以沟通。

我俩都是第一次制作陶器，刚开始有点掌握不好机器转动的速度，总是做不好，我发现小弟弟有点灰心了。虽然我也不知道该怎么才能做好，但是我是哥哥，我应该给小弟弟做个好榜样。所以我就鼓励小弟弟重新再做一次，我们又请教了陶艺老师。经过了两次的失败后，我俩终于成功地完成了一个作品，我和小弟弟都很高兴。

在今后的活动中，我相信我的陶器会做得更好，这样更好地帮助听障小朋友。

学生行动日记精选（二）

2018 年 4 月 1 日　星期日　晴

二（5）中队　芦一诺

今天，我们"'陶器宝'打开无声世界"项目组来到了北京市昌平区小桔灯儿童康复教育中心常兴庄校区，这是我们的第五次活动。我和伙伴们对陶器制作非常熟悉了，特别期待给这里的小朋友带去快乐。但是这个学校实在太远了，在北六环外，而且很偏僻，周围都是树林和庄稼地。

这次和我一组的小伙伴是一个短头发的小妹妹，她听不太清楚，也很不爱说话，我和她说了半天，她都没有什么反应。这让我有点儿着急，因为她还不认识字，我也不会手语，所以我们刚开始没法正常交流。后来，我干脆就用手比画起来，可能是我的动作太好玩了，小妹妹终于笑了。就这样，我们渐渐熟悉起来，总算一起完成了一个彩陶汉堡的作品。

后来，我听小桔灯的老师们说，这里的孩子都是全托，也就是说，他们大概半年才能见到爸爸妈妈一次，听到这儿，我简直太难受了。半年到一年才能见到爸爸妈妈是什么感受？他们的爸爸妈妈难道不想自己的孩子吗？一个小男孩抱着一个家长义工哭了，说他想妈妈了，我们大家都难过地流泪了。

我真的希望他们的爸爸妈妈经常来看他们，这样他们才能更快更好地康复。我们的小伙伴说，下次来会给孩子们带好吃的和礼物来，这样他们会更开心一些。

回到家，我把我小时候最喜欢的一条白雪公主裙子找了出来，下一次去小桔灯的时候我要送给那位小妹妹。我想，穿上白雪公主裙子的她一定会很开心吧，那样的话我也会很开心。

四、学生反思工具——从回望中汲取前行的力量

学生反思精选（一）

姓名：禹沐含　时间：2018 年 3 月 26 日
提案名称："陶器宝"打开无声世界

发生了什么	有何感受
在我们去过的听障学校中，北京市健翔学校的大部分哥哥姐姐们因为小时候没有进行人工耳蜗治疗，所以他们有的一点都听不到，想表达只能用手语。我们又不懂手语，所以在我们一起制作陶器的过程中，有时无法进行沟通交流。他们想表达的我们看不懂，我们想说的他们又听不见	在这些听障哥哥姐姐们小的时候，科技不发达，无法佩戴人工耳蜗。如果以前有更多的人来关注关心他们，可能就会比现在好很多。有时我想起他们的情况会让我感到有些伤心，因为他们不能听到外面的世界，他们也感受不到生活的很多乐趣
有哪些主意	**有哪些问题**
在我们没有办法用手语进行交流的时候，我突然想到，我们可以用笔写下自己的想法进行交流。于是，我们就一人写一句来进行交流，除了交流做陶器的事情，我们还笔谈交流了很多其他事情，比如我们的爱好、哥哥姐姐们学习的情况、我们喜欢读的书和喜欢玩的游戏等	在与听障小伙伴的交流中，对于那些戴人工耳蜗的小伙伴，他们能够听见而且可以表达一些基本的语言，我们就可以更加主动更加积极一些跟他们交流。而对那些没有戴人工耳蜗的哥哥姐姐们，他们完全听不见，我们也不会手语，有时候很难交流

续表

教师评语

看到你在活动中能有这么大的收获，真的为你感到高兴。虽然和结伴的同学沟通上遇到了问题，但是你能想到好办法来解决，用文字进行心与心的交流，彼此成为好朋友，真是太棒了。互相鼓励、互相学习、互相温暖，多么温馨的画面，相信他们也一定能感受到你真诚的情谊！

学生反思精选（二）

姓名：芦一诺　时间：2018年4月23日
提案名称：“陶器宝”打开无声世界

发生了什么

这是我们第三次走进北京市健翔学校，中国聋人协会前副主席富志伟爷爷也参加了我们的活动，他是“中国手语”的命名人，他给我们讲了中国手语是怎么在国际上提出的，我觉得我们应该感谢他，我都觉得他讲的内容有点少，我还没听够呢

有何感受

原来，世界各国都有自己的手语，我们这么大的国家，聋哑人数量也很多，但是直到30年前，世界上都没有“中国手语”，这真是太遗憾了。我想，帮助听障人士需要我们大家一起努力。富爷爷在国际大会上的呼吁和我们的“陶器宝”公益项目，都是帮助听障人士的具体表现

有哪些主意

我们可以印一些宣传单去大街上宣传，可以做PPT，还可以在学校的广播里介绍，可以请家长制作微信文章，在网络上推广。我们应该主动了解聋哑人的困难，向身边的人介绍，让更多的人关心他们、爱护他们、帮助他们

有哪些问题

虽然我们的项目只帮助了听障儿童，但是我觉得以后也应该关心那些听障的叔叔阿姨。但是我们项目的时间又不够，没办法让更多的人和我们一起来帮助听障朋友

教师评语

能够得到富志伟爷爷的肯定和鼓励，你在开展公益活动时更加积极投入、劲头十足。能看出你在服务学习中得到了很好的锻炼，每次在活动中遇到困难，你都开动脑筋想办法，献计献策，为你的周到细心和聪明智慧点赞！希望大家今后的活动能够开展得更加丰富，也能带动更多人参与进来，积极关爱和帮助听障儿童

五、家长感悟——在公益服务中和孩子一起成长

家长感悟精选（一）

公益，助人便是助己

芦一诺妈妈

公益是什么？从小就受过"学雷锋"教育的我们，为什么对公益缺乏办法、缺乏手段、缺乏长情？慈善又是什么？公益和慈善有什么区别呢？

通过这次"服务学习"课程，我和孩子都有了答案。慈善，我们通常说的是某个人很富有，他把他的金钱捐赠给需要帮助的人。对于我们普通人来说，手里没更多的钱去捐赠，那么我们能怎么做呢？这就说到了公益这个词。公益的核心在于帮助他人，每个人都可以帮助他人，所以每个人都可以做公益。做公益只有钱是不够的，还需要时间、需要参与、需要行动以及其他用钱换不到的东西。慈善是把自己的爱心给别人，而公益可以唤起更多人的爱心。

作为一名核心成员的家长，这也是我参与的最持久、最专注、感受最深的一次公益活动。令人欣喜的是，通过这次活动，我们和孩子都获益匪浅，而且达成了共识——做公益将是伴随我们一生的必修课。

"赠人玫瑰，手有余香"这几个字是芦一诺在语文课上学到的，她后来能够用这八个字形容她在项目实施过程中的感受。这说明，孩子明白了公益的意义，其实助人的同时也在助己。从帮助别人中看到自己存在的价值，这样可以让你比同龄人看得更远，格局更大。

看着二年级的孩子已经投身公益，我不禁思考，作为父母的我们怎么做才是最合适的呢？结合我自己在公益项目中做家长义工的经历，我想谈谈自己的三点感悟。

1. 营造共情的氛围。比如：看新闻的时候，身为家长的我们会对那些关心别人、帮助别人的人表示钦佩，引导孩子向他们学习。平常，我们也会教育孩子要多为别人着想，从身边的小事做起，看到别人在睡觉，我们要轻手轻脚；脏衣服不要乱扔，要放在合适的地方，不影响别人的生活秩序；去图书馆，要保持安静，看完的书要放回原处，这样可以减轻管理员的工作量……从平时的家庭交流中多强调这些方面，孩子就会潜移默化地接受为他人着想的观念。

2. 做孩子的榜样。平时和其他朋友一起出去玩时，除了照顾自己的孩子外，也尽可能帮助同行的父母或孩子。出去快餐店吃饭，会尽量减轻餐厅服务员的工作量，让孩子和自己一起去倒掉吃完的餐盘……父母自己一定要给孩子做好表率，要不然公益就只不过是口头上的漂亮话罢了。

3. 鼓励而不是代替。当孩子想要做些帮助别人的事情时，我们应该多鼓励和支持，看他需要父母做些什么，努力帮助孩子去实现他想做的事情。就像在这次公益项目中，当孩子向我请求帮助时，我才会尽我所能地帮助他。而且我特别自豪的是，这次项目执行过程中的所有决定都是孩子自己做的。当然，在孩子还没有做好准备的时候，我们也不会去强迫他接受父母的想法和观念。因为孩子始终是自己行动的主角，只有被尊重的孩子，才更有可能对他人施以平等和尊重，才真正能够以自发的心愿去做公益。

当孩子能够懂得共情，懂得理解他人，帮助他人，从身边的小事做起，哪怕是点点滴滴的小事，我想孩子的收获与成长都远大于他们的付出。

家长感悟精选（二）

在奉献中收获　在服务中立志

龚之达家长

6 所学校和机构，10 次活动，全班参与，项目组成员们与听障儿童一对一结伴，服务到个人。"'陶器宝'打开无声世界"，打开的不仅是听障孩子的视界，也打开了投身公益的史家孩子们的爱心世界。

印象最深的是去昌平小桔灯儿童康复教育中心，那是一所寄宿学校，生活在那里的孩子们，或许几周，或许几个月，甚至更久都看不到自己的爸爸妈妈。缺少陪伴的孩子们，看到这么多伙伴和家长们时，都忍不住流下眼泪。若不是孩子们发起这个项目，我可能没有机会接触到小桔灯的这些孩子。小桔灯的大部分孩子来自外地，家境都不太好。与儿子一起结伴的梦雪小朋友，因病被父母遗弃，小桔灯就是她的家。了解了情况的儿子在第二次去小桔灯时，不仅给梦雪制作了卡片，还用自己的零花钱买了一套文具。看着这些小朋友们开心的样子，他说，以后想多陪陪这里的弟弟妹妹们，让他们知道还有很多人爱着他们。

在活动中，我不仅看到了儿子龚之达身上诸如此类的令人欣喜的变化，我跟孩子爸爸也感触良多。因为儿子学了手语，连他三岁的妹妹也学会了"史家小学"的手语，还学会了说"益路同行我参与"呢。

在公益服务中，孩子收获了友谊，也收获了作品，学会了在尊重无声世界的伙伴的情况下与其交往，也学会了如何给予他人真正需要的关爱。

在公益服务中，孩子立下更加远大的志向。他说，努力读书，多学本领，不只是让自己未来更美好，更是要让自己有条件有能力去帮助更多人。这让我们欣慰而感动。"达"则兼济天下，这原本就是我们给儿子起名时的期望。

作为项目核心成员的家长，我们感到特别荣幸，也满怀感激。感谢史家小学提供了一个如此富有创意的公益平台。在孩子们心中播下了公益服务的种子，为孩子记录了一份宝贵的成长档案，让孩子们在奉献中收获，在服务中成长。

六、帮扶对象——公益服务社会，爱心连接你我

帮扶对象感言精选（一）

北京市健翔学校学生："一开始我笨手笨脚的，陶泥就一点儿也不听话，总是做不成我想要的样子。原来做陶泥看起来很容易，其实做起来真的很难，我有点心急了。这时候，坐在我旁边的小朋友开始给我建议，他说：'哥哥，不能着急，慢慢地做就能做好了。'我有点儿不好意思了，弟弟只有7、8岁的样子，都能沉下心做陶器，而我这个大哥哥做起事来还这么浮躁。别看弟弟年龄小，本领还挺大的，在他的帮助下，渐渐地陶泥变得稳当了，之前调皮的陶泥变得像个听话的孩子。最后，我和弟弟一起做出了属于我们的独特作品——陶罐。看着弟弟天真的脸庞，我也不由得笑起来。要不是他的鼓励，我可能就做不出陶罐，也感受不到原来做陶泥就像变魔术一样，有趣极了。今天体验陶艺制作的经历让我明白了：不管做什么，只有做到认真、不浮躁才能做出好东西。非常感谢史家小学的老师们和同学们让我们在活动中感受了纯真的捏塑泥巴的快乐，体验以往不同的快乐！"

帮扶对象感言精选（二）

西城区人工耳蜗培训学校学生："当老师告诉我们，我们要与史家小学的哥哥姐姐们一起做陶罐时，我特别高兴。哥哥姐姐们还为我们表演了很多好看的节目。跟我一起做陶罐的是个特别爱笑的姐姐，我以前没有做过陶罐，也没有碰过陶泥，刚开始我不敢去碰泥巴，姐姐就先做给我看，后来姐姐拿着我的手一起去摸泥巴，我觉得很好玩。我们俩一起把手放在陶

泥上，开始做的几个都破掉了，在姐姐的鼓励下，我们又试了几次，最后我们俩一起做出了一个杯子。虽然不是很好看，但是我很开心。我特别盼着下次还能有机会和史家小学的哥哥姐姐一起玩，一起做陶罐、捏泥巴！"

七、成果展示——公益，我们一直在路上！

"'陶器宝'打开无声世界"项目共面向 6 所听障学校和听力康复中心，完成了 10 次帮扶活动。活动参与人数达到 160 余人，志愿者与听障儿童共同制作了 400 多件陶艺作品，并进行了展出。项目组自发创建了微信公众号，先后推送 9 篇原创文章，《人民政协报》和"首都之窗"网站等社会媒体对本项目进行了报道。最终经过评比，项目获得了由中国扶贫基金会颁发的"益路同行·优秀公益创新团队"奖。

项目微信公众号

《人民政协报》对本项目进行报道

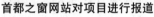

首都之窗网站对项目进行报道

项目组"益路同行·优秀公益创新团队"奖

关爱失智老人

　　"关爱失智老人"服务学习项目由史家小学三（2）中队梁曦文同学发起，三（2）中队全体成员共同参与完成。项目指导教师为史家小学史亚楠老师。项目自2018年2月启动，至2018年6月顺利完成，历时5个月。项目得到了英国权威的失智症护理机构以及国内三甲医院的支持，给孩子们提供专业的培训和指导。几个月的时间，项目组先后走进4个社区养老驿站和两所老年公寓开展了共计10余场公益活动，项目受益人数超过500人。他们不仅为老年人带去精彩的节目，还为老人教授健脑益智的手指操，为失智老人的家人和护工开展专项心理疏导讲座，并发放防走失黄手环500个，获得参与者的高度评价。项目还得到了中国教育电视台、新浪网等多家媒体的关注。

一、指导教师推荐序

　　2017年，我还不是三（2）中队的辅导员老师，但是队员们开展的"有故事的古树"公益项目就已经深深吸引了我。因为队员们的宣传，我了解到"帝王树、白袍将军"等很多古树的故事。队员们升入三年级，我成为孩子们的辅导员老师。当学校再一次向全校队员征集公益创想的时候，看着孩子们提出的一份又一份的倡议书，我非常欣喜。我想这都得益于上一次的活动给予了他们不一样的收获。今年，在众多的倡议中，一份"关爱失智老人"的提案成功吸引了大家的注意。"关爱失智老人"项目的发起人是梁曦文同学，触动她萌发这一公益创想的是她家小区院子里的一位老奶奶，因为老奶奶经常静静地坐在小区的长椅上，当她从老奶奶身边路过时，老奶奶总会对她笑，还会问她叫什么名字？上几年级了？她发现老奶奶几乎每次遇到她都会问这个问题。后来，从妈妈那里才知道，老奶奶得了老年痴呆症，又称失智症。当队员们听了梁曦文同学所讲的这个小故事，立刻有人表示，曾在父母的朋友圈里看到走失老人的消息，还特别注明老人患有老年痴呆症。在那一刻，队员们决定，在这一学年，他们要尽自己的微薄之力，一起关爱失智老人。

为了更好地帮助失智老人，同学们需要先了解什么是"失智症"。在学期初，项目组邀请了关爱惟士（北京）公司的格格老师走进了三（2）中队，给队员们带来了一堂与众不同的体验课。在课上，队员们了解了"失智症"的主要表现、致病原因，以及一些简单的预防"失智症"或者减缓病症恶化的好方法。我原本以为孩子们会有畏难情绪，毕竟对于他们来说，这个话题并不熟悉，又是比较深奥的医学课题。但让人意想不到的是，孩子们对于这节课有着非常浓厚的兴趣。他们不断提出各种自己关心的问题，每个人都很专注地跟着格格老师学习每一个手指操的动作。他们目不转睛地看着视频，记录下照顾失智老人应该注意的细节，还带上特制的耳机和墨镜，模拟体验老人视力下降、失去听力后的生活……就这样，我被孩子们的专注感染的同时，对于更好地开展这一公益项目也更有信心了。

这节课后，梁曦文同学和项目核心组的成员一同在新学期的开学典礼上以情景剧的方式，宣传了我们的公益项目。这也预示着我们的项目准备就绪，正式启动了。

2018 年的清明小长假，对于队员们来说有着特殊的意义。在东四七条和南门仓养老服务驿站内，活动着三（2）中队队员们的身影。活动过程中，大家与老人一同制作青团、绘制风筝，真正体验传统文化魅力的同时，将孝老敬老落实在行动中。队员们将一个个爱心黄手环发放到老人的手中，手把手地教老人做健脑益智手指操。老人脸上浮现的笑脸和队员们专注认真的表情成为这个小长假里最让人难忘的画面。最后，队员们三五人组成一个小组，走到社区，向周围居民宣传了我们的公益项目。号召居民们一同行动起来，尊老敬老，关爱失智老人。

自项目启动以来，走进社区养老服务驿站以及老年公寓，陪伴老人、关心老人成为孩子们的一种习惯。面对驿站和公寓中的失智老人，她们总会多一点耐心，多一份责任感。队员们精心准备一个个节目，只盼在陪伴老人的时候，能够带给老人多一丝快乐，多一点美好的回忆。记得东四七条社区养老服务驿站的一位老奶奶，患"失智症"多年，当孩子们第一次走进驿站的时候，老人呆滞的目光让我和队员们记忆犹新，仿佛时光夺走老人记忆的同时也带走了她所有的快乐。队员们围在老人的身边，尝试着和老人交谈，向老人介绍着自己，给老人唱京戏，挽起老人的手，尝试让老人和她们一起学手指操。一次、两次、三次……经过孩子们不断的努力，当老人伸出手指，尝试比画出"1＋1＝2"的动作时，孩子们激动的心情已无法形容。我相信，在老人渐渐模糊的记忆中，会多一份美好，会出现孩子们一张张纯真善良的脸庞。

短短几个月的时间，队员们先后走进了 7 个社区，向社区居民宣传"关爱失智老人"项目数十次，她们将防走失黄手环赠送给社区居民，号召居民将这个爱心手环接力传递送给真正需要它的人。虽然我们无法一一认识周围的失智老人，但爱心接力传递是一个很好的方法。所以，在每一次宣传的过程中，队员们一定会力争教会居民手指操，希望通过小小的手指操，让越来越多的人能够加入她们的行列中，关爱失智老人，传承中华传统美德，为社会贡献出自己的一分力量。为了能够更好地宣传我们的项目，梁曦文和曲家希两位同学想出了一个好办法——拍摄公益宣传片，通过线上的传播让更多的人更加直观地了解到失智老人这个群体。说干就干，孩子们一次一次开会讨论宣传片的脚本，邀请参与拍摄的爷爷奶奶，经过一番周密的准备，拍摄工作非常顺利地完成了，孩子们全员上镜、全员专注，从他们的眼神和动作中，我感受到了那份已经走入孩子们内心的关爱与责任。

说是指导教师，其实在陪伴队员们参与活动的过程中，更多时候是队员们给予我感动和收获。别看孩子们年龄不大，可组织起工作来却有模有样。核心小组成员分工明确，队员们对于自己想要做的事情有组织、有计划，看着孩子们全身心投入到公益项目中，我常有一种觉得他们一夜长大的感觉。公益在队员们的心中，不再仅仅是乐于助人这样简单了，更是一种使命感、责任感。孩子们的关爱也不仅仅只限于失智老人，在队员们的日记和习作中，我读到了越来越多关于爷爷奶奶、姥姥姥爷的故事，他们更加有同理心，学会了用心去关怀身边的家人，尤其是老年人。

六月一日儿童节这一天，队员们带着自己拍摄的宣传片，再一次在全校师生面前展示了我们的项目。公益项目虽然进入了总结阶段。但是我们的服务却不会停止。陪伴老人，用关爱填补老人逝去的记忆。"关爱失智老人"公益项目是孩子们学习做人过程中难忘的一课，也必将是孩子们记忆中最为绚丽多彩的一页。我们也相信未来会有更多人加入我们的行动中，让尊老敬老变成日常生活中的一种习惯。

指导教师：史亚楠

二、创想梦工厂——种下一颗公益的种子

（一）创想动因

三（2）中队的梁曦文同学第一次了解到"失智老人"是因为小区里的

一位失智老人，每一次经过她身旁，总会重复问同样的问题。感到疑惑的梁曦文同学，询问过父母之后才知道这是因为"失智症"。

随着社会老龄化问题的日益突出，"失智症"患者也逐年增多。其中"阿尔茨海默症"，又称"老年痴呆症"，是最常见的形式，占老年"失智症"病例的 60%~70%。这些患病的老人常常忘记很多事情，甚至忘记自己的姓名、住址，很容易走失或者发生危险。

在初步了解了"失智症"以后，梁曦文与同学们决定发起"关爱失智老人"项目，帮助这些随时会忘记任何信息的老人们。项目组的伙伴们希望通过自己的努力，让更多人正视"失智症"，给予生病的老人更多的关爱和理解，并在日常生活中通过一些科学的护理手段，让他们的生活多一分便利，少一分障碍。

（二）团队介绍

发起人及总负责人	梁曦文	史家小学三（2）中队委，热心公益，是校公益之星，爱好广泛，业余时间学习了很多课本之外的科学医疗知识，在本项目中负责策划、组织与文案撰写工作
团队伙伴	栗浩哲	史家小学三（2）中队成员，校公益之星，集体荣誉感强，富有爱心，善于与人沟通。在本项目中负责与服务单位沟通和内外部联系工作
	曲家希	史家小学三（2）中队成员，校公益之星，去年益路同行之"有故事的古树"项目核心成员之一，有较为丰富的公益活动经验。在本次项目中负责项目宣传和推广工作
	李骐舟	史家小学三（2）中队委，校公益之星，热心公益，性格活泼开朗，乐于助人。善于沟通，有很强的组织能力。在本项目中负责组织与协调工作
	崔尚源	史家小学三（2）小队委，校公益之星，热心公益活动，关爱老人，做事认真负责。在本项目中负责预算、物资采购和费用支出

续表

指导教师	史亚楠	三（2）中队辅导员，热爱公益事业，具有丰富管理经验，对老人有爱心，注重培养孩子们的博爱思想，能调动同学们的积极性，在项目中负责项目的总指导工作
专家团队	关爱惟士（北京）	作为本项目的特聘支持单位，为活动提供全程专业知识辅导、文献资料和技能培训。关爱惟士集团服务于英国全民医疗系统（NHS），在过去近20年对失智症患者的服务中积累了丰富的经验，在其他国家也开展了多元化的服务内容。特聘专家蔡格格是中英认知症好朋友项目双重认证的"认知症好朋友"

（三）实施过程

"关爱失智老人"服务学习项目自2018年2月开始至2018年5月顺利结束，项目过程共分为活动调研阶段、筹备阶段、实施阶段和总结分享四个阶段。

第一阶段（2018年2月）：活动调研阶段。这一阶段主要是走进社区做调研，利用社区驿站的集会活动时间，了解失智家庭实际情况。在调查过程中，同学们对社区老人的生活状态加深了解，理解体会患者家属生活、心理状况，并针对他们的实际需要策划了活动内容。

第二阶段（2018年3月）：活动筹备阶段。项目组成员及志愿者进行有

关"失智症"的基础知识的培训学习，掌握与失智老人及其护理人员交流的方法。完成活动前的各项物品准备工作，设计并制作完成活动的统一服装标识、宣传海报，购买项目的赠品"防走失爱心黄手环"。撰写公益广告剧本，排演"失智症"基础知识防治小节目并学习手指操。协调相关单位、活动场地、讲课专家和家长义工的时间。

第三阶段（2018年4月~6月2日）：活动实施阶段。这一阶段共举行10场不同类型的活动，深入走进社区进行推广宣传，取得较好的效果。

首先，根据前期的调研结果，项目组成员及志愿者们，利用节假日，走进七条、广外、南门仓3个社区进行6场宣传活动，并发放防走失黄手环500个。

2018年4月5日，项目组分别走进了南门仓社区养老驿站和七条社区养老驿站，为老人们带去精彩的表演，共同制作青团、绘制风筝，为老人们的生活带去欢声笑语。项目组成员们还教会老人们做健脑益智的手指操，并为老人们发放爱心黄手环。在南门仓社区，项目组利用集会的时间，为所有前来的居民发放了爱心手环，希望他们进行爱心接力传递，将手环送给有需要的老人。

　　2018 年 5 月 4 日和 5 月 16 日，项目组分别走进广外养老驿站和七条社区的居民家中进行探望，并与老人聊天，还一对一帮助老人们学习手指操。

2018 年 6 月 1 日和 6 月 2 日，项目组再次探望广外养老驿站和七条养老驿站的老人们，为老人们表演了童趣十足的节目，与这些"老儿童"一起度过欢乐的儿童节。

其次，走进两所汇晨老年公寓进行慰问活动。

2018 年 5 月 12 日和 5 月 16 日，项目组去往北苑汇晨和七条汇晨老年公寓，进行慰问活动。项目组成员和志愿者们为老人们举办了"惊喜生日会"，并且表演了节目，因为活动正好在"母亲节"前后开展，孩子们还为每一位老人都送上了一支康乃馨。这两场特别的慰问活动得到老人和照护人员的一致好评。

再次，走进社区开展两场专家讲座。

在开展活动关爱失智老人的同时，项目组还关注到了非常重要的一群人——照护人员。4月5日和5月12日，项目组分别在南门仓养老驿站和北苑汇晨老年公寓，进行了针对"失智症"照护人员的专项技能辅导和心理疏导。通过健脑小游戏，现场问答等形式给社区居民推广普及疾病预防和护理知识。

最后，完成公益广告的拍摄制作，通过线上线下进行宣传推广。

因为失智症发病率居高不下，每个人的生活中都可能会遇到失智老人，所以项目组制作了《关爱失智老人》宣传片，呼吁更多人关注失智老人。线上通过微信、优酷网等方式进行推广宣传，线下项目组走进史家小学体育馆，面向全体师生进行专题宣传。

第四阶段（2018 年 6 月上旬）：总结分享阶段。项目组成员通过讨论会、分享会等形式进行项目总结与反思，并在学校汇报演出中展示项目成果，播放宣传片，推广手指操，获得全校师生好评。

三、学生行动日记——记录公益之花盛开全过程

学生行动日记精选（一）

2018 年 5 月 4 日　星期五　晴

三（2）中队　栗浩哲

炎炎的夏日来到了，今天我们利用休息时间来到了东城区广外南里社区养老服务驿站。

这里的老人们有说有笑，还三五成群地打牌，作为休闲娱乐，看到我们的到来，老人们有的高兴地点点头，有的问我们是哪个学校的。他们表情友善，说话清晰，和养护院的老人们完全不一样，他们健康而且快乐。我们一边和他们攀谈，一边教他们"健脑益智手指操"，他们听说这对保持大脑灵活有益，就纷纷主动学习起来。其中有一个奶奶学得很快，我教了她一套"一枪打一鸟，一枪打两鸟"，奶奶都记住了，还很兴致勃勃的样子。我趁热打铁，又教了她一套我们刚刚学会的"一加一等于二……四加一等于五"的加法手指操和"五减一等于四……一减一等于零"的减法手指操。我和奶奶一起练，刚开始有点不灵活，但经过几次练习，就慢慢熟悉起来了。直到奶奶完全掌握了，我才松口气，我看见奶奶也舒心地笑了。

　　活动时间过得好快，爷爷奶奶们还意犹未尽，但时间已经不早了。临走时我们送给了每个爷爷、奶奶一个黄手环，可以把写好姓名和电话的纸条放在里面，以防老人走失。从"关爱失智老人"的活动中，我们明白了因为目前"阿尔兹海默症"还没有治愈的方法，所以要积极预防患上这种疾病。练习健脑益智手指操，就是一种很好的方法；而对于已经患上这种病的老人，我们给他们赠送黄手环，防止老人走失。接下来，我们一定要用更多的实际行动，让更多老人得到关爱！

学生行动日记精选（二）

2018 年 6 月 1 日　星期五　晴

三（2）中队　梁曦文

　　今年的"六一"儿童节我没有去游乐场也没有去购物中心，而是和几个同学一起再次来到了广外社区养老服务驿站，参加"关爱失智老人"项目组织的公益宣传活动。

　　走进宽敞明亮的社区活动中心，养老驿站就在最里面的一个大屋子，旁边有老人休息室，有阅览室，还有工作人员办公室，到处都干净整洁。坐在轮椅上的爷爷奶奶们正在护工阿姨的带领下做早操，因为病痛，他们的手不能抬起很高，动作也没办法做标准。我想如果我教给他们的动作很难，他

们做起来就会有点儿吃力，可能就不会很愉快。所以，我想了想，简单的手指操他们肯定可以做。所以我和护工阿姨商量了一下，今天不做早操，改成做手指操。然后我就走到他们中间说："爷爷奶奶们，请和我来做健脑益智手指操啦！"我故意说得很大声，他们都看向我，本来很惊讶，不一会儿，就一个接一个地开始学着我的动作做起来了。我们教给这些老人的手指操"一枪打四鸟"和"贪吃蛇"虽然简单好记，但又不那么容易做到的，还需要多练习几次。我和同学们就手把手地教他们，旁边的护工阿姨也兴致勃勃地做起来，看到他们脸上露出了愉快的笑容，我觉得自己做了一件正确的事情。

后来我们又和爷爷奶奶们玩了猜成语游戏，虽然一位爷爷只猜对一道题，但是我能感受到他的好心情。旁边工作的叔叔阿姨也加入进来，他们都是活泼的年轻人，猜对了就兴奋地咯咯笑，能为他们在每日辛苦烦琐的工作中带来快乐，我真高兴。妈妈说：照护人员也需要心理疏导，他们每天照顾老人，精神处于紧张状态，我们的到来能让他们放松一下，也缓解他们的疲劳。

今天我过了一个有意义的儿童节，和社区的爷爷奶奶一起活动，为他们带来欢乐！我和他们约定好，要多学一些更有趣的动脑游戏，下次来教给这些可爱的爷爷奶奶们。

四、学生反思工具——从回望中汲取前行的力量

学生反思精选（一）

姓名：曲家希　时间：2018 年 3 月 31 日
提案名称：关爱失智老人

发生了什么	有何感受
我第一次参加南门仓社区的调研活动时，很多社区老人对手环比较感兴趣，但又不知道是做什么用的，会问很多问题。而一开始现场有点吵，老人们听力又往往不太好，沟通起来要多花不少时间	看到那么多社区居民对我们"关爱失智老人"项目感兴趣，我们都觉得很欣喜。大家都热情地给每一位老人进行详细介绍，这次活动我觉得办得很成功，让很多人了解了"失智症"，我觉得很有成就感
有哪些主意	**有哪些问题**
我想在每一次活动策划的时候，我们都要根据活动的实际情况考虑得更全面一些，考虑老年人的特点。比如这次活动，我们可以提前多准备一些大字体的宣传资料，这样老年人能看清，也可以避免现场太吵，说话听不清的情况发生	通过这次活动，我发现人们对"失智症"的关注还是太少了，包括老年人自己也不是很了解这个病。我们还需要多向社区居民做"失智症"的科普工作。另外，我们忘了考虑场地特点和老年人的特点，材料准备得不够多，不够充分

教师评语
作为项目组的核心成员，你总能全面地考虑问题，在调研阶段就已经发现了许多问题。我想会学习、善反思的你在接下来的活动中，一定能够领导好团队，把活动计划得更详细更周密，加油！

学生反思精选（二）

姓名：梁曦文　时间：2018 年 4 月 5 日
提案名称：关爱失智老人

发生了什么

在社区养老驿站，叔叔阿姨特别热情，主动帮助我们布置场地安排老人们坐好，大声地为我们鼓掌，高度评价我们表演的节目，还认真地学习手指操，希望头脑变得灵活。拿到防走失黄手环的时候，他们很感兴趣，问了好多关于黄手环的使用问题。活动结束后奶奶们依依不舍，我心里暗下决定，以后会多来看望他们

有何感受

大家的热情令我们感到很温暖，也感染了我们，让我们有勇气面对这么多观众。在做手指操的时候我们克服了胆怯。宣传疾病知识和发放防走失黄手环时，以及在和老人们交流时就像和自己的爸爸妈妈、爷爷奶奶说话一样，一点都不紧张。看到他们学会了手指操，我们也很有成就感。希望黄手环能帮助到更多的人指明回家的路

有哪些主意

我想表演形式能更丰富一些，比如表演一段小品，或者一首益智歌谣，会让老人和护工们更感兴趣。我想利用课余时间多排练，多去几次社区，这样老人们就能记得重复这个手指操和一些健脑小游戏，这样对他们帮助更大一些

有哪些问题

有些爷爷奶奶不会做，有些不能跟着一起做，他们沉浸在自己的小环境中，并不想和我们交流。有的养老驿站的照护人员，他们的工作非常繁忙，几乎一直在忙着照顾老人，对我们的活动关注得不多

教师评语

针对你发现的问题，我们可以在班级展开讨论，向大家征集建议和节目。我们可以针对不同人群选择不同的宣传方式，用集体的智慧找到适合老人观看的节目，并且尝试着找到和工作人员交流的方法和技巧。你能从活动中总结经验，相信接下来的活动一定会越做越好的

五、家长感悟——在公益服务中和孩子一起成长

家长感悟精选（一）

关爱老人，践行美德

李骐舟家长

自三年级下学期，梁曦文同学发起的"关爱失智老人"的公益项目顺利入选了学校益路同行优秀项目。李骐舟有幸成为核心成员，像以前一样，孩子对项目充满了热情，风风火火地参加各项活动。正所谓"初生牛犊不怕虎"。听说项目是关爱那些得了"失智症"的老人，作为家长，心里却不免有些担忧，作为独生子女，在家中还要别人来照顾的孩子，他们该怎样去关爱那些像"老小孩"一样的失智老人？他们会有怎样的困难，面对失智老人会不会手足无措？会不会知难而退半途而废？他们奉献的爱心会不会因为得不到回馈而褪色？

随着活动的逐步开展，我的担忧被一扫而空。从医学知识准备到各种宣传工作，再到敬老院及社区的实践活动，一路走来，我看到的是孩子越来越高涨的热情。孩子在各种场合的激情讲述体现出了她不断丰富的关于失智老人的防治知识，以及孩子们在活动中表现出的足够的爱心和耐心，让家长们开始感动。

有一天，在小区门口，孩子突然拉住我说："妈妈，快看，那个老奶奶轮椅上挂着的是我们发的黄手环！她是需要关爱的老人。"话还没说完，孩子就立刻跑上前去，开始尝试与老人亲切地交谈，还教她做手指操。看着孩子认真投入的样子，我当时被震撼了，被孩子身上的善良深深感动。同时我也很欣慰，因为善良永远是最珍贵的品质，是人性之光。

孩子们在参与"关爱失智老人"项目时，近距离接触这些患了失智症的老人后，了解到随着人的年岁渐长，身体状况会不断变差，渐渐失去生活自理能力。这时的他们也像小孩一样，需要别人的照顾和爱护。所以，孩子们会特别想尽自己所能帮助他们，一段手指操，一段舞蹈，一个爱心黄手环，都是孩子们的真情体现。关心、爱护弱势的失智老人是一项美德，孩子们不仅身体力行地践行这种美德，同时也潜移默化地影响着周围的人去关爱老人、帮助老人，给老人带去快乐。

家长感悟精选（二）

为失智老人创造爱的记忆

梁曦文家长

英国一个叫 Malcolm Johnson 的教授之前做了一个实验——他让一个特殊的群体来到养老院，成为这些老人的看护。这个群体，是一帮小孩子。当孩子们来了以后，他们不过是简单地让老人和他们一起玩玩游戏，或者散散步，却令这个养老院的老人们感觉到了不一样。老人们表示，这些孩子的纯粹和热情，让他们感觉到了被爱的感觉。"我们喜欢和这些孩子们在一起，当他们高兴的时候，我们就会高兴起来。"

这个故事就是对"关爱失智老人"项目的最好阐释，孩子们陪伴老人，给他们带去快乐。对孩子们而言，他们也在改变，在参与项目的过程，他们学会了关爱、照顾他人。

母亲节前夕，我和孩子们一起来到了北苑汇晨老年公寓，参加"关爱失智老人"公益项目组织的慰问活动，要为这里生活的 150 多名老人送上了一台孩子们自编自演的节目。表演的几个小节目虽然很稚嫩，但是却表达了他们对老人真诚的祝福。台下的爷爷奶奶有的坐在轮椅上，有的和身边的照护人员坐在一起，静静地欣赏着一个个节目。虽然他们没有爆发出热烈的掌声，但是从他们的面庞上不断露出的笑容，可以感受到他们内心的温暖和满足。演出最后，又到教做手指操的时间了，10 名孩子站成一排，伸出小手，努力地想让老人看得清楚一些，为了效果更好，他们走到老人中间，手把手教爷爷奶奶做操，场面温馨又令人感动。孩子们流露出来的善意与爱心胜过了一旁美丽的康乃馨。这场特别的演出既丰富了老人的生活，也符合我们帮助老人增加社交活动的初衷，又能让孩子们在母亲节献出康乃馨，从而培养孩子们感恩的心。

在"关爱失智老人"活动中，项目组邀请的专家告诉我们，也许这些患了"失智症"的老人会忘记回家的路，忘记家人的名字，忘记对自己而言重要的回忆，但他们不会忘记如何去爱，其实他们最需要的就是陪伴。这次项目给孩子们的触动很大，孩子说："虽然这些爷爷奶奶不记得手指操的动作，不记得我们是谁，但是他们一定会记住这些开心的时光。"这次活动也让我意识到孝敬老人、爱护老人，最好的爱就是陪伴。从陪伴自己的父母开始，有时间回家看望双方老人，从多陪他们说说话开始，关爱每一位老人。

六、帮扶对象——公益服务社会，爱心连接你我

帮扶对象感言精选（一）

北京市东城区东外社区居民："我的爷爷今年 84 岁了，患有老年失智症已有 5 年，正在逐步失去智力和认知能力。我们这些照护他的亲人十分焦急，却没有更多的办法。'关爱失智老人'公益项目的小同学们来到了我家，看望我的爷爷，他们带着爷爷做了简单的手指操。随后，我和小同学们一起把爷爷扶上轮椅，推着爷爷一起去楼下的小花园晒太阳。小同学们

给爷爷表演了唱歌跳舞的节目，热闹的环境也使得爷爷的眼神比平时多了一丝光彩。感谢这些小同学们！作为失智老人家属，我深知失智症病人的痛苦和病人家属的艰辛。感谢'关爱失智老人'项目组的同学们，我也想加入进来，和小同学们一起呼吁大家来保护、关爱失智老人！"

帮扶对象感言精选（二）

七条汇晨老年公寓照护人员："史家小学'关爱失智老人'项目组织了一系列社区活动，他们不仅组织演出活动慰问老人，还请来了专业的老师为我们讲授护理知识，帮助我们这些护理员做心理疏导。每天都要照护十几位失智老人，其实我们的压力也很大，真的非常感动项目组能够关注我们这些照护者。今天来的孩子们表演了京剧、手指操、你演我猜、舞蹈等精彩的节目，还为社区居民赠送了爱心黄手环。我想孩子们给老人们带来了快乐与温暖，一张张无邪的脸庞，一个个纯真的笑容，一幕幕感人的画面将会深深地印在老人的心里。"

七、成果展示——公益，我们一直在路上！

"关爱失智老人"项目自 2018 年 2 月开始，至 2018 年 6 月结束。这期间，项目组共走进 4 个社区养老驿站和 2 所老年公寓进行了多样的公益宣传活动，共计 10 余场，受益人数超过 500 人，发放防走失黄手环 500 个，同时项目组还拍摄了公益宣传片，扩大项目社会影响力。中国教育电视台对项目进行了专门报道，项目还得到了搜狐新闻、新浪新闻、网易新闻、天天快报等多家网络媒体的关注。经评比，项目获得了由中国扶贫基金会颁发的"益路同行·优秀公益创新团队"奖章。

中国教育电视台采访本项目核心成员

搜狐网新闻频道对项目进行报道

项目组制作的宣传片在优酷上线

项目组"益路同行·优秀公益创新团队"奖

重拾传统体育游戏

本服务学习项目由史家小学三（9）中队李静雯同学发起，三（9）中队全体成员共同参与。项目指导教师为史家小学王滢老师。"重拾体育传统项目"项目组共举办10场活动，活动在社区、博物馆、市属公园、校园、体育馆5类不同的场地进行，覆盖儿童、家长、老人、外国人、大学生等多个人群，超过400人参与到项目中。项目先后共推出8种传统体育游戏（跳皮筋、滚铁环、羊拐、丢沙包、抖空竹、陀螺、踢毽子、花棍），发放调查问卷364份，受访人群满意度达90%以上。项目组定期将每一期活动的成果发送至微信公众平台，通过线上传播鼓励更多的人关注传统体育运动。中国教育电视台还对本项目进行了特别报道。

一、指导教师推荐序

2017年下半年，一年一度的"服务学习"课程拉开序幕，大家经过一段时间的课程学习后，纷纷跃跃欲试，提交"益路同行"公益提案。三（9）班的学生们在二年级时接触到高年级师生的公益展示，萌发出今年一定要好好表现，做一个漂亮的公益项目的想法。

作为班主任，我在支持他们的公益热心的同时，提醒他们擦亮善于发现问题的小眼睛，体会生活中发生的问题，寻找公益创想。充分利用星期一下午家长进课堂的机会与家长们多次切磋，"科技创新助力中国梦""做守法诚信的好少年""青少年运动心理""中国传统健身功法",一堂堂课讲下来,孩子们的思路被打开了。很快,孩子们提出了各种想法:"给垃圾箱做外衣""帮小鸟制作温暖的窝",等等。有些想法一经提出就获得了大家的认同,发起人立刻召集到了核心成员,小组全体成员就开始进行项目可行性问卷调研。不仅如此,为了让孩子们的方案更加完善,我组织了一场"班级提案答辩会",以辩论的方式发现方案的不足之处,以互助的方式完善方案,增强方案的创新性。

学生们的公益创想历经多次评审,最终"重拾传统体育游戏"项目因为其创新性和文化传承的内涵在众多公益创想中脱颖而出,得到了学校和"益路同行"公益项目组的支持。

创意发现,团队助力

"重拾传统体育游戏"背后还有一个小故事。这个项目由我们班的李静雯同学提出,项目的提出源于她们家搬家整理东西时,她偶然间看到了父亲小时候玩儿的陀螺,引发了父女间对童年游戏的回忆的对话。随着都市生活的快节奏和社会竞争的日益激烈,小学生放学后只能回到高楼大厦的小空间里,或者奔波于各种课外班。很多小学生的体育锻炼基本依靠学校的体育课,加之膳食营养不均衡,造就了好多体重超标、亚健康的小胖墩。因此,李静雯同学提议,通过户外活动的形式,推广爸爸妈妈们小时候玩的那些传统的体育游戏;宣传小学生远离电子游戏产品,在"玩儿"的过程中加强身体素质、身心健康的观念。

同学们一致认为这是一项有意义、可操作性强的公益项目。但具体需要推广哪些项目,在哪里推广呢?大家决定先做一下调研。通过上网、看书和问卷调研,学生们找出了适宜推广的几项体育项目,并撰写了项目申请书。经过反复修改、层层选拔,项目终于成功上线了。孩子们欢欣鼓舞的同时，立刻开始着手把公益梦想转化为脚踏实地的公益行动。

项目组核心成员通过调研、后期统计，评选出了要推广的 8 种体育项目。李静雯作为此次项目的发起人，在团队组织上表现得很出色，她在项目开展初期根据核心成员的个人特点，进行外联、宣传、组织、财务的具体分工。比如，在"携手国际友人"那场活动前，安排善于与人沟通、英文优秀的曾与皙准备英文宣传稿，为了保证传统体育游戏名称的英文用词准确性，特地请尚臻怡与曾与皙一起承担了传统游戏名称的翻译任务。岳耀霆是三（9）中队的中队长，号召力强的他担任着外联的任务，在班级同学中定期发布活动主题，并提前召集每场活动的志愿者。吴凯渤是团队里个子最高的男孩儿，他承担起了滚铁环宣传队长的任务，经常组织志愿者们在课余时间练习滚铁环和技术讲解。就是这样一个团队，孩子们都充分利用自己的特长为团队贡献力量，团结协作实现目标。

传承文化，爱家爱国

在对传统游戏的来历和历史典故的查询整理过程中，学生们逐渐认识到这些游戏所蕴含的博大精深的传统文化。"单头含珠腰间细，两轮带哨腹中空""江北江南低鹞齐，线长线短回高低"，他们在宣讲游戏的同时讲解典故，推进传统文化进社区，在潜移默化中增强了孩子们自身对中华民族传统文化的认知感和自豪感。孩子们还尝试向国际友人推广中国游戏。他们在外籍人口聚居的东城区阳光都市社区开展活动，主动向外国友人介绍中国的体育文化，和外籍小朋友手拉手一起游戏玩中国的滚铁环、跳皮筋。为了更好地与国际友人沟通，他们还主动请教英语老师，这才知道原来滚铁环在英语中叫"hoop rolling"，跳皮筋在英语中叫"rubber band skipping"。

孩子们有很多创新想法，比如他们决定给每场活动制定一个主题："关爱老人、重拾传统""相约天坛体育中心、发扬民族传统""弘扬奥林匹克精神，走进社区"等。这些场次的活动中，参加的不仅有小朋友，他们还邀请家长一起参加到游戏中，邀请爸爸妈妈们讲童年趣事，邀请爷爷奶奶们讲传统文化，每一个细节中贯穿着浓浓的亲情互动，处处都体现着家庭的和谐。

古语有云："修身、齐家、治国、平天下。"家庭是精神成长的沃土，家国源起于家风的涵养、家教的养成。我很感谢所有家长在项目进行过程中对学生们充分放手，给予孩子们最大程度的自主权，能够做到每一场活动都是孩子们自己筹划，自行实施。更加感谢家长们在孩子们的项目遇到挫折时，没有简单粗暴地直接替孩子们解决，而是鼓励孩子们自主学习、探索解决方法。

克服困难，探究学习

服务学习没有预设的剧本，服务学习的过程也并非一帆风顺。按照计划，项目组在短短几个月时间内先后开展了 10 次公益活动，每一场公益活动不是简单对上一场的重复，但是毫不意外的是每一场都会有新的困难和问题。所以，为了保证活动的效果，核心团队每次活动前都会开一个会前准备的会议，布置任务，明确分工，活动后会进行活动总结和反思。这些经验都是源自对第一场活动的反思。第一场活动的地点选择在史家博物馆，但因恰逢元宵节社区联欢会，孩子们迎来了期待中的活动参加者，却没想到人员过于密集影响了游戏效果，原定的体育游戏比赛没有空间开展，导致活动效果差强人意。所以在活动后的反思讨论中，负责组织工作的曾与皙同学提出，以后每场活动都要提前派人踩点，考察场地和人员是否符合预期目标。李静雯同学针对纸质问卷发放和统计过程烦琐，提出了优化调查环节，改用手机填写电子问卷的新想法。这些小小的创新给后续活动的顺利进行提供了支持。于是，接下来的活动中，团队成员不断丰富完善活动预案，再没有出现过类似问题。而且难能可贵的是，当活动中出现问题时，学生们没有互相指责埋怨，而是通过采取总结反思解决问题。这不仅使得我们的公益活动效果和满意度得以不断提升，更有助于学生形成良好的反思习惯。

在全体队员、志愿者和家长的共同努力下，最终本次"重拾传统体育游戏"服务性学习项目顺利完成任务，传统体育游戏在这些社区中遍地开花，不仅是核心成员，每一个接触了传统体育游戏的孩子们都自觉地做起了传统体育游戏的宣传员。孩子们说，公益行动没有结束，他们在以后的日子里还要把活动经验结集成册，要把有趣的现代元素融合到传统游戏中。作为指导老师，看到孩子们的公益创想不断被激发，见证他们是如何将项目实现从"0"到"1"，见证他们"志不在年少"传承中华传统文化的那份责任感，我由衷地为我的学生感动骄傲。

公益之路我们初起航，希望孩子们能够不忘初心，心怀家国，在服务社会中继续绽放精彩！

指导教师：王　滢

二、创想梦工厂——种下一颗公益的种子

（一）创想动因

出生在七八十年代的父母，对这样的场景应该不陌生：每天放学回后，胡同里的小伙伴们就立刻聚在一起，女孩子们三五成群，跳着橡皮筋，男孩子们一边小跑着一边抽打着陀螺……那个没有太多新奇玩具和数码产品的年代，跳皮筋、抽陀螺、滚铁环等等这些游戏是孩子们最喜欢娱乐的方式。而现在不论是大人还是孩子们都时时刻刻沉浸在电子产品中，身体慢慢处于亚健康状态。更严重的是，对于儿童而言，最需要自由奔跑、嬉戏

的空间和时间越来越少。网络上有"70后""80后"的父母都开始集中怀念自己的童年时光,其实父母们怀念童年的游戏,更多的是怀念陪伴他们度过童年时光的那些人。因为那时孩子们在游戏中彼此陪伴,在游戏中分享彼此的快乐,在快乐游戏中加强身体锻炼。如今,大都市的高楼大厦挤压了儿童的自然游戏空间,数码产品占据了儿童的课余时光,再加上近些年儿童的近视率日益低龄化,呼吁儿童加强体育锻炼的呼声不绝于耳。

于是,史家小学三(9)班的李静雯同学根据自己和爸爸的偶然间的对话,提出了重拾爸爸妈妈们儿时的体育游戏并进行推广的想法。通过户外活动的形式,鼓励现在的小学生远离电子游戏产品,在与同伴愉快游戏的过程中加强身体素质,培养团队协作能力,保持健康向上的精神状态。同时,通过与父母共同参与传统体育游戏,丰富亲子互动形式、增加亲情互动时间。

(二)团队介绍

发起人及总负责人	李静雯	史家小学三(9)中队副中队长,有较强的组织能力和沟通能力,善于沟通、策划,是本次项目的发起人及总负责人
团队伙伴	岳耀霆	史家小学三(9)中队中队长,荣获东城区红领巾奖章,多次被评为东城区雷锋少年、东城区蓝天之星,多次代表学校参加北京市、区级比赛及全国各省市大型表演,多次光荣完成国家级外事迎宾任务。在本次项目中负责外联工作
	尚臻怡	史家小学三(9)中队小队长,北京南海子麋鹿苑博物馆公益讲解员,爱好数学、科学、围棋、音乐、美术,热爱中华传统文化,思想活跃,有创新意识,擅于独立思考。在本次项目中负责宣传工作
	曾与皙	史家小学三(9)中队成员,思维活跃,想象力丰富,性格开朗活泼,精于艺术创意及美术创作,曾在校举办个人画展,被评为艺术之星。团队协作意识强,在本次项目中负责组织协调工作及创意设计工作

团队伙伴	吴凯渤	史家小学三（9）中队成员，爱好画画、朗诵、小号、机器人，是一个热心肠的阳光男孩。他细心稳重，关心集体，是用具统筹采购负责人，在本次项目中负责财务预算及分类采购工作
指导教师	王滢	史家小学教师，三（9）中队辅导员，擅长儿童心理研究，注重启迪学生思考，鼓励学生创新创造，曾指导史家小学机器人创客社团

（三）实施过程

"重拾体育传统游戏"项目自 2017 年 12 月发起，至 2018 年 6 月顺利完成，共分为调研准备、活动实施、总结汇报三个阶段。

第一阶段（2018 年 2 月）：调研准备阶段。由于很多学生对传统体育游戏的种类和玩法并不是特别了解，所以项目组首先决定走访社区活动站收集传统游戏的种类及游戏规则。根据游戏难易程度、趣味性、可操作性等因素筛选出 8 种传统游戏（跳皮筋、铁环、羊拐、沙包、空竹、陀螺、毽子、花棍）确定为最终的推广游戏。在这一阶段，成员们紧锣密鼓地购置了推广游戏需要使用的体育器材，由核心成员每人负责学习一种体育游戏，并广泛招募志愿者进行培训，为后期活动奠定基础。同时，开通"重拾传统体育游戏"公众号，团队成员开始推送传统体育游戏的介绍。

第二阶段（2018 年 3 ~ 5 月中旬）：活动实施阶段。经过充分的准备，项目组的成员们正式开启他们的传统体育游戏宣传之旅。每一场活动都有一个颇具传统文化气息的主题，且针对一个目标人群开展。活动对象从大人到孩子，从中国人到外国人，从少年到老年人，尽可能多地吸引不同的人参与到传统体育游戏，感受体育游戏的魅力。每场活动结束以后，都会及时在公众号推送文章。

活动一:"共享元宵佳节,三九公益同行"。2018 年 3 月 2 日,正值元宵佳节,项目组的核心成员带领招募到的志愿者,走进史家博物馆进行第一场公益活动。因为恰逢社区举办元宵节活动,活动现场热闹非凡。项目成员按照计划,将准备好的体育器材进行一一展示,迅速吸引众游客参与游戏。负责宣传的同学迅速抓住时机,普及空竹、滚铁环、抽陀螺等传统游戏的玩法,活动吸引众多人员参与。

活动二:"携手国际友人,弘扬传统体育"。刚刚感受过传统节日氛围与传统体育游戏魅力的同学们,萌发出了想要与外国友人一起分享中国传

统体育游戏的想法，这也与核心成员的计划不谋而合。2018 年 3 月 20 日，大家来到外国人居住较多的阳光都市小区，邀请路过的外国友人与他们一起游戏。同学们对于从未接触过传统游戏的外国小朋友，还有叔叔阿姨们都十分有耐心，手把手地教他们玩空竹、滚铁环、踢毽子。

　　活动三："关爱老年人，重拾体育传统"。为了使活动的受益人群广泛，核心小组把目光投向了老年人。因为这些体育游戏不仅可以锻炼身体，而且能够勾起老人的童年回忆，给他们带来快乐。2018 年 3 月 21 日，项目组成员将第三场活动定在了太阳宫公园，这里场地宽阔，便于施展游戏和比赛，而且还有许多老年人能参与到中。果不其然，活动吸引了许多来公园散步的老年人，于是小组成员将志愿者和爷爷奶奶们分组进行比赛，趣味横生的比赛让老人们不时地发出欢声笑语，结束时还意犹未尽。

活动四："相约天坛体育中心，弘扬传统体育"。项目组核心成员对前几次活动进行了总结和反思，认为体育活动不仅要针对不同的人群开展，更要在不同的场地进行开展，吸纳更多的人关注传统体育游戏。于是2018年4月4日，项目组邀请东城区体校的同学一起在天坛体育中心体验了抖空竹、丢沙包、滚铁环等游戏。这些看起来很"老土"的游戏，让现在的孩子们也感受到了爸爸妈妈们小时候的快乐。

　　活动五："弘扬奥林匹克精神，重拾体育传统游戏"。东四奥林匹克公园是我国第一座以弘扬奥林匹克精神为主题的开放性社区公园。2018 年 4 月 18 日，项目组来到这里，希望在有着浓郁的体育文化氛围的奥林匹克公园中用实际行动践行体育精神。

活动六："又是一年春好色，忙趁东风放纸鸢"。草长莺飞的季节，"重拾传统体育游戏"项目组成员们增设了一场放风筝活动。2018 年 4 月 20 日，志愿者们在核心成员的带领下来到天坛公园，举行了一场最适合春天的活动——放风筝。风筝也属于传统体育游戏的一种，吸引着大朋友和小朋友都参与到游戏中，参与者都称赞活动让他们找回了童年的感觉。

活动七～活动十：走进校园，共拾传统体育游戏。因传统体育游戏在前几场活动中深得大家喜爱，申请加入的志愿者越来越多。本着增加学生的体育锻炼的形式和时间的项目初衷，项目组决定将后续4场活动定在校园内进行，分别于2018年4月23日、5月14日、5月15日和5月17日连续开展了四场活动。同时，为了使体育游戏教学更具专业性，同学们还邀请了花样跳绳全国冠军张少华老师和《堂前燕》毽子制作技艺的第四代传人，北京市东城区非遗堂前燕毽子技艺制作传承人殷文老师走进校园进行教学。

在一场场的活动中，不仅是项目组核心成员爱上了传统体育游戏，整个校园里，随处都可见到同学们抖空竹、跳皮筋的身影。身轻如燕的同学们还将舞蹈和皮筋结合自编自创了皮筋舞，至此，项目组十场活动圆满完成。

第三阶段（2018年5月下旬）：总结汇报阶段。项目组充分收集和整理前期活动中，发放的纸质和网络调查问卷，总结活动取得的经验与不足，并在史家"六一"汇报演出中展示本项目取得的成果。

三、学生行动日记——记录公益之花盛开全过程

学生行动日记精选（一）

2018 年 3 月 2 日　星期五　多云

三（9）中队　曾与皙

今天是中国的传统节日——正月十五元宵佳节，我们来到了史家胡同博物馆，参加元宵节庙会，同时也开展我们"重拾传统体育游戏"的第一场活动。

这是我们第一次活动，我才刚刚学会滚铁环、玩空竹，所以玩得还不是很熟练。这时候我发现围观的人群中有个叔叔跃跃欲试，于是我邀请他来和我们一起玩，他惊喜地说："我小时候就玩这个啊，现在看到了真的好亲切。"果然，叔叔对滚铁环游戏很拿手，玩得简直太棒了，铁环在他的推钩下，仿佛长了眼睛，径直向前，飞速前进，碰到小坑还会拐弯，我们看的都目瞪口呆。我连忙向叔叔请教："叔叔您教教我怎么能把铁环滚得又直又快呢？"叔叔愉快地答应了，然后耐心地告诉滚铁环的技巧，怎样才能把握平衡让铁环不倒，乖乖地"听话"。我们的欢声笑语又引来了一些小朋友加入我们，学会了滚铁环的同学们都玩得不亦乐乎。

不知不觉间，太阳都落山了，大家恋恋不舍地结束了游戏。庙会的志愿者阿姨送给我们每个人一个糖葫芦，吃着甜甜的冰糖葫芦，心里想到那么人参加我们的活动，我就特别高兴！今天其实庙会上的人特别多、特别吵，我们做游戏的地方也很小，我们小伙伴为了让别人听见，嗓子都快喊哑了，真的很辛苦！但是看到那么多人参与了我们的游戏，爱上传统体育游戏，我觉得我们今天过得很有意义！

学生行动日记精选（二）

2018 年 5 月 5 日　星期六　晴

三（9）中队　尚臻怡

今天我和我的好朋友果果一起去四得公园玩，在公园门口看到一个老爷爷在抖空竹，老爷爷那矫健的身姿立刻就吸引了我和果果。不一会儿，周边的小朋友们也都被吸引了过来，大家很快就围成了一圈，看着老爷爷变着花样地玩空竹，特别精彩的时候，我们激动地为老爷爷鼓起了掌。

我的眼睛一直盯着老爷爷的空竹，老爷爷发现我格外喜欢空竹，就让我试一试。我在学校也练了很久的空竹，一上手空竹好像特别听话似的就旋转了起来，甚至发出了"嗡嗡"的声响，果然我前段时间的练习没有白费。周围的小朋友看到我抖起空竹，都用羡慕的眼神看着我。

　　我还听到一位阿姨跟她的孩子说："你看小姐姐抖的空竹多好玩，咱们也回家买一个去玩吧。"听到这句话，我心里别提多高兴了呢。别的小朋友看到我玩得开心，也对传统体育游戏感兴趣了，这不就是我们"重拾传统体育游戏"项目的目的吗？而且，我是"重拾传统体育游戏"核心小组的一员，当然有义务随时随地传播我们的公益活动。

　　于是，我和果果就请老爷爷教我玩空竹的其他花样玩法，我特别卖力地和老爷爷一起抖着空竹，还做出十分标准的开场动作和收场动作，惹得周围的大人们都竖起了大拇指。围观的人越来越多，我也趁机向大家介绍起抖空竹这项运动，还有家长拿出手机来拍照发朋友圈了，看来我的介绍能让更多人看到啦。

　　今天的事情让我更加喜欢玩空竹，以后我要多在社区里玩空竹和滚铁环，让更多的小朋友看到传统体育游戏其实很好玩，让他们都喜欢上传统体育游戏，传承我们中华传统文化！

四、学生反思工具——从回望中汲取前行的力量

学生反思精选（一）

姓名：李静雯　时间：2018年3月2日	
提案名称：重拾传统体育游戏	
发生了什么	**有何感受**
我们小组的宣传员们来到史家博物馆进行第一次推广活动，依次展示传统体育游戏：滚铁环、陀螺、抖空竹。今天宣传员讲解很流利，动作示范非常标准。社区居民，尤其来参加元宵节活动的小朋友们对我们的传统游戏非常感兴趣	今天宣讲的同学表现得非常好，因为寒假我们都在家把宣传稿都排练了很多遍。庙会上的人非常多，但是大家都对我们的体育项目感兴趣，很多人都停下来参与到我们的体育游戏中。我觉得活动效果很不错

续表

有哪些主意	有哪些问题
这次活动让我明白了,以后做项目的推广活动一定要提前看场地,还要考虑各种原因,可以通过询问工作人员一些相关的情况,这样才能让活动按计划顺利地开展。 　　因为请参加活动者填写的调查问卷,比较浪费时间,整理起来也很麻烦。我觉得下场活动我们应该改变一下调查问卷的方式,可以用微信扫一扫来填写,这样会有更多的叔叔阿姨愿意加入我们的活动中了	今天是元宵节,没想到来史家博物馆的人非常多,我们的体育游戏需要的场地也不够,而且现场很吵,我们的宣传员已经用了最大的力气,但还是声音不清楚。 　　今天我们请在庙会上参加了我们推广活动的叔叔阿姨们填写调查问卷的时候,我发现因为人多了,填写得特别慢,有些人都已经没有没耐心填写了。我们得做出改变,防止类似的情况再次发生

教师评语
你分析得很有道理,因为活动人员密集、场地嘈杂,宣讲员的嗓子都快哑了,看得出来每位队员都做了最大努力。另外,你提到的电子问卷形式,我很赞同,使用手机扫码来完成电子问卷,既方便参加者反馈评价我们的活动,也避免了手工录入数据,便于大家后期整理数据。善于反思是好习惯,勤于反思才能不断地提升经验,将活动做得更精彩,老师期待你们下一场的精彩展示。加油,孩子!

学生反思精选（二）

姓名：岳耀霆　时间：2018 年 5 月 16 日	
提案名称：重拾传统体育游戏	
发生了什么	**有何感受**
刚开始选择要推广的传统体育游戏时,我选择了抽陀螺。在学习抽陀螺的过程中,因为我是左撇子,陀螺怎么也转不起来,而且因为地面不是很平整,所以刚开始一直不成功,但是经过我的不断练习,我终于学会了抽陀螺	虽然我通过大量的练习掌握了抽陀螺的方法。但考虑到很多初学者也许没有那么多时间练习,所以我向组员们建议先选择抖空竹、跳皮筋等更容易快速掌握的游戏项目,避免让刚刚接触的同学们失去耐心和兴趣

续表

有哪些主意	有哪些问题
我认为可以把不同参与者分成不同的组，分别开展活动，比如：女孩子成立橡皮筋组，男孩子组成空竹组。先让所有人都学会玩游戏，慢慢地再增加难度。这样我们全班同学都可以变成志愿者小老师，随时随地宣传传统体育游戏的魅力	有一部分同学游戏水平有了很大提高，有些心浮气躁，光顾着展示自己的游戏水平和技巧，忽略那些刚刚加入游戏的伙伴。对于初学者来说，游戏的技巧都太难了，比如"花样抖空竹"对于很多女孩子来说，就有一点儿难

教师评语

你是一个爱动脑、负责任的孩子。在前期策划时，你主动设计了调查问卷。在实施的过程不断地提出改进方案，保证了项目顺利开展。我认为你提出的分组学习的想法很好，但是除了要按性别分组，还可以考虑是否能够按照年龄进行分组游戏呢？比如社区的爷爷奶奶们，是否抖空竹和滚铁环等游戏比较适合他们呢？这样既能锻炼身体，还能唤起他们童年的回忆，你觉得呢？

五、家长感悟——在公益服务中和孩子一起成长

家长感悟精选（一）

重拾体育游戏，呵护童年记忆

尚臻怡家长

以前孩子特别喜欢听我说我小时候故事，每次当我眉飞色舞地说起我们小时候每天放学在胡同里玩跳皮筋、丢沙包的情景，孩子总是用羡慕的眼神看着我，"妈妈，我好想穿越回去和你一起玩呀！"虽然她不明白那些游戏能有什么魅力让我们这一代人玩得如此乐此不疲，虽然隔着时空，却依然能感受到那种童年嬉戏的快乐。

当听说孩子成了"重拾传统体育游戏"公益项目小组的一员，我马上表示支持。因为我知道当她走近这些活动，亲自感受和体验这些活动，就

能明白为什么传统体育游戏有那么大的魅力。在孩子们举行活动的时候，我也申请去做了家长义工，不仅因为我想重温童年的时光，更重要的是通过活动增加了我们亲子之间的互动时光。当参加第三场活动后，孩子拿着手中的沙包，对我说："妈妈，我终于知道为什么体育游戏这么有魅力了，因为大家可以一起玩，而且不用太多的东西，只要有伙伴就可以玩了。就像丢沙包的时候，我要是多接一条'命'就可以多让一个好朋友上场，大家一起玩才特别有趣。"

听着孩子的感悟，让我更加体会到这个公益项目的意义。一场又一场由孩子们精心组织的、有趣好玩的宣传活动，让孩子们放下手中的 iPad 和电子产品，回归到庭院当中去，一起在游戏中与其他孩子建立起了友谊，还学会了与人交流和交往。每一项大家都熟知的传统体育项目在孩子们的积极参与下，让它们散发出了更迷人的魅力，充满了积极向上的意义，让周围参与的成人们也放下了手机、感受到了儿时的甜蜜的回忆，露出了难得而天真的笑容。

作为家长，我一路见证孩子们的巨大收获，孩子们在宣传公益、学习公益、参与公益的过程中真正体验到了认真做事的重要性。从项目成立核心小组开始，每一个成员的分工、每一项行动计划、每一个时间节点、每次活动的目标和要达到的预期效果，都需要孩子们自己独立思考，并有风险判断和应对。成人世界的项目工作制，也让孩子们过了把瘾。这个创新公益项目，不但提高了孩子们与人沟通交往的能力，让他们体会到团队合作的重要性，让孩子们自己爱上传统体育的同时也让更多的人爱上了传统体育游戏，实现了孩子们设定的公益服务目标。

每一个孩子都应该有一段难忘的童年回忆，重拾传统体育游戏，丰富孩子们的童年时光，把这些美好的回忆都镌刻在成长的体验当中。最后要感谢"益路同行"公益平台让孩子们收获了自信与快乐，也点亮了孩子们的公益之心！

家长感悟精选（二）

传统体育游戏，让每个孩子都成为主角

岳耀霆家长

儿时的岳耀霆，是个不折不扣的小胖子，也许是因为自己的灵活和协调性不好的缘故，他总喜欢躲在屋子里，参与那些不需要太多运动的项目：围棋、美术、阅读……上小学后，我们总是鼓励他多参加体育运动，但在钢筋水泥的都市中，许多体育项目都受到场地和设备限制，不能"说走就走"。

这学期，他加入了"重拾传统体育游戏"公益项目，通过参与传统体育游戏，这些孩子们嗨翻了天。跳房子、跳皮筋、踢毽子、扔沙包这些简单甚至有些"老土"的体育游戏深受孩子们的喜爱。记得开学初，孩子们还不知道怎么玩这些传统体育游戏，在班主任王滢老师的建议下，他们想到请我们这些家长来讲解传统游戏的玩法，亲身做示范。这真是一段难忘的亲子时光。

不仅如此，孩子们可不满足于掌握基本的游戏技巧，他们还请到了跳绳全国冠军张少华老师，为大家教学花样跳绳。张老师边为大家展示眼花缭乱的高超绝技，边分享他刻苦训练的励志故事，让孩子们记忆尤深。还有"堂前燕"毽子制作第四代传人殷文，手举一枚洁白的羽毛毽子，告诉大家踢毽子这项我国传统体育游戏的发展历史和制作工艺。这都是关于中华传统文化的知识，孩子们听得津津有味，更感叹体育传统游戏居然如此多样，有趣程度不亚于电子产品。

在和其他同学的家长交流时，我发现大家原本以为现在的孩子对这些

传统体育游戏不感兴趣，毕竟他们从小就在手机、iPad、电脑这些数码产品的包围中长大。但是经过一场场活动，我们惊喜地看到越来越多的孩子积极参与到体验传统游戏的活动中来，我们这些家长们也按捺不住，纷纷加入项目中来。你看，这些传统体育游戏就是这么充满魅力，而且运动原本简单，无须太多束缚。

就像岳耀霆说的："原来想到体育游戏，就是足球、篮球这些项目，可是这些游戏都是那些球技高的同学才能当主角，像班里的个子小、体力差一点的同学根本都没有上场的份儿。"但是，通过这次公益项目，几乎每一个孩子都可以参与到游戏中，感受合作，分享快乐，每一个都成了体育游戏的主角。那些几乎被遗忘的传统体育游戏，让孩子们重新体验到体育的魅力。

感谢"益路同行"公益平台，感谢史家小学！让每一个孩子都能享受童年，都能在体育场上，成为快乐的主角！

六、帮扶对象——公益服务社会，爱心连接你我

帮扶对象感言精选（一）

东城区西中街小学四年级学生 Andrew Johnson："我叫 Andrew，来自美国。最近，我在我们的小区参加了一次中国传统体育活动，感觉非常有趣。特别是吴凯渤小朋友教会了我滚铁环，这是中国的一项传统体育项目。以前我从来没有见过这样的项目，第一次玩感觉很兴奋。不过，滚铁环很需要技术，刚开始我不会玩，是吴凯渤小朋友手把手教我技巧，我练习了很多遍，才让铁环滚动起来。我觉得这真的是太奇妙了，我们追着小小铁环，奔跑着，欢笑着。一个小小的铁环将我们紧密地联系到了一起，没有国界

的区分，只感受到深深的友情。我觉得这样活动真的很有意义，不但让我了解到了中国传统体育活动，锻炼了身体，还让我交到了吴凯渤这个好朋友，我很开心。真希望以后可以更多地参加这样的活动！"

帮扶对象感言精选（二）

东城区海运仓小区史家分校学生郭杨瑞琦："我叫郭杨瑞琦，是史家小学三（9）班曾与皙同学的好朋友，我们住在一个小区。这个学期，晚饭后在楼下玩儿，曾与皙带来了很多新的游戏：丢羊拐、跳皮筋、跳盒子等等，我最喜欢的是跳皮筋。刚开始学，我觉得我的脚总是很笨拙，总是要刻意躲开皮筋，就怕一不小心碰到它就会绊倒我。曾与皙告诉我，跳皮筋千万不能太紧张，要放轻松，让皮筋跟着脚走，用自己的脚去勾皮筋、去挑、去翻，仿佛皮筋在脚下是跳舞的道具，利用它让自己轻松地跃起来，让它在自己的脚下展现好看的图案。我用心学着，很快，我也能唱着童谣跳皮筋了。原来这项我们妈妈们小时候玩的游戏这么好玩呀！不仅能够锻炼身体，还能跳出女孩子最漂亮的姿势来，我和曾与皙约定我们要一起学习更多的跳法，让小区更多的小朋友一起来玩。"

七、成果展示——公益，我们一直在路上！

"重拾体育传统游戏"项目自开展以来，活动类型丰富，受益人群广泛。项目组分别在校园、博物馆、社区、奥林匹克公园、天坛体育中心等不同场所，面向学生、老人、外国人、大学生等不同人群共举办活动10场，发放调查问卷364份，参与人数达400余人。中国教育电视台还对本项目进行了特别报道。经过评比，项目最终获得了由中国扶贫基金会颁发的"益路同行·优秀公益创新团队"奖。

项目组核心成员接受中国教育电视台记者采访

项目获得"益路同行·优秀公益创新团队"奖

亲子坏情绪，Go Away

"亲子坏情绪，Go Away"服务学习项目由史家小学三（10）中队吕凌霄同学发起，三（10）中队全体成员共同参与完成。项目指导老师为史家小学黎童老师。"亲子坏情绪 Go Away"项目自 2018 年 2 月发起，至 2018 年 6 月圆满结束，累计完成 400 多份家长版和学生版的调查问卷，整理出了 10 类常见的亲子冲突，自编自导了 10 个亲子情景剧，绘制了 100 多幅漫画，并出版了 1 本漫画手册。项目组先后走进朝内头条社区、史家胡同社区、崇外新怡家园、大方家社区、西花市南里西区 5 个社区举办了 10 场公益宣讲和情景剧演出，项目得到了社会的广泛认可，同时也受到了《现代教育报》等媒体的关注。

一、指导教师推荐序

2017 年 10 月初，新一轮的"服务学习"课程拉开了序幕，学校发布了服务学习项目征集通知，并对优秀的项目发放梦想基金，鼓励学生自主发现、策划、开展创新公益项目。"服务学习"课程深深地吸引了我，我认为这是带领学生走进社会和生活，提升学生的社会责任感和担当意识的好机会。因此我开展了服务学习主题班会，带着孩子们走进"服务学习"课程，向全班学生提出参与此项活动的倡议，得到了大家的积极响应。短短几天内，我们班收到项目提案 32 份，经过层层的筛选，最终"亲子坏情绪，Go

Away"项目脱颖而出。

"亲子坏情绪，Go Away"是由吕凌霄同学发起的公益创想，触发他提出这个创想的是生活中的一件小事：在学校征集提案的当天下午，工作繁忙的妈妈到学校接他回家。妈妈一见到他，没有过多注意他的情绪，就和往常一样催他快点儿走。而他因在体育课上进行了短跑冲刺，感到非常疲惫，根本走不快，就一直慢慢腾腾地往前挪。其间，妈妈电话不断，母子俩没有进行有效的沟通。妈妈就边打电话边使劲儿催他快走，他越走越委屈，妈妈越走越生气。母子俩最后爆发了一场口舌之战。事后平复情绪的母子俩对这次的事情进行了反思，意识到了双方的问题，注意到了沟通和情绪管理的重要性。于是，吕凌霄萌发了"亲子坏情绪，Go Away"的公益创想。

"亲子坏情绪，Go Away"这个提案首先打动了我。小学生的思想尚未成熟，在理智和情感的较量中他们常常屈从于情感。根据多次家校沟通，我发现亲子沟通顺畅的家庭，孩子往往非常有自信，性格开朗，学习成绩呈现上升趋势。反之则恰恰相反。班级中有一些家长不善于沟通，在和孩子的相处过程中，言语间常常会伤害到孩子，而孩子不善于分辨和隐藏自己的情绪，亲子之间的战火就一触即燃。孩子在这样的充满负能量的氛围下成长，自然而然地出现多种不好的习惯。因此，"亲子坏情绪，Go Away"势在必行。

倡议一经发起就受到了同学们的积极响应，就连平时班级里面的"小淘气"和班级里沉默寡言的学生都开始积极参与其中。通过自选和推荐，很快就确立了项目的核心成员，他们分别是李明泽、王昱晴、任思敬、朱晨萱。项目发起人吕凌霄和四位核心成员进行激烈的讨论后，制定了详细的实施计划，并在制定问卷调查之前进行了初步的调研。为了设计出科学合理的调查问卷，五位同学主动找到我，向我申请利用班会时间和全班同学进行沟通，想借此制定最能反映亲子关系的调查问卷。作为三年级学生的班主任，起初我十分不放心让孩子独立完成项目，后来看见孩子们竟然做得有模有样，我悬着的心终于放下了。因此，为了不限制学生的自主发展，我把主导权彻底交还到孩子手中，值得庆幸的是我看到了孩子们在活动中飞速的成长。

班会课上，项目发起人吕凌霄阐述了自己发起这个创想的动因，班上的同学们纷纷表示理解和支持，有的同学说："这个项目真是太好了，我和父母总是因为学习发生争吵，其实我也知道父母就是想要看到我成才，可是这需要一个过程，我希望父母理解我，多给我一点时间。"有的同学说："我的父母经常因为我多玩了会儿 iPad 而责骂我，我真的非常不理解，有什么话不能好好说呢？"有的同学说："大家都了解我，在学校我是很调皮的学生，那是因为在家里我觉得自己非常压抑，感觉自己喘不过气来，父母对我十分严格，在家里我没有活动时间，总是和一堆的练习册相伴。"同学们仿佛打开了话匣子，纷纷畅所欲言。作为班主任，我被孩子们的话深深地震撼了，原来这些看起来无忧无虑、只顾顽皮嬉戏的"小人儿们"在成长过程中遇到了这么多的困惑，原来他们的内心有这么多的难言之隐。项目组的成员们一边听同学们诉说心里话一边做着记录，了解到同学们内心的真实想法后，项目负责人们心中充满了干劲儿，下定决心一定要将这个项目做下去。

班会课后，在我的鼓励下，项目负责人组织三（10）中队全体同学成立了"史家小学阳光公益社亲子情绪服务行动队"。为了制定家长版和学生版的调查问卷，孩子们还发动身边的力量去寻找专家支持。没想到的是北京师范大学心理学院发展心理学亲子关系专家蔺秀云教授看到"小鬼头们"的项目后，被他们深深打动了，愿意成为他们的专业指导，帮助他们一起来解决调查问卷中出现的亲子情绪问题。

2018 年 1 月 6 ~ 11 日，执行团队通过腾讯问卷进行了家长版问卷调研，问卷访问量共 908 人次，回收 280 份有效问卷。随后项目组核心成员们在专家顾问蔺秀云教授的指导下，将数据进行了整理，将亲子冲突分为帮助孩子学会学习、培养孩子生活本领、增进孩子身心健康和提升孩子道德品质共 4 大类，并在 4 大类之下整理了 27 种常见亲子冲突。其中排在前 10 位的亲子冲突场景包括：做作业粗心大意（90%）、做作业不专心（74%）、不认真对待学习（60%）、晚上睡觉超过规定时间（75%）、乱丢乱放学习用品（78%）、不注意个人卫生（69%）、玩/看电子产品（63%）、挑食贪吃等不良饮食习惯（63%）、自己生闷气（63%）、大人说话小孩不要插嘴（67%）。基于这 10 个普遍存在的亲子矛盾，项目组又进一步设计了孩子版问卷，发放问卷 100 份，回收问卷 83 份。

了解到学生和家长发生冲突时的真实想法后，项目组的同学们把调研结果在班级内进行了汇报，借助真实的数据，将家长们内心的想法向大家进行汇报。他们还通过班级微信群将孩子们的内心想法向家长们进行了汇报。汇报后参与的学生和家长都意识到了自己的问题，表示在遇到冲突时应该进行有效的沟通。为了让更多的人在项目中受益，三（10）中队的 37 位同学，还绘制了 100 多幅亲子冲突漫画。每幅主题漫画都有 6 个以上场景，每个场景中都分别有冲突发生时双方的现实表现和内心想法。每幅漫画都揭示了家长内心对孩子的预期或想法和孩子现实表现的不同，反映了亲子发生冲突的原因——彼此不理解。根据主题进行分类筛选后，孩子们将部分漫画结集成册，形成"亲子坏情绪，Go Away"漫画创作集。

在绘制漫画基础上，孩子们还自编自导自演，创作了 10 个亲子冲突矛盾情景剧，希望借助情景剧这样一个生动有趣的形式，能够走进社区，向更多的人宣传这个公益项目。在学习方面，《别打别打听我说》《作业与奖票》《考试之后》《倒数第一名》这四个情景剧分别从孩子们边做作业边玩、作业太多想歇歇、考试成绩不好这几个角度，表现了孩子们因为作业太多、玩耍时间不够等问题和父母之间的冲突；《我的睡眠去哪了》《豆豆的小烦恼》从事情太多不能够按时完成导致晚睡、不洗手吃东西和乱放脏衣服这三个方面，展现了家长在培养孩子生活本领方面和孩子之间的冲突；《iPad，就一会儿》《瘦瘦壮壮挑食记》《小手机大情绪》表现了家长和孩子们对于玩电子产品以及挑食等方面的不同想法和预期；《插嘴的风波》告诉家长们，孩子们只是想表达一下自己的看法，可能方式不太正确，却遭到了父母简单粗暴的斥责。

说干就干，情景剧排练完成以后，孩子们马不停蹄开始联系社区。他们很快就得到了朝内头条社区、史家胡同社区、崇外新怡家园、大方家社区、西花市南里西区 5 个社区的大力支持。三（10）中队的同学们利用周末和业余时间，分别走进这 5 个社区进行了 10 场活动，介绍公益项目、展示漫画手册、展演情景剧……孩子们表现得有条不紊、胸有成竹，吸引了以家庭为单元的近 300 多人参加。朝内头条社区主任说："孩子们的表演，从孩子的角度道出了他们的心声，特别是《作业与奖票》的小剧，我深有感触。看来以后还是要多从孩子的角度理解他们！"而崇外新怡家园的活动，更是吸引了 50 个家庭的积极参与，家长们均纷纷表示项目贴近现实，轻松诙谐的情景剧使大家意识到亲子间沟通的重要性。

孩子们的项目虽小，意义却重大，能够有效改善亲子关系，促进亲子间和谐相处。项目受到了社会各界的高度重视，《现代教育报》记者对负责人进行采访，并对该项目大加赞赏，提出可以利用报纸平台连载亲子漫画。社会各界的关注更是让执行团队倍感激动、信心满满。

通过这次公益项目，我很高兴地看到学生们的综合能力得到了显著提高，从发现问题到解决问题，从前期调研、制作调查问卷、分析调研结果、绘制主题漫画到自编自导情景剧，从教室演练到进入社区宣讲和表演，学生们锻炼了自己的应变能力、沟通能力、组织能力、语言表达能力，用自己的实际行动吸引了社会各界对公益项目的关注、思考、参与。在团队的带动下，班中内向的学生也开始走进社区宣传项目的宣传手册了，还尝试着上台表演情景剧，甚至帮助社区亲子解决冲突，说服家长和孩子间互相理解、和谐相处。在一次次的锻炼中，孩子们走进了社会与生活，在社会中服务、在实践中学习，不仅提升了自己的社会责任感和担当意识，还在合作中学会关爱他人、学会团队合作、学会沟通表达。

活动开展至今成果斐然。发起人吕凌霄说："我很感谢学校能够提供这么好的平台，让我们从小就具有公益意识。这个项目的开展，使我和爸妈之间的沟通越来越顺畅，我也能够更好的控制自己的情绪了。"尤为重要的是，此次公益项目使很多家庭从中受益。通过孩子们的努力，他们主动揭开了亲子冲突的神秘面纱，深入了解冲突背后父母的真实想法，开始学会站在父母的角度亲身体验父母的不易，并带动着家长试着站在孩子的角度体验孩子的压力，从而真真切切地改善了众多家庭的亲子关系。

虽然此次活动只是孩子们参与公益的初步尝试，但这也是他们迈向公益之路的契机。为了亲子和谐，家庭和睦，让我们一起，改变情绪，改变想法，让"亲子坏情绪，Go Away"。

指导教师：黎　童

二、创想梦工厂——种下一颗公益的种子

（一）创想动因

孩子和父母之间，既会有欢乐、兴奋、平静等良好情绪，也难以避免会爆发出愤怒、悲伤、不安等各种不良情绪。这些情绪，普遍存在于每一个家庭中。每次，当我们处于良好情绪时，会非常乐意学习和行动，往往效率也很高。而当不良的情绪产生时，我们会在较长时间难以平静下来，学习和行动效率都很低。

史家小学三（10）中队的吕凌霄，就是在一场他与妈妈之间，因为彼此没有顾及对方的情绪而导致的亲子冲突之后，意识到了亲子间沟通和情绪管理的重要性。因此，他发起"亲子坏情绪，Go Away"的公益项目，帮助父母和孩子们意识到情绪沟通的重要性，提高情绪沟通和管理能力，化解不良情绪。项目计划通过问卷调研、交流访谈收集亲子矛盾实例，在亲子关系专家指导下形成亲子情绪沟通漫画，在社区进行漫画及情景剧展示宣讲，让更多的家庭意识到，并主动参与到亲子间的情绪管理中来，构建良好亲子关系，营造和谐的家庭氛围。

（二）团队介绍

发起人及总负责人	吕凌霄	史家小学三（10）中队成员，思维条理清晰、逻辑能力强。自从意识到情绪管理与沟通的重要性后，和妈妈在这方面进行了良好互动，收益颇多，自我控制和学习管理能力日益增强，是本项目的总负责人
团队伙伴	王昱晴	史家小学三（10）中队委员，热心公益、爱好画画，擅长写作。在团队中主要负责协作社区和出版社联系、宣传彩页印刷、宣传稿撰写等文字性工作
	李明泽	史家小学三（10）中队成员，校篮球队队员，爱好画画、读书，为人善良、勇敢、诚实、守信。在团队中主要负责微信平台建设、活动内容推送、宣传彩页和展板制作等工作
	任思敬	史家小学三（10）副中队长，管乐团单簧管声部首席，爱好舞蹈、画画，自我管理和控制能力强。在团队中主要负责组织情景剧表演、漫画设计与制作、标识设计等工作
	朱晨萱	史家小学三年级（10）中队委员，校健美操队队员，管乐团长笛声部乐手，爱好画画，在团队中主要负责漫画设计与制作、漫画文字部分写作、情景剧表演组织等工作
指导教师	黎 童	史家小学三（10）中队辅导员和班主任，毕业于首都师范大学，爱岗敬业，对学生的心理和各种情绪都有深入的了解，善于协调处理同学们间的矛盾，执行能力强

（三）实施过程

"亲子坏情绪，Go Away"服务学习项目自 2018 年 2 月正式启动，至 2018 年 5 月顺利结束，项目过程共分为活动调研、准备、实施、总结分享四个阶段。

第一阶段（2018 年 2 月 1～28 日）：活动调研阶段。在这一阶段，核心小组主要在校内和网络上收集亲子矛盾的问题与案例，并根据收集到的资料，设计出面向父母和孩子的调查问卷各 1 份。通过微信公众号推送调查问卷，项目组共征集了 360 多份问卷，通过问卷结果分析，归纳出了"学习本领类、生活本领类、身心健康类、礼貌教养类"四类共 10 种最普遍存在的亲子矛盾。

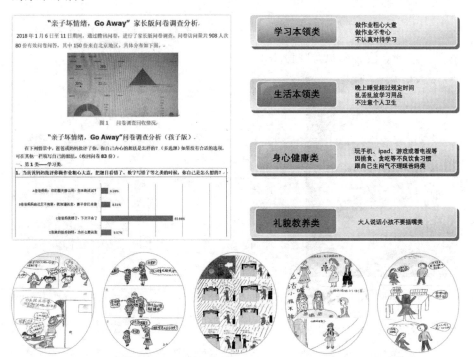

第二阶段（2018年3月1～20日）：活动准备阶段。在这一阶段，主要工作包括四部分内容。

（1）通过在学生之间的专题讨论，综合家长的建议，并在亲子关系专家指导下，针对10个亲子矛盾给出具体的、可操作的沟通方案。

（2）根据10个具体的亲子情绪矛盾及良好情绪沟通方案，由全班37名同学提供漫画初稿，筛选、修改，形成亲子情绪沟通漫画手册，在微信公众号同步推送漫画。

（3）设计并制作项目标识、宣传横幅和展板，印刷亲子情绪沟通漫画手册100册，宣传彩页500份。

（4）根据漫画手册购买相关情景剧展示所需道具。在班级中招募到5组演员，4～5人为一组，每组负责2个亲子矛盾案例及化解方案的小情景剧，共排练10个小情景剧，为下一步情景剧表演做好准备。

第三阶段（2018年3月21日～5月15日）：活动实施阶段。这一阶段项目组核心成员先后走入朝内头条社区、史家胡同社区、崇外新怡家园、大方家社区、西花市南里西区共 5 个社区，在每一个社区都进行不同形式的活动。

2018 年 3 月 31 日，项目组成员来到朝内头条社区，首先由招募的小演员们给社区居民表演了 4 个亲子情绪沟通的情景剧，分别是《插嘴的烦恼》《考试以后》《瘦瘦壮壮挑食记》《作业与奖票》。同学们惟妙惟肖地再现了与父母发生冲突时，双方的神态、动作、语言，引得现场的观众爆发出一阵阵掌声。其次是由项目组的核心成员为观众介绍了本项目发起的动因，并为大家发放了漫画宣传手册。拿到宣传册的孩子和家长们都迫不及待地认真翻看，很多家长表示对画册提出的亲子矛盾表示深有体会，对本项目给予了充分的肯定。

2018 年 4 月 10 日，项目组在史家胡同社区进行了项目的介绍、招募想要改善亲子关系的志愿者家庭，并向这些志愿者家庭赠送礼品和亲子情绪

管理漫画宣传册。参与项目的志愿者表示要积极响应项目组的号召，会在生活中主动向身边的人普及改善亲子间沟通的方法。

2018 年 4 月 14 日，项目组按计划走进崇外新怡家园开展了两次活动。通过前期微信公众号的宣传，前来参加活动的家庭越来越多。首先，项目组的小演员们为大家展示 4 个精彩的亲子情绪沟通的剧目——《iPad，就一会儿》《豆豆的小烦恼》《我的睡眠去哪了》《小手机大情绪》。表演每一个节目的小演员都使出浑身解数，重现亲子冲突的场景，前来参加活动的居民和小演员的家长们都惊叹于这些孩子的精彩表现。在被震惊的同时，作为父母的观众们也意识到了改善亲子矛盾的重要性。演出取得显著的效果，项目组趁热打铁，立即现场招募意欲改善亲子关系的志愿者家庭，赠予小礼品和亲子情绪管理漫画宣传册。

2018 年 4 月 24 日，项目组带着前几次活动的经验，走进了大方家社区举行活动。首先，项目组核心成员与这里的志愿者家庭针对亲子矛盾及其解决方案进行了互动讨论。在探讨中，大家对项目组提出的解决亲子间矛盾方案大力赞赏，尤其是漫画的方式，形象生动地展示了亲子之间不良情绪的影响。其次负责情景剧表演的同学们为大家展示了搞笑幽默、又富有启发性的短剧《iPad，就一会儿》《豆豆的小烦恼》《我的睡眠去哪了》《别打别打听我说》。每一个短剧表演结束后，项目组还会分析每一幕剧反映的问题并提供解决方案，让大家在娱乐中学习到亲子情绪的管理方法。

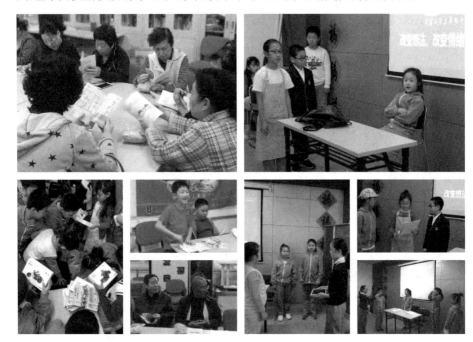

2018年5月8日，项目组走进的西花市南里西区，共举办两场活动。第一场活动，首先由北师大心理学院发展心理学的江永强博士为居民带来主题为"聪明教养、教养聪明"培训讲座。以互动参与的形式，深入浅出地为大家讲解亲子间互动沟通的方法。讲座结束后，由项目组成员介绍并分发漫画，亲子情绪管理漫画宣传册很快就被热情的观众一抢而空，大家都表示要成为改善亲子关系的志愿者家庭。第二场活动是最受欢迎的情景剧展示。对情景剧驾轻就熟的小演员们将活动的气氛推向了高潮，在大家的热烈的掌声中，"亲子坏情绪，Go Away"项目进社区宣传活动落下帷幕。

　　2018 年 5 月 28 日，项目组核心成员走进校园宣传亲子情绪沟通的方法。有了前期活动的经验，项目组核心成员认为：亲子间的情绪沟通不应该只是父母单方面做出改变，孩子们也要学会与父母沟通，说出自己的真实想法。所以在校园宣传时，核心成员们一个个现身说法，为同样有亲子矛盾的同学支着，还给同学们发放亲子情绪沟通宣传手册。

第四阶段（2018 年 5 月 16 ~ 31 日）：总结分享阶段。项目核心组成员带领三（10）中队对整个项目进行反思和总结，制作活动的纪录短片。同时，积极准备学校"六一"汇报演出，面向全校师生对项目进行分享与展示。

三、学生行动日记——记录公益之花盛开全过程

学生行动日记精选（一）

2018 年 1 月 13 日　星期六　晴

三（10）中队　吕凌霄

虽然我们的项目还没有正式启动，但是我和成员们还是决定提前设计调查问卷，免得最后时间不够。所以我们通过微信公众号发放了家长版调查问卷，然后分析了家长版调查问卷的结果，并依此来设计孩子版问卷。

因为调查问卷需要很专业的知识，所以我们邀请了北师大心理学院发展心理学的江博士帮我们做指导。今天我和江博士约好要一起设计孩子版的调查问卷，刚见面江博士就给我了一份他设计的调查问卷，希望能给我一些启发。

我一看，差点儿崩溃，比如，"当爸爸妈妈批评你做作业粗心大意的时候，你自己是怎么想的？"这个问题后面居然有一个选项是"爸爸妈妈像魔鬼、太恐怖了"。而且所有的问题后面都有类似的选项，我搞不明白，为何每个问题后面都有个类似"爸爸妈妈像魔鬼、太恐怖了"的答案呢？

我把我的想法跟江博士说了以后，江博士说因为他是大人，不太了解孩子们怎么想的，所以就让我说说自己的想法。我说："我从来没有讨厌过爸爸妈妈，无论他们怎么批评我，也没把他们想得像魔鬼。"

听了我的话，江博士也非常赞同，于是我们开始一起修改调查问卷。于是，我像狙击手一样，一个一个删除了大人们设置得不合适的选项，修改成适合孩子回答的选项。

当我把我设计的选项给妈妈看时，妈妈给我点了好几个赞，她表示我

的选项内容出乎她的意料。比如："当爸爸妈妈批评你挑食的时候，你自己怎么想的?"这个问题，我设计了一个选项是"那个东西这么难吃，为什么不能够多吃点儿别的呢"。还有："当爸妈批评你大人说话、小孩子不要插嘴时，你是怎么想的?"这个问题，我设计了下面两个选项："对爷爷奶奶来说，你（爸妈）也是小孩呀！为什么爷爷奶奶说话时，爸妈能够插嘴。不公平。""你对我的教育方法不对，我对我未来的儿子教育方法也就不对，请你说一下其中的道理。"

江博士和妈妈看了我修改的调查问卷都说，"看起来我们大人还是不了解你们孩子的想法。从你们的角度看待问题，会有不一样的结果。"通过这次设计调查问卷，我意识到大人们果然不知道我们小孩子是怎么想的。而且这下子我明白了，为何爸妈免不了和我们争吵? 因为他们根本不理解我们的真实想法。我也意识到我们的项目非常值得做，因为经过我们的努力，让大人和孩子增进了解，就真的有可能改变亲子关系。

明天我把调查问卷拿到学校跟核心成员再进行讨论，一定要设计出最适合孩子回答的调查问卷。

学生行动日记精选（二）

2018 年 5 月 5 日　星期六　晴

三（10）中队　李明泽

今天早晨 7 点我就早早地起床，因为我们今天在崇文门外街道社区举办我们"亲子坏情绪，Go Away"的情景剧。经过之前的宣传，听说今天会有很多的社区居民来参加，说实话，昨晚我还真是兴奋得没有睡好呢！

我们情景剧展示在 9 点时如约开始，今天我们一共安排了四个情景剧，分别是《iPad，就一会儿》《豆豆的小烦恼》《我的睡眠去哪了》和《小手机大情绪》。本来我们是第一个表演的，但是因为我们有个演员问暖突然生

病，可能来不了。所以，没办法，只好调整了演出顺序，把我们的节目放到最后一个。

看着台上同学们的情景剧表演的精彩绝伦，我有些担心和紧张。眼看下一个节目就该我们上场了，虽然我们有备选方案并且也临时进行了排练，但是总感觉挺遗憾的。就在这时，不知谁在我肩膀上重重一拍"嘿！大泽子！"我回头一看，呀，原来是问暖！他略带苍白的脸上还是我熟悉的调皮样儿，看到他我真是松了一口气！

很快，轮到我们上场了。我们表演的是《iPad，就一会儿》，讲的是孩子做完作业，拿起 iPad 玩了一会儿，爸爸妈妈看到后非常生气，大声训斥孩子的故事。我反串扮演发脾气的妈妈，虽然是反串，但我可是把妈妈训斥孩子的语气模仿得一模一样，惹得台下居民们看着我们的表演笑得前仰后合。

今天是我记忆深刻的一天，不仅因为我们的活动办得很成功，还因为问暖的守信以及对活动的重视。我为我的伙伴感到骄傲，我也应该向他学习！

四、学生反思工具——从回望中汲取前行的力量

学生反思精选（一）

姓名：吕凌霄　时间：2018 年 5 月 28 日

提案名称：亲子坏情绪，Go Away

发生了什么	有何感受
我们项目组在体育馆进行了成果展示。我们展示了我的行动日记、我们班绘制的漫画手册、问卷调研及报告、情景剧剧本等成果。引来了校长、老师和家长们的关注	校长对我们项目的大力赞赏和支持，家长们对我们项目的肯定和认可，让我感觉我们的项目做得非常成功，我非常高兴
有哪些主意	**有哪些问题**
经过讨论，我们项目组的同学认为，在漫画方面，我们应该强调冲突发生时学生和家长的想法；情景剧表演时，应该增加道具和服装等，更加符合爸妈的实际形象	在展示之后，我们对整个活动进行了总结，发现我们的项目有一些美中不足的地方：在漫画绘制方面，有部分漫画表达不是很清楚；在情景剧方面，有些扮演父母的演员演得不是很像

教师评语
老师见证了你在整个活动中倾情投入，正因为你的付出，所以你才有了这么深刻的感悟，老师为你感到骄傲。你的思考正是项目继续开展下去的方向，希望在今后的活动中，发动更多的同学参与进来，成为"亲子坏情绪，Go Away"公益项目的传播者，不断地扩大项目的影响范围，让更多家庭能参与进来，摆脱亲子之间的坏情绪

学生反思精选（二）

姓名：王昱晴　时间：2018 年 3 月 31 日
提案名称：亲子坏情绪，Go Away

发生了什么	有何感受
今天是我们的第一场活动，在朝内头条社区，情景剧展示和项目宣传都做得很好。但当活动结束后，我们给志愿者家庭发放礼品和宣传册时现场较为混乱，导致最后的集体大合影拍了很久	我们先安排队员发放礼品，最后合影。这样的安排导致项目展演不流畅，而且有些混乱，让观众也觉得不舒服
有哪些主意	**有哪些问题**
可以先进行展演的后续工作，等展演的其他环节都结束，进行完集体合影后，再发放一些小的宣传品，这样整个程序就顺畅了	没有提前进行项目彩排，把可能遇到的问题都进行考虑，没有考虑到场地人多嘈杂的特点，活动流程安排不合理，导致项目展演不顺利

教师评语

作为核心成员，你在第一场活动中就发挥了你观察细致的优点，发现了先发礼物时，容易造成混乱，并且提出了切实可行的解决方法，我认为你的主意是非常不错的，这样的设置更合理，可以在下次活动中开始采用

五、家长感悟——在公益服务中和孩子一起成长

家长感悟精选（一）

公益实践，改变的不止一点点

吕凌霄妈妈

作为发起人吕凌霄的妈妈，我和孩子一起见证了这个项目从提案、入选答辩、项目上线、项目签约、漫画制作、情景剧编排、社区活动、反思总结等全过程。这个项目从 2017 年 10 月份开始申报，2018 年 2 月正式启

动，一直持续到 2018 年 5 月底。整个项目从无到有，再到圆满结束的过程中，我深刻意识到了我的孩子在这个项目执行过程中的变化。

第一，学会坚持。最大的变化是孩子学会了坚持，不轻易放弃。在项目开展过程中，其实他好几次产生过放弃的念头。一是项目被选为"优秀公益创想提案 150 强"的时候，他觉得被选上"优秀公益创想提案 15 强"的机会太小，不想做了；二是项目开学典礼时，他觉得很有压力；三是项目不断要进行社区活动，他的工作量非常大的时候，也觉得有些压力想放弃；四是由于时间不足，导致学习没有跟上进度的时候，他有些沮丧。每当这个时候，我就认真地和他交流。每一次我都鼓励他继续试试，帮他一起思考问题的解决办法，排解他内心的沮丧。除此之外，我还鼓励他多和同学及老师沟通。在一次又一次的徘徊中，他坚持了下来，还坚持不断地记录了项目进展过程中的主要事件。之所以多次鼓励他，就是因为我想让他明白最简单的道理：大部分时候，不是我们做不到，而是因为没有坚持。坚持就是要吃一点苦，只有吃得了坚持的苦，才能品尝成功的甘甜。

第二，平复心情。除了坚持，他还学会了如何平复心情。在今年的小学生学习评价手册，第 25 页，他写道："当我遇到挫折时，我会先平复心情，努力改正。"没有什么语言能够形容我看到这句他自己写的话时的欣慰。其实和我一样，孩子脾气有些暴躁和着急，但是通过这个项目，他意识到了平复心情和管理情绪的重要性。所以在我平时发脾气时，他也会提醒我："妈妈，注意情绪。"都说父母的情绪稳定，能让孩子更有安全感。其实孩子和父母之间，也可以互相监督，共同营造一个良好的家庭氛围。

第三，学以致用。他开始积极参与到同学们的各项活动中，组织同学小聚会了。之前孩子和同学们的集体活动并不多，这个项目加深了他和各个同学的交流和互动。目前，他已经组织了两次小的同学聚会活动，自己制订了活动内容、时间安排及经费预算，这也是个不小的进步。

看着孩子的改变，我更加确定在培养孩子这件事情上，实践往往比说教更管用。参加益路同行项目，不但为很多家庭的亲子关系改善带去方法，还为项目执行者带来巨大的改变。非常感谢益路同行和史家小学提供的平台，特别希望能够有机会将项目持续推进，让我们一起，改变想法、改变情绪、服务学习，让"亲子坏情绪，Go Away！"

家长感悟精选（二）

关于亲子沟通问题的反思

朱晨萱家长

很荣幸能够参与到"亲子坏情绪 Go Away"项目中来，从项目内容到项目实施过程，对孩子和我来说都是一个十分宝贵的学习机会。

首先，这个项目聚焦亲子沟通，看似很日常却又让人不禁陷入思考。我们每天都在和孩子沟通交流，可我们真的懂得怎么去沟通吗？在孩子看似不合理言行的背后，他们真正的心声是什么？我们大人占有年龄、知识、阅历等方面的优势，习惯在孩子面前以强者、正确的姿态出现，甚至习惯性地强迫孩子"听话"。但是"听话"不能是单单对一方要求"听话"，那是独裁专政，"听话"应该至少是双方面的，这才构成了"沟通"。

在收集项目素材阶段，班主任黎老师告诉我们，当孩子们有机会"控诉"家长的时候，那态度是积极踊跃的，那场面是欢欣鼓舞的。当我听到有孩子边说边流泪的时候，我也在想我是不是也让女儿流下过委屈的眼泪？我们大人不被理解和尊重的时候会感到伤心、生气，孩子虽然小，但是当他们遭遇误解时一样也会难过、失落和伤心。所以，作为父母的我们应该是他们的支柱，应该耐心听他们说话，理解他们，搭起心与心之间的沟通桥梁。

看了孩子自己画的漫画，自编自导自演的情景剧，让家长了解自己在孩子们心中的形象。孩子们把家长的唠叨、愤怒和咆哮描绘得淋漓尽致，也把自己的无助与无可奈何表现得惟妙惟肖。用孩子的视角看世界，我深深体会到，在孩子需要正确引导，需要帮助的时候，我没能成为她希望的那个角色。

当我们面对孩子的时候，有没有仔细听他们说话？有没有尊重他们作为独立个体的差异性？有没有理解孩子的内心世界？有没有好好跟他们说话？当认真思考这些问题的时候，我不禁倒吸了一口凉气，本以为自己做得还可以，却发现自己已然在制造"亲子坏情绪"的路上越走越远了。

这个项目给了我一个反思自我的契机，时时告诫自己千万不要继续充当漫画里反面教材的主角。不要因为工作、家庭琐事等原因，把自己的负面情绪发泄到孩子身上，或者强行让孩子接受我的想法。我需要正确地审视与孩子之间的亲子矛盾，寻求有效的沟通方式，当我做出改变的时候，我发现孩子也在改变。当然这个过程需要双方共同努力，需要时间改变，但至少开始了。

虽然项目一开始，所有成员都觉得很难，但是大家没有因为困难而放弃。作为核心成员的朱晨萱更是受到了团队士气的鼓舞，坚持把项目做好。对我而言，通过这个项目我深受启发，孩子的成长离不开家长的陪伴、支持，和最重要的——理解，当你真正用心和孩子一起成长，孩子是不会让你失望的。

六、帮扶对象——公益服务社会，爱心连接你我

帮扶对象感言精选（一）

鼎石国际学校学生尖尖："我酷爱王者荣耀，经常偷偷地和妈妈要钱

给游戏充值。有一次，我偷偷用妈妈的支付宝一次性充值了 3000 元人民币，爸爸知道后大发雷霆，不仅对我大打出手，还摔毁两台 iPad 和一台手机。我其实知道自己错了，不应该偷偷用妈妈的支付宝充钱，可是爸爸的表现也深深地伤害了我。其实如果爸爸和我好好说，我会主动向爸爸道歉的，可是爸爸不仅打我，还摔坏我的宝贝，我真是很生气，也不想认错。在家里谁都不理谁，没有任何交谈，爸爸看着我就烦，我看到爸爸就害怕。

我把我的苦恼和我好兄弟李明泽说了，李明泽帮忙邀请我和爸爸一起参加'亲子坏情绪，Go Away'的服务性学习活动。我和爸爸一起观看了 10个亲子坏情绪的情景剧，还每人领取了一本漫画集。看到《iPad，就一会儿》的小剧时，我深深被震撼了。这个情景剧演的不就是我和爸爸吗？看过之后，我明白我错怪爸爸了，本以为爸爸不爱我，就知道责骂我。看了情景剧的表演我才发现，原来爸爸是替我着急，怕我不务正业，怕等他老了没办法照顾我时，我不会照顾自己。

回家后，我站在爸爸的门口踌躇，准备向爸爸道歉。还没等我道歉，爸爸就走到我面前，拉着我的手语重心长地对我说：'儿子，爸爸打你不对，我只是希望你知道，现阶段对你来说最重要的是学习。爸爸是怕你沉迷游戏，不务正业，才着急得控制不住自己的情绪。'听了爸爸的话，我给爸爸道歉并暗下决心，认真学习，不再让爸爸着急担心我的学习。最后，我想感谢'亲子坏情绪，Go Away'的服务学习活动，让我和爸爸能够了解彼此，让我知道了爸爸很爱我。"

帮扶对象感言精选（二）

朝内头条社区居民："我是一位 9 岁孩子的妈妈，非常偶然的机会参加了'亲子坏情绪，Go Away'公益项目开展的活动，并全程观看了史家小学三年级 10 班同学们的演出，感觉从中获益良多。

从孩子们一个又一个精心准备的情景剧中，我几乎是看到了自己的翻版。剧中的'小爸爸''小妈妈'们在训斥自己的孩子时，表情、动作、语言显得格外熟悉。'你怎么这么不听话呢？''我这都是为了你好啊！快写作业！''别找借口啦，赶紧……'，这些话都是我经常说的呀，更别提大吼大叫了。看着孩子们的表演，我也看到了孩子眼中的妈妈形象，真是深感惭愧呀。演出中间穿插了资深心理学博士的讲授，让我更深切理解了孩子和大人这两个世界的差异，是导致亲子冲突的原因，而作为家长更要多一些耐心去倾听和感悟孩子们的世界，也要多一些智慧去疏通两个世界。

我会努力控制好自己的情绪，做一个有耐心的妈妈，与我的孩子共同成长，同时希望'亲子坏情绪，Go Away'能够被广泛宣传，帮助更多的家庭，带来更加融洽和谐的亲子关系。"

七、成果展示——公益，我们一直在路上！

"亲子坏情绪，Go Away"自 2018 年 2 月起，至 2018 年 6 月顺利完成，累计完成 400 多份调查问卷，整理出了 10 种常见的亲子冲突，自编自导 10 个亲子情景剧，绘制了 100 多幅漫画，出版了 1 本漫画手册，受益人数达 500 余人。项目的成功实施得到了社会的广泛认可，《现代教育报》还对本项目进行了特别报道。最终经过评比，项目获得了由中国扶贫基金会颁发的"益路同行·优秀公益创新团队"奖。

A8 【学校看台】

"10后"志愿者服务新意迭出

小学生"大数据"调研亲子坏情绪

最美故乡畔
多彩大运河

《现代教育报》对本项目进行报道

项目组"益路同行·优秀公益创新团队"奖

文明遛狗　安全出行

　　"文明遛狗　安全出行"服务学习项目由史家小学三（14）中队高明远同学发起，三（14）中队全体成员共同参与。项目指导教师为史家小学祁冰老师。"文明遛狗　安全出行"项目于2017年12月中旬启动，至2018年5月份顺利完成。项目组走进都市馨园、国瑞城、南门仓、史家胡同等社区宣传，通过填写调查问卷、发放传单、张贴海报、竖立警示语等方式向社区居民们介绍"文明遛狗　安全出行"的重要性。活动共发放倡议书200份，调查问卷200份，完成知识竞答58份，活动对象辐射多个社区、宠物店和宠物医院，在社区居民和爱狗人士中取得良好反响，项目的成功实施也得到了《北京晨报》、中国文明网等媒体的关注。

一、指导教师推荐序

　　2018年1月1日，"文明遛狗　安全出行"项目正式上线"益路同行"平台，同学、老师以及热心的家长们铆足了劲儿为项目加油、点赞，在规定的14天时间里达成甚至超出了项目所需要的花朵数量，顺利进入了公益项目的实施阶段。

　　项目筹备之初，项目核心小组成员开始谋划如何开展此项公益活动，

　　本文为东城区"十三五"教育科学规划2018年度课题《在综合实践活动课中培养中低年级学生的社会参与能力——以"微善公益"活动为例》成果。

大家积极建言献策，有的同学说出自己的忧虑："狗狗的主人不听我们的宣传怎么办？"立刻就有其他孩子给出建议："我们可以写出来，给他发传单，这样他们就会看。""对，还可以设计海报贴在小区宣传栏，每天遛狗的时候都能看到！"有过饲养宠物的生活经验的孩子补充道："遛狗的时候要牵着狗绳，要是被狗狗咬伤要及时处理伤口，可能会得狂犬病。""那狗绳怎么做呢？""我知道，应该……"听着学生们的讨论，我心中暗暗欢喜。其实孩子们提出的问题，作为指导老师的我早已料到，但我并没有直接提供建议。孔子说："不愤不启，不悱不发。"在孩子们面对真实的问题时，与其直接告诉他们怎么去做，不如让他们充分地讨论、思考，当他们主动寻求帮助时再指点迷津。往往孩子们讨论最激烈的时候，正是他们脑力激荡、碰撞出思维火花的时刻。果然不出我所料，最终经过几轮讨论，孩子们决定用知识竞答、发放倡议书、海报宣传、竖立警示语等丰富的活动形式，向大家普及"文明遛狗　安全出行"知识。

经过一系列的筹备工作，"文明遛狗　安全出行"项目在"家国情怀贵在责任，服务学习我来担当"史家小学 2017—2018 学年第二学期开学典礼上正式亮相，面向全校同学招募小伙伴。

3 月 9 日下午，伴随着春天的气息，三（14）中队的队员代表们来到史家社区开展"文明遛狗　安全出行"的第一场公益活动。准备了许久的同学们个个精神饱满、干劲十足，两三人一组向经过史家胡同的行人宣传介绍文明遛狗的重要性和必要性，在社区阿姨的帮助下，还共同完成张贴宣传海报，吸引过路行人的驻足观看。

有了第一次的活动经验，同学们开始更大范围的宣传。3 月 17 日，我们将志愿者分成三组，在核心小组成员带领下，分别进入来到都市馨园社区和国瑞城社区，以知识竞答的方式向社区居民们介绍"文明遛狗　安全出行"的重要性，倡导宠物主人科学养狗、文明遛狗，外出遛狗时牵好狗绳，保障居民安全出行。然而，就在我们准备进行社区宣传活动的当日，已经立春的北京却突然下起了大雪。骤冷的天气，让路人都行色匆匆，而孩子们的热情丝毫没有受到恶劣天气的影响。看着执着的孩子们，收到倡议书的路人也被他们感动，在大雪中认真聆听，这给予了孩子们很大的支持和肯定，让孩子们明白了什么是"风雪无阻，公益在心"。随后的日子里，孩子们继续走进南门仓社区、学校附近社区宣传文明遛狗项目。通过张贴海报、宣传警示语、发放宣传彩页等多种形式积极向居民们介绍科学养狗、文明遛狗，营造干净、整洁、和谐的社区的重要性。

服务学习不仅要让学生利用所学的知识去服务他人，更重要的是在服务的过程中不断地增长知识，主动学习。在"文明遛狗 安全出行"项目推进的过程中，很多同学提出了"为什么有那么多人喜欢养宠物呢？""选择哪一种狗狗饲养比较合适？""怎么才能照顾好宠物小狗？"等问题。这些问题非常专业，我发现这是非常好的研究性学习的主题。于是，我便设计了"'宠物热'及其原因""宠物的选择与饲养方法""小区流浪宠物的收容问题"等几个主题，让学生们分组展开研究。同时，为了让同学们更多地了解关于狗狗的相关知识，让专业知识走进课堂，我还与家长委员会的成员们进行商量，希望能够邀请医生为学生开展专业讲座。王梓勋的妈妈是一名专业的医生，她得知我的想法后，主动提出要为孩子们助力。

3月14日，王梓勋的妈妈邀请兽医老师为孩子们讲解了关于犬类的知识，课程内容丰富、生动，也与生活息息相关，孩子们听得津津有味。当医生志愿者提问时，孩子们都踊跃回答问题，气氛活跃。通过这样的课程讲解，让大家对犬类的知识有了进一步的认识，不仅拓展了知识面，而且激发了大家与狗狗做朋友的愿望。之后，王梓勋妈妈还围绕"狗咬伤的急救与防护"的主题，详细生动地为同学们讲解了狗咬伤的危害、狂犬病特点及表现、狂犬病预防以及狗咬伤的急救与预防等知识。同学们被这些新鲜而陌生的知识深深地吸引，每个人都聚精会神地听着，大家时而点头表示对知识的了解、时而惊讶于被狗咬伤的巨大危害。课堂快要结束时，王梓勋妈妈组织同学们开展了相关知识的互动小游戏，同学们表现得非常突出。大家都表示，这真是一次非常有意义的小课堂，大家都期待讲课堂上学到的专业知识普及给更多需要的人。

自从 2017 年参加了"为井盖穿上彩衣"活动以后，我发现我们班孩子的绘画热情仿佛被点燃了。每一次活动结束以后，在提交上来的日记中，我发现很多孩子都乐于将自己的想法画出来，有的甚至还做成了手抄报。正好 2018 年是狗年，于是我便结合这次的公益项目，组织了一场"狗年画狗"绘画主题班会。让孩子们充分释放绘画的热情，运用手中的彩笔，绘制出他们心中形态各异的狗。看着孩子们画作中的狗，有的呆萌可爱，有的生动活泼，有的意气风发，有的调皮逗趣，还有的充满了中国传统元素，可以称得上是"百花齐放"。有同学看到大家画的狗狗的绘画，马上提出："我们为什么不用这些绘画做成海报呢！把我们的主张写在这些绘画上，一定能得到大家的关注！"看到同学们的奇思妙想不断地被激发，我不禁要为同学们的精彩创意点赞！

随着"六一"汇报演出的落幕，我们的项目也接近了尾声。项目持续了有半年之久，但活动的点点滴滴仿佛历历在目。从提出创想到设计项目、从计划方案到具体实施、从收集材料到归纳整理，从不太了解到全程参与，从分工明确到集体配合，孩子齐心协力，为了一个共同的目标而努力。在这半年中，作为指导老师，我见证了孩子们的改变，见证了他们的成长，也想跟大家分享我的收获与感悟。

（一）团结合作，共同成长

在实施这项公益活动的过程中，学生之间良好的伙伴协作关系得到促进，大家学会了通过集体的智慧来解决活动过程中遇到的难题。"团结就是力量"这绝对不是一句简单的口号，它体现在我们每一次活动的细节当中。即便是一张小小的海报都需要学生们共同协作，有的学生扶着海报，有的学生在观察海报有没有贴歪，还有的学生负责进行粘贴；发放倡议书时，两人一组，一位学生负责向行人进行宣传讲解，另一个同学随时补充没有说到的关键点，灵活配合完成宣讲；这样的事例还有很多，在整个项目的过程中，大家共同学习、共同进步、共同成长。

（二）从实践中提升学习兴趣

通过此次公益项目的开展，学生们了解了许多关于狗的知识。通过观看狗狗的电影，体会到了狗与主人之间的深情厚谊；通过阅读狗狗的书籍，知道了狗的种类有很多，而且大多性格迥异；通过参加宠物店的知识讲座，明确了狗狗在什么情况下不让人触摸，在什么情况下不让人靠近，学会了与狗狗相处的一些方法；通过听取医生走进课堂的专业讲座，了解了预防狂犬病以及被狗咬伤的急救措施等知识。这些知识都是孩子们主动要去学习的，学习的动力很足，热情也很高。因为在他们看来这些从活动中获得的知识不仅非常有趣，而且还很有用，可以运用到日常生活中，为大家提供一种更好的与狗相处的经验，也会提醒大家在遇到狗狗时如何进行自我保护，避免意外事件发生。

（三）在挫折中学会坚持

活动过程中孩子收获了许多，各方面的能力都得到锻炼。比如孩子们走进社区主动向居民介绍项目、发放倡议书，与人沟通的能力有所提高；孩子们在专业讲座的课堂上积极思考、踊跃发言，学习能力得到进一步加强；孩子们还举办了趣味十足的"狗年画狗"主题绘画展览，大家的艺术潜力得到了充分释放；不论是开学时的启动仪式，还是"六一"的总结汇报仪式，站在舞台进行情景剧展示或 PPT 讲解，都需要很大的信心和勇气，最终他们每个人的表现都赢得了观众的认可，孩子们的自信心得到了极大提升。

当然，开展公益活动的过程中也不是一帆风顺的，还记得第一次做社区活动时，每个孩子都跃跃欲试，想要把这份公益的理念传播给路过的每一个人。然而，事实并不如孩子们期待的那样。当孩子们远远地看见有一位大爷走过来，连忙跑上前去递上宣传单页，微笑解释说："大爷，这是我们的公益活动，宣传文明遛狗……"还没等孩子说完，大爷接过宣传单，看了一眼，顺手就扔到了地上。孩子没想到自己那么热情的宣传换来的是这个结果，一下子愣在那儿。旁边的小伙伴看见，赶紧跑过去捡起宣传单，嘟囔着："大爷您别扔啊，这可是我们自己做的。"

其实，那天遇到拒绝的不止这一个孩子，可能是因为现在的人对发传单都有一种天然的抗拒，当孩子们递上宣传单时他们压根儿看都不看，更不会伸手去接。还有些人一听是宣传文明遛狗的倡议书，连忙声称自己不养狗，也会直接拒绝。

遭到拒绝的孩子心里难免会有一点失落，这时候我把孩子们召集起来，告诉他们"其实被拒绝是很正常的事情，大爷大妈和叔叔阿姨们拒绝我们不是因为我们做得不对，而是因为他们可能没有意识到这件事情对他们的生活也有影响，当然我们也要反思自己的方法是不是合理，你们说对吗？"听到我这么说，孩子们又活跃起来了，"没关系，可能是那些爷爷奶奶家里不养狗，所以没听咱们的介绍。""嗯，现在太早了，叔叔阿姨都赶着上班，要是下班他们肯定听我讲。""我们三个人一起去给那一位阿姨介绍吧！"说话间又振作精神，继续发放倡议书。在挫折中学会坚持，孩子们没有轻言放弃，也没有气馁，而是继续向更多其他的人进行宣传。因为他们知道再小的坚持也是力量。在挫折中学会反思，小小的他们不断地用行动践行目标，实现大大的公益梦想！

（四）公益项目，宣讲公德，贵在坚持，服务社会

"文明遛狗 安全出行"公益项目关注的就是发生在我们身边的事情，关注环保，宣讲公德。通过此次公益项目的开展，让孩子们了解了公益的含义以及开展公益活动的意义，提升了大家的社会责任感和安全意识，同时学生们服务他人、服务社会的意识明显增强。公益项目贵在坚持，虽然公益项目结束了，但是孩子们的热情丝毫未褪去，我们准备将这项有意义的公益活动持续开展下去，让更多的人知晓，让更多的人参与进来，共同关注身边的环境，从我做起，服务社会！

益路同行，让我们将公益爱心一直传递下去，永不停歇！

指导教师：祁 冰

二、创想梦工厂——种下一颗公益的种子

（一）创想动因

狗是人类的好朋友，也是养狗人士的好伙伴，它们能够看家护院，更能为主人带来无穷乐趣，但是如果主人养了小狗，却管理不当就会导致不良后果。我们时不时地能看到恶犬伤人事件的报道，有些人由于及时注射了狂犬疫苗而平安无事，但也有一些人则因为被狗咬伤而不幸失去生命。在生活中，大多数人可能都有过这样的经历——被突然窜出、没有拴绳的狗吓了一大跳。史家小学三（14）中队的高明远同学就有过类似的经历，善于观察、善于从身边的小事中捕捉信息的他，针对现在遛狗不拴狗绳、宠物随地便溺等不文明养狗的现象，提出了"文明遛狗 安全出行"的公益创想。希望通过专业讲座、知识竞答、海报宣传、竖立警示语、绘画展

示等丰富多彩的活动形式，向大家宣传"文明遛狗 安全出行"的必要性和重要性，营造小区安全遛狗、文明遛狗的良好氛围，避免恶犬伤人事件的发生。

（二）团队介绍

发起人及总负责人	高明远	史家小学三（14）中队成员，项目发起人，关注身边热点问题，兴趣爱好广泛，积极投身公益活动，主要负责项目的总体策划与组织，同时还负责设计调查问卷，发起倡议书、开展文明遛狗社区活动，记录活动日志以及设计宣传手册等
团队伙伴	王梓劼	史家小学三（14）中队成员，热情大方，乐于帮助身边有困难的人，此项目中负责撰写宣传稿、收集原始资料、张贴警示语
	王梓勋	史家小学三（14）中队成员，思维活跃，善于观察，喜欢表达，此项目中负责向大家推荐和小动物有关的故事书，开展故事会和认识小动物以及如何保护自己的课程活动
	薛祺馨	史家小学三（14）中队成员，聪明伶俐，知识面广，绘画能力强，此项目中负责设计、绘制 Logo 及宣传标语，举办小动物绘画比赛
	张静涵	史家小学三（14）中队成员，富有爱心，动手能力强，具有一定实践能力，此项目中负责组织同学参观宠物店和宠物医院，到户外和小动物开展活动
指导教师	祁 冰	史家小学三（14）中队辅导员兼语文教师。中队建设中积极指导、组织学生参与公益活动，2017 年公益活动"为井盖穿上彩衣"荣获了由中国扶贫基金会颁发的"优秀公益创新团队"奖，队员获得"小小公益创想家"称号。此项公益实践活动由《中国少年报》3120 期少先队版刊出。在"第二届北京青少年'模拟政协'推进研讨会"上做教学研究课《为井盖穿上彩衣》

（三）实施过程

"文明遛狗 安全出行"服务学习项目共分为以下四个阶段。

第一阶段（2017 年 12 月中旬～2 月）：调研阶段。这一阶段，主要通过分组走进在社区开展问卷调查的方式，了解人们对于养狗、遛狗情况的认识以及大家关心的问题和需求，并将这些信息收集并整理分析。

第二阶段（2018 年 2 月）：准备阶段。由学生根据调查问卷的结果，设计出了面向养狗人士的倡议书、"文明遛狗　安全出行"承诺书和主题宣传海报。同时核心小组还广泛征集了警示标语，获得热烈的反响，最终确定了多条优秀警示标语，如"遛狗安全出行　创设安全社区"和"牵好您的狗　美好你我他"。

　　第三阶段（2018年3～4月中旬）：实施阶段。这一阶段项目组的同学们在举行了形式多样的活动。增强后续宣传时的专业性，学习与狗有关的知识。项目组邀请了兽医进行犬类知识讲解，拓宽同学们的知识面，更激起了同学们对于狗的爱护之情。

　　除此之外，我们还请到专业医护人员带来了围绕"狗咬伤的急救与防护"的主题讲座，讲解了"狂犬病预防以及狗咬伤的急救与预防"等知识，同学们都非常认真地学习专业知识，还进行了讲座以后的小测试，这为同学们入社区宣传"文明遛狗　安全出行"打下了坚实的基础。

　　经过专家顾问的培训后，同学们分别走进了史家社区、都市馨园、国瑞城、宠物店、南门仓社区等地方进行形式多样的宣传。

　　2018年3月9日，项目组走进史家社区，贴海报、发传单、讲项目，与社区居民们畅聊文明遛狗的重要性，居民一致认为文明遛狗非常有必要，是创设文明社区的有力举措。

　　2018 年 3 月 17 日，一场突如其来的风雪袭来，但这丝毫没有减退同学们的热情。大家冒着走进了都市馨园社区和国瑞城社区，通过问卷调查、知识问答等趣味形式向居民宣传文明遛狗的重要性，并发放倡议书倡导主人外出遛狗时牵好狗绳，做到安全出行。

2018 年 3 月 24 日，为了增加的活动的影响力，项目组的同学们还走进了宠物店和宠物社区，学习宠物的科学养护知识，再利用丰富的专业知识对养狗人士、爱狗人士的进行宣传。

2018 年 4 月 17 日，已经具备了充足宣传经验的同学们项目组去到南门仓社区和学校附近的社区进行宣传，张贴海报和警示语，发放倡议书，为居民讲解文明遛狗的方法，宣传安全出行，构建和谐社区的理念。

第四阶段（2018 年 5 月）：成果分享阶段。经过多次的活动，项目组的同学们已经称得上是宣传"文明遛狗　安全出行"的小能手了。所以他们决定在校内进行知识的分享，举办了"狗年画狗"的创意绘画比赛，并联合三（18）中队进行主题班会，分享此次活动中的收获。

　　4月23日是世界读书日，项目组抓住契机进行"我与狗狗"故事分享会，同学们纷纷讲出自己和狗狗之间的故事，以及参加此次公益活动的感想。

　　同学们还将活动的精彩过程制作成"文明遛狗　安全出行"为主题的画册，持续扩大项目影响力。

"文明遛狗　安全出行"项目在所实施的 5 个社区中都取得了不错的效果，在史家小学在"六一"汇报演出中，团队以情景剧的形式生动地展示了活动的过程，获得大家的好评。

三、学生行动日记——记录公益之花盛开全过程

学生行动日记精选（一）

2018 年 3 月 17 日　星期六　小雪

三（14）中队　王梓勋

今天是我们公益活动走进我家所在的国瑞城中区社区进行宣传的日子。

我好期待这次活动，为了这一天，我早已在社区居委会进行了备案，详细和居委会的叔叔、阿姨介绍了我们此次活动的目的和在社区内即将开展的活动。居委会的工作人员对我们的活动给予了极大的认可，并且表示会积极支持我们的活动内容。

活动本来定在早晨九点开始，可是到了八点四十分，天空突然飘起了雪花。我很担心我的伙伴们不能按时到来，担心小区里没有人参加我们的活动，还担心我们漂亮的宣传单被雪花打湿。时间一分一秒地过去了，到了八点五十分的时候，我站在小区门口，焦急地等待着同学们的到来。终于在八点五十五分时，同学们都举着小伞一起出现了。虽然大家脸冻得通红，鞋上沾满了水，但是大家都顾不上休息，立马有条不紊地开展起活动，有的拉好横幅，有的认

真地张贴宣传单，还有的向经过的行人认真介绍我们的活动。我们不顾风雪、一丝不苟地做着活动的样子引起很多经过小花园的居民们的注意，大家纷纷驻足、了解我们的活动，还表示一定会支持我们的倡议。

这真是开心的一天。虽然天公不作美，但是同学们都不怕冷、不怕累，克服种种不便，坚持参加活动。而且通过大家的积极努力宣传，社区居民才会在雪中、在寒冷中，还能积极、认真参加我们的活动。让我真正地明白了一个道理：世上无难事，只要肯登攀。

学生行动日记精选（二）

2018 年 5 月 13 日　星期日　晴

三（14）中队　王梓劼

今天是周日，下午上完课，我跟爸爸去看望爷爷奶奶，奶奶家住在一幢塔楼里，我们上了电梯，就在电梯门马上要关上的时候，我看到一位阿姨快走到电梯门口，我急忙按了开门键，门又重新开了。当阿姨进了电梯以后，我才看到这位阿姨身后还跟着一条小狗，没有拴狗绳的小狗自己跑上了电梯。作为"安全遛狗　文明出行"的核心成员，每次见到这样的不

文明遛狗的行为，我都会主动去和她们交谈。所以见到这个情况，我立即跟这位阿姨进行了交谈，我耐心地告诉她："阿姨，虽然您的小狗很可爱，可能不会攻击其他人，但是有很多人不喜欢狗、怕狗的，如果您让狗狗不戴链绳自己乱跑，可能会影响别人。只有养狗人士文明遛狗，才会让怕狗的人对小狗多一分理解和关爱，这样周围的人们和小狗才能和谐相处。"

这位阿姨开始还对我不屑一顾，认为我多管闲事，但是我坚持耐心地说服她。后来她听我说得很有道理，便开始认真地听我说完了这些，脸上也露出了不好意思的表情，认真地说："小朋友，我知道了，下次我一定带好链绳再遛狗。"

通过这件事，我意识到很多人并不是不讲道理的，只是养成了不文明遛狗的习惯，一时没有意识到他们的行为是不好的。所以我们更要大力倡导文明出行、安全遛狗的理念，宣传文明遛狗的重要性，让每个人都参与进来。

四、学生反思工具——从回望中汲取前行的力量

学生反思精选（一）

姓名：薛祺馨　时间：2018 年 5 月	
提案名称：文明遛狗　安全出行	
发生了什么	**有何感受**
以前在小区里经常看见有人遛狗不拴绳，小狗到处乱跑，我会很害怕。还有些小狗的主人让狗狗随地大小便，还不清理，特别不卫生。所以我们班发起"文明遛狗　安全出行"的公益活动，去各个社区宣传，还邀请了兽医到班里讲课	我想肯定有不少人和我一样，害怕不拴绳的大型犬，很开心能帮助他们解决困扰。而且我觉得做公益不简单，要学习相关知识，还要做好每一个细节。虽然辛苦，但是让人们了解了文明遛狗的意义，减少宠物带来意外的发生。用我们小小的力量，发出大大的光，很有意义！

续表

有哪些主意	有哪些问题
在活动过程中，我发现宣传工作特别重要，而且宣传任务也很重。我觉得应该培训小宣传员，靠我们自己的力量太微弱，招募爱心小宣传员，进行接力宣传，让每个人身边的环境都有改变	我们的宣传方式比较传统，有些叔叔阿姨不是很接受。我觉得现在大家都很喜欢上网，以后要用更先进、更科技的方式传播爱心，这样年轻的叔叔阿姨就能接受了

教师评语

作为核心小组的成员，你充满责任感，不仅充分发挥你的特长，设计了整个活动的 Logo，而且积极思考如何将宣传做得更好。你说的接力宣传很有新意，我们下次可以试一试。而且我很赞同你的观点，咱们传播的方式真的亟待改进，应该懂得利用互联网进行更大范围的宣传

学生反思精选（二）

姓名：张静涵　时间：2018 年 5 月
提案名称：文明遛狗　安全出行

发生了什么	有何感受
参加此次公益项目，是我第一次与宠物狗亲密接触。从陌生状态下对小狗的恐惧，到了解了宠物狗的知识、生活习惯，让我认识到宠物狗是人类最忠实的朋友	通过与宠物狗的接触，我发现它们是一群充满灵性的生命。宠物狗给我们生活带来的困扰，不是它们的错，而是宠物狗主人们不文明的习惯造成的。我们有义务照顾关心好宠物狗，进而文明遛狗

有哪些主意	有哪些问题
此次公益活动与宠物狗有着密切的关系，为了增加对宠物狗的了解，我主动联系了一家宠物中心，请专业人士为同学们进行了一场精彩的讲解。通过讲解，同学们掌握了宠物狗的习性，学会了科学饲养宠物狗的知识，更为积极宣传文明遛狗打下了良好的基础。同时，我们的公益主题得到了宠物中心的认可，他们也愿意为我们宣传，成为我们的合作伙伴	在社区宣传介绍中，我们会遇到一些不文明的受访者，他们拒绝接受我们的介绍，有的甚至将我们的材料当废纸扔掉！我们感到紧张和不知所措。 饲养宠物狗是一个普遍现象，此次活动取得的阶段成果是让"文明遛狗　安全出行"的理念深入人心，但是如何规范人们的日常不文明行为，还需要我们继续努力！

续表

教师评语

从对狗狗的陌生，到了解它们，甚至是喜欢它们，我们都经历了改变，这都得益于你组织的这场有意义的活动。其实被人拒绝不是什么大不了的事情，可能只是因为我们用的方法不对，也可能是我们的方法还有待提升。但只要我们坚持传播"文明遛狗"的理念，相信一定会有越来越多的人加入我们的活动中来！

五、家长感悟——在公益服务中和孩子一起成长

家长感悟精选（一）

小学生的大影响力

高明远家长

总觉得小学生还是处在爱玩的年龄，做项目、搞宣传好像不太切合实际，但是自从孩子参与了班级里的"益路同行"公益活动，亲眼见证活动中孩子们的表现，彻底改变了我的看法。孩子们的年龄虽小，但想法却不少，而且很善于观察发生在身边的事情。高明远就是从自己的一次经历出发，萌发出了想要改变不文明遛狗现状的想法。作为发起人，我担心他的压力会比较大，但当整个活动结束后我发现我多虑了。孩子们在参与各项具体活动时个个精神饱满、情绪激昂，就算遇到有时被拒绝也要坚持下去。无论是前期的准备、实施还是后期的总结中，孩子们遇到困难时那种不退缩，遇到问题时肯动脑、肯动手的劲头甚至感染了我们这些成年人。这项公益活动不仅增强了孩子们与人沟通的能力，在公众面前表达的能力。我想孩子们彼此之间相互配合、共同协作的经历，将为孩子们的学习生涯增添了浓墨重彩的一笔，也必将成为他们终生难忘的记忆。

其实"文明遛狗　安全出行"的公益活动关系到每个人的切身利益，

不论是养狗人士、爱狗人士或者从来不接触宠物的人，生活在同一个环境中，我们每个人都有义务去维护环境的整洁和安全。

活动以后，我发现小区里越来越多的主人外出遛狗时都会牵着狗绳，有的狗主人也会自带报纸或塑料袋及时地清理狗狗的粪便。这是一个好的开始，相信未来会变得更好。前几天，孩子还给我看班里的同学参加了"文明遛狗 安全出行"的公益活动之后写的一首诗，虽然语言朴实，却道出了活动的意义，特别想与大家分享：

> 文明遛狗 安全出行；随地排便，很不文明；
>
> 拴好狗绳，带好狗套；管住小狗，不乱吼叫；
>
> 喂好狗粮，身体健康；文明遛狗，我很赞赏。

益路同行，小学生也有大影响力，只要从身边的小事做起。希望孩子们能够通过参与这次公益活动，让服务他人、服务社会的公益种子在孩子们心里萌芽、生长、开花、结果。能够帮助树立从小学习做人、从小学习立志、从小学习创造的理念，健康茁壮地成长。

家长感悟精选（二）

童眼看社会，小问题大智慧

张静涵家长 郭泽锴家长

随着社会的发展，宠物狗在城市人的生活中扮演着越来越重要的角色，它们是一个个鲜活生命、是一份份爱的表达，更是都市人无法舍弃的伙伴。但是随着宠物狗的增多，大众的生活也被不文明的饲养习惯所打扰。此次三（14）班高明远同学提出的"文明遛狗 安全出行"公益项目，就是准确选取了都市生活的这个痛点。

参与此次公益活动，孩子们展现出超乎寻常的热情。这不仅仅是因为公益项目深得人心，更是因为此次活动的主角是可爱又聪明的宠物狗！作为家长看着孩子从一开始面对狗的胆怯犹豫，到最后不仅喜欢上了小动物，而且因为这份爱心能够自信坚定地向陌生人宣传安全遛狗的知识，我们感到无比欣慰！

孩子一开始很怕狗，在小区看见狗都会绕着走，当我知道她加入"文明遛狗 安全出行"公益项目团队，还是核心成员，我很惊讶，也有点担心她是否能够克服对狗的恐惧，发挥自己的特长，胜任这份"工作"。

后来证明我的担心是多余的，为了增加对狗的了解，孩子们请来了兽医和专业医护人员到班上讲课，学到很多关于狗的知识，知道了狗的记忆力非常好，大脑也很发达，接受事物能力强等。一向害怕狗的张静涵了解这些知识后，胆子变大了，不仅敢和小狗亲密接触，还萌发了对狗的怜爱之情。

克服了对狗的恐惧以后，孩子给大家宣讲文明遛狗的重要性时就卖力了。记得孩子们第一次外出宣传时，虽然天气很冷，路上行人也不多，但是并没有减少孩子们做公益的热情，看到每一位路过的行人，他们都会主动追上去介绍文明遛狗的重要性。路人们也都听得很认真，都夸奖孩子们的礼貌与热情，最后还会愉快合影。孩子们成功地发出每一张宣传单都会特别高兴，还会比赛谁发出的多。当然并不是所有的活动都是一帆风顺的，刚开始发宣传单时，遇到别人的拒绝，孩子有点气馁。但是很快在伙伴的相互鼓励下，他们改变策略，两三个人一组给一个路人宣传，既能锻炼胆量，又能介绍得全面，果然成功率提升了不少！

在此次公益活动中，除了走进社区宣传之外，孩子们还通过阅读与狗相关的故事、绘制小狗图画、走访宠物中心等多种方式不断地传播文明遛狗的理念。这个项目开展之后，很明显地感受到公益的信念已经开始融入孩子们的心中，更关注自己生活的环境。

现在的儿童本就是未来的主人，当现在的孩子们开始用主人翁的心态去看待社会，去发现身边的问题，解决身边的问题，未来变得值得期待！
童眼看社会，小问题中藏着大智慧！更宝贵的是，他们在行动！

六、帮扶对象——公益服务社会，爱心连接你我

帮扶对象感言精选（一）

社区老人："今天接到孩子们给我发放的'文明遛狗　安全出行'的宣传单时，我觉得现在的孩子们真了不起，也为学校为孩子们能够提供这么好的平台感到欣慰。孩子们能够注意到日常生活中养宠物遇到的这些细小的问题，证明孩子们之前一定认真进行了调研。我作为一名养宠物的人，孩子们让我意识到我们既然养了宠物就要时刻注意自己的行为。不要为他人和社区环境造成影响，比如狗的粪便要及时清理，出门遛狗要用狗绳，不要让狗追赶路人，要及时为宠物接种疫苗等等，我为孩子们点赞！"

帮扶对象感言精选（二）

宠物主人："'文明遛狗　安全出行'这项活动，虽然我了解的时间很短暂，但我却深有感触。看到孩子们分成不同的小组，那么认真地向我们这些路人进行细心的项目宣传和讲解，遇到拒绝也不气馁，他们一个个努力宣传的样子，说实话我真的很感动。现在养宠物的人非常多，孩子们为了让大家注意到养宠物存在的潜在安全隐患，一定进行了很多次的实地考察和反复思考，才能想出'文明遛狗　安全出行'这个项目办法。这个项目不但给我们做了安全提醒，也呼吁我们要善待宠物，领养代替购买。我相信通过不断地努力，孩子们的爱心一定汇聚成一条宽阔的爱心大河，让更多的人得到帮助！"

七、成果展示——公益，我们一直在路上！

"文明遛狗 安全出行"项目组先后走进都市馨园、国瑞城、南门仓、史家胡同等社区，共发放文明倡议书200份，调查问卷200份，完成知识竞答58份，项目辐射多个社区、宠物店和宠物医院，在社区居民和爱狗人士中取得了良好反响。项目还受到《中国少年报》《北京晨报》、中国文明网等媒体的关注。最终经过评比，项目获得了由中国扶贫基金会颁发的"益路同行·优秀公益创新团队"奖章。

中国文明网对项目进行报道

《北京晨报》对项目进行报道

项目获得中国扶贫基金会颁发的"益路同行·优秀公益创新团队"奖

环保布袋 DIY

　　"环保布袋 DIY"服务学习项目由史家小学四（5）中队薛雨霏同学发起，四（5）中队全体成员共同参与完成。项目指导老师为史家小学贾维琳老师。"环保布袋 DIY"项目自 2018 年 2 月起至 2018 年 6 月顺利完成，项目组坚持环保理念应从生活中做起的原则，通过环保志愿签名、公益宣讲和环保布袋制作等方式，开展"环保布袋 DIY 接力行动"，在家庭和社会中取得良好的成效，项目得到了社会的广泛认可。项目组先后在朝内头条社区、豆瓣社区、大型超市、大型购物广场等地举办了 5 场活动，活动参与人数多达 180 余人。

一、指导教师推荐序

　　2017 年 11 月，学校第二届"益路同行创新公益"项目评选拉开了序幕。一听到这个消息，孩子们都特别兴奋。因为在第一届活动中，孩子们的提案没能最终入围，让他们倍感遗憾。看着入选的十大项目开展得那么精彩，孩子们心里也非常羡慕，所以这一次孩子们个个摩拳擦掌，跃跃欲试。最终，经过层层筛选，"环保布袋 DIY"项目脱颖而出，并成功上线，获得了梦想基金。

　　"环保布袋 DIY"项目是薛雨霏同学发起的创想，触发她提出这个创想是一则电视新闻：新闻报道了人们在海边发现一只海龟的尸体，经过解剖发现这只海龟的胃里面有大量的塑料袋，塑料袋本身无法被降解，因此影响海龟正常进食导致它的死亡。据分析，海龟误食的塑料袋有可能是海边的游客随意丢弃在海里的。

海龟是薛雨霏同学最喜欢的动物之一，看着可怜的海龟，她想到要呼吁更多的人不用或者少用塑料袋。那么，不用塑料袋用什么呢？机灵的她想到自己的身高长得很快，衣服很快就穿不下了，何不用废旧的衣服来缝制环保布袋呢！还可以在布袋上动手设计，制作成创意环保布袋，从而号召人们减少制造白色污染，爱护我们赖以生存的环境，与我们身边的动植物共同和谐相处。

集思广益，成就完美计划

随着"环保布袋 DIY"项目的正式启动，孩子们也开始了他们的行动。倡议一经发起就得到了同学们的积极响应，就连平时动手能力较弱的同学，在公益梦想的推动下也都积极行动起来了。在项目开始初期，项目组成员面向全班征集活动策划方案，希望寻求大家的帮助和建议找到好的点子。当孩子们讨论起来的时候，场面可谓十分热烈。既然是要用布做，有的孩子提到应该关注衣服的材质，应该选择那些坚实耐用的；有的孩子提到我们可以推出多种制作方法，供人们选择；有的孩子提到我们可以推出公众号，来扩大项目的影响力……在孩子们的集思广益下，大家的策划越来越丰富，这是让我十分欣喜的。因为这些好的灵感来源全部来自学生，是他们的一个个金点子让项目慢慢地"成长"起来。

也是这样的活动，让孩子更加深刻地体会到个人的力量和思路也许是有限的，但如果融合集体中不同的想法和观点，做到集思广益，就能使计划变得更全面、更精彩、更完美。而一份精彩的计划书，不仅能让项目增色不少，还能避免在实施过程中出现因考虑不周而产生的问题。

历练自我，助推项目落成

项目组成员开始着手选定制作方法和推广途径。他们首先来到大街小巷发放问卷、深入采访，调查人们对于布袋的看法和需求，从而更好地进行实践操作。孩子们克服了胆怯腼腆，克服了重重障碍后终于迈出了第一步，独立地对陌生人进行环保意向调研。调研中大家对项目的关注和支持超乎孩子们的意料，孩子们收获了满满的善意，获得了莫大的鼓励。工欲善其事，必先利其器。孩子们意识到，要推广大家使用 DIY 的环保布袋，首先要先学会制作环保布袋的本领。于是，孩子们马不停蹄，首先来到班级内进行讲解和推广。四（5）中队全体队员人人动手参与，认真学习，主动请教，最终，37 名队员都成功制作出专属于自己的布袋，并充分发挥创想，在布袋上绘出了多彩多样的图案，个性十足！除此之外，项目组的成员们还把环保的理念带入了自己的生活，教给自己的爸爸妈妈、爷爷奶奶，教给自己朋友……4 个月的时间里，孩子们的脚步没有停止，又陆续走进超市、社区，把环保的理念传递给更多人。印象最深的是 5 月底，孩子们来到豆瓣社区——这也是项目推广的最后一站。不同于一开始的忐忑不安，已经经过多次历练的孩子们现在俨然都成为一个个小老师。他们认真负责的模样，他们大方自信、活力满满的状态，他们的宣传、沟通、组织协调能力得到了越来越多人的认可。

在这次公益项目的实施过程中很多家长都表示，孩子们的变化是令他们惊喜的。的确，作为指导老师，我亲眼见证了孩子们的成长。从一开始的一个简单的想法，到整个项目顺利结束，孩子们付出了前所未有的辛苦与汗水，也收获了前所未有的快乐与成长。服务学习项目不仅让孩子们用自己的行动服务社会，更是给了他们一个历练自我的机会。

脚踏实地，实现公益梦想

"环保布袋 DIY"项目经过大半年的时间，从一开始发起创想，到组建团队，到制定详细的实施计划，到一次次开展活动，这是一次多么难忘的尝试！就在这些考验与历练之中，孩子们的变化成长有目共睹。服务学习项目给予孩子们更宽广的视角和更大的舞台。虽然这只是孩子们参加公益的第一次尝试，但小小的公益种子已在孩子们的心中慢慢生根发芽，孩子们身上的社会责任感、使命感也越来越强，这也是令我特别感动的。孩子们没有将"环保布袋 DIY"当作一次简单的行动，自己动手所制作的布袋也没有因为一次活动的结束而束之高阁，或是随便丢弃，而是真正在为环保奉献着自己的力量。在班级中经常能够见到孩子们使用这些布袋的身影：布袋里装戏剧服装，装上水彩笔，装上学习用具。正如项目成员家长所说："现在孩子经常背着自己做的布袋去买东西，在购物过程中还不忘为他的布袋代言。不仅自己不用塑料袋，还监督家里人不用或尽量少用塑料袋，减少白色污染，就连节水节电的意识也增强了。参加环保活动让孩子拥有了一颗环保之心、公益之心。"

当然，公益的路上也并非一帆风顺。在项目的开展过程中，孩子们也遇到过不少困难，但他们各自施展自己的特长，优势互补，团结协作，最终完成了项目。在这一段时间的历练后，孩子们面对困难不再是一味地退缩，而是更积极地面对，孩子们的团队协作能力，临场应变能力都得到了提升，还收获了满满的成就感。

无畏探索，执着向前。热心公益，用心服务，我们始终在路上！

指导教师：贾维琳

二、创想梦工厂——种下一颗公益的种子

（一）创想动因

四（5）中队的薛雨霏同学偶然看到了一则新闻：一只海龟因为误食了

海边的游客随意丢弃的塑料袋而死亡。她非常受触动，因此萌发出想要保护海龟不再受到"白色污染"的念头。她发现自己家里废旧闲置的衣物非常多，正好可以用来做 DIY 环保布袋。于是她把自己的想法告诉小伙伴，迅速得到了大家的支持。大家决定一起走进社区，征集废旧衣服，一起动手设计，制作成创意环保布袋。

"环保布袋 DIY"公益项目针对目前白色污染日益严重的情况，旨在号召大家废物利用、减少对于塑料制品的依赖性使用，通过收集、利用废旧耐磨衣服，自己动手制作富有创意的布袋，并在日常生活中推广使用，影响更多的人关注环保、助力环保，爱护我们赖以生存的环境，与我们身边的动物、植物共同和谐相处。

（二）团队介绍

发起人及总负责人	薛雨霏	史家小学四（5）中队成员，是一名认真负责、思维活跃的四年级学生，善于与人沟通，动手能力强。在本次项目担任总负责人
团队伙伴	刘清铄	史家小学四（5）中队成员，学习成绩优异，擅长写作及绘画。在本次项目中主要负责创意、外联工作
	范佳仪	史家小学四（5）中队成员，细心负责、具有创造力，有着多次组织活动的经验。在本次项目中主要负责活动的宣传和策划
	孙赫言	史家小学四（5）中队成员，擅长绘画，是大家公认的小画家。在本次项目中主要负责组织创意工作和后勤工作
	刘李蹊	史家小学四（5）中队成员，学校大队委，组织能力非常强，认真负责。在本次项目中主要负责财务工作
指导教师	贾维琳	史家小学四（5）中队辅导老师兼语文老师，爱岗敬业，关心学生成长，在教学和生活中注重培养学生的创新意识，一直以来，受到学生和家长的广泛赞誉

（三）实施过程

"环保布袋 DIY"项目自 2018 年 2 月正式启动至 2018 年 6 月顺利结束，项目过程共分为活动调研准备阶段、实施阶段、总结反思三个阶段。

第一阶段（2018 年 2 月）：活动调研准备阶段。在这一阶段，主要研究和学习如何利用耐磨的破旧衣服制作环保布袋的创意方法。项目组在班级内开展了环保布袋创意征集活动，招募志愿者；走进超市、社区进行调研访谈，收集人们对于使用塑料袋和环保布袋的看法，以及对于环保布袋使用的基本要求，为设计环保布袋奠定了基础。

第二阶段（2018年3月～5月20日）：活动实施阶段。这一阶段项目组主要进行环保布袋制作方法的宣传与推广。走进社区、超市等地派发宣传单，并开展环保布袋制作方法的宣讲及现场操作实践活动。通过环保布袋制作方法宣讲，让更多的人，尤其是同龄人学会环保布袋的制作方法，增强环保意识，并且主动自觉带动家人、同学和朋友，扩大项目的影响力。

2018年3月19日，项目组在班级内开展了第一场推广实践活动。经过前期的调研，项目组已经收集到一些环保布袋的制作方法，所以大家希望发挥集体的智慧，找到最容易、最受欢迎的制作方法。每一位活动的参与者都制作出了属于自己的专属布袋，个个都创意十足，本场活动受到了全体同学的一致好评。

2018 年 3 月 31 日，走进朝内头条社区。经过班级内的历练，项目组下一站走进朝内头条社区宣传环保布袋的制作方法，通过发放印有环保布袋制作方法的宣传单页，引导居民在环保旗帜上签名等方式鼓励人们在家庭中自己动手制作环保布袋，减少使用塑料袋。

2018 年 5 月 13 日，走进超市、购物广场宣传推广。超市是人们在生活中使用塑料袋较多的地方，所以，项目组成员分组走进学校附近的超市，利用自己在班级中做好的环保布袋，向来往的顾客进行宣传。虽然单独与陌生人交流对于学生们来说有一定的难度，但是心怀环保公益梦想的成员们，都突破自我，顺利完成了任务。

购物广场是人流量非常大的地方，也是塑料包装袋使用量非常大的地方。于是项目组成员瞄准这一地点，向来往的行人派发宣传单，呼吁大家使用环保布袋，减少制造"白色垃圾"。项目组成员宣传身影吸引众多行人驻足了解，纷纷表示项目非常有意义，而且承诺在自己的生活中也会多使用环保布袋，少用或者不用塑料袋。

2018 年 5 月 25 日，走进豆瓣社区。项目组核心成员经过反思和讨论之后，一致认为深入社区，为同龄人带去一场体验制作环保布袋的活动意义会更大。所以项目组选择在豆瓣社区开展了一场"环保布袋 DIY"主题活动，吸引了不少小朋友带着自己的旧衣物前来参与，活动现场热闹非凡。在所有人的共同努力下，数十件环保布袋诞生了。不仅参与活动的小朋友对活动赞不绝口，连家长们也纷纷表示赞赏。

"环保布袋 DIY"项目的初衷是希望通过参与活动的人，进行环保理念的传递，能够在家庭和生活中接力制作环保布袋。令人欣喜的是，很多参

与过活动的青少年都在自觉进行接力,他们分别在家庭中、在父母的工作单位、在经常去锻炼的体育馆都进行了宣传,有些还主动邀请项目组的核心成员与自己一起制作环保布袋。正是这些接力制作的行动,才让"环保布袋 DIY"项目的影响力变得越来越持久。

第三阶段(2018 年 5 月 20 ~ 31 日):总结分享阶段。项目组核心成员对整个项目进行反思,积极准备学校"六一"汇报展示,向全校师生分享项目成果与心得,并把我们的声音传递给了更多人——让我们一起努力,立下环保志,守住绿水青山!

三、学生行动日记——记录公益之花盛开全过程

学生行动日记精选(一)

2018 年 3 月 31 日　星期六　晴

四（5）中队　刘清铄

今天天气晴朗，艳阳高照，我们在东城朝内头条社区养老服务驿站前支起一张桌子，摆出我们的宣传品和调查问卷。今天我和其他四个核心成员的任务就是要走向街头，向行人宣传我们"环保布袋 DIY"项目，并针对不同年龄层的市民进行环保布袋的使用意向调查。

一开始，我们几个队员挥舞着队旗，想要靠旗帜上的字来"招揽"调查对象。但是，事情并不如我们想象得那样顺利，无论我们怎么挥舞队旗，街道上的人们都无动于衷，也没有人驻足前来了解我们的环保项目。看到这个情况，大家都有点焦急，赶紧聚到一起商量该怎么解决。这时候，有一位伙伴说："如果我们几个人一起去宣传，这样更有勇气跟陌生人介绍，而且不容易被拒绝。"大家觉得这个办法不错，可以先试试。

于是，我们改变了策略：只要有行人走过，就由两三个队员主动迎上去，"包围"住他们，向其介绍项目内容。一开始其实我还有点担心：这个方法虽然实用，但会不会太勉强人了？就在我思考的这点时间里，其他同学已经"招来"第一位"顾客"——一位阿姨，我们先给这位阿姨介绍我们的项目。开始我有点儿胆怯，在介绍时有一句话没说完整，另一位小伙伴就赶快帮我接上了。就这样，大家你一言我一语地就把整个活动说清楚了。接着阿姨又在我们的引导下，在环保大旗上签上了自己的名字，阿姨还对我们的项目表示很赞赏。看来这个办法奏效了！于是，我们自动分成了两组，按照这个方式分头发放宣传单。果然，越来越多的叔叔阿姨们拿到我们的宣传单，来到我们的展桌前，在我们的环保大旗上签了名。就这样，不出一个小时，我们就把带来的传单全发完了，而且环保大旗上也签满了名字。

发完传单，我们还需要寻找一些人来填写调查问卷。我们还是选择这样主动出击的方法，而被我们"拦截"的行人都非常配合地把调查问卷填完了。这样算一算，在这次宣传活动中，有将近 30 个人接受了传单，25 个人填写了问卷，还有几位带走了问卷，要向他们的朋友宣传。想必这些人都是热爱地球、愿意保护环境的人，真希望这样的环保意识强的人再多一些，那样的话我们的地球家园就会越来越好。

今天的我们成功地完成了一场活动，我还是挺自豪的，下一次活动的时候，我们要发出更多的传单，让更多人关注我们的环保项目。

学生行动日记精选（二）

2018 年 5 月 25 日　星期五　晴

四（5）中队　范佳仪

今天放学课后，我们团队成员一起走入豆瓣社区，向社区的小朋友推广环保布袋的制作方法。因为社区工作人员的帮助，我们开展活动的地方被安排在活动室，有足够的桌椅，特别适合我们在上面制作布袋。

因为我们之前的宣传，这次社区中的很多小朋友都来了，其中有几位还是四（3）班的同学呢。原来他们是被我们的推广讲解吸引来的，想真正学习一下环保布袋的制作方法。听到这个消息，我一下就来了精神，因为经过在家的练习，加上在班级中的锻炼，我已经熟练掌握了环保布袋的制作方法，我觉得我可以做一个称职的小老师了。

终于，我开始给大家展示怎么剪开一件旧衣服，一步步把它变成一个漂亮的布袋。看着大家聚精会神的样子，我讲的更认真了，"要先剪掉领子和袖子口，然后沿着肩膀上的线剪开，把衣服剪成两半……"等我演示完，小朋友们都迫不及待地拿起自己的材料和剪刀，开始动手做起来。我发现有一些年龄比较小的小朋友还不太会使用剪刀，于是我打算先从正确使用剪刀开始教起。对于一些不太熟练的小朋友，我选择了一对一指导，带着他们剪衣领、系带子。大家都热火朝天地制作着属于他们自己独特的环保布袋。我这个小老师也忙得不亦乐乎！时间很快就过去了，小朋友们一个个都完成了一个个漂亮的环保布袋，看着自己亲手制作的环保布袋，大家都很高兴，还一起合影留念了。

今天，我们不仅圆满地完成了这次活动，推广了我们的项目，还满足了我的一个小心愿——当小老师。终于能像我的老师一样，把我学到的知识本领教给其他人，这令我感到非常骄傲和自豪。

四、学生反思工具——从回望中汲取前行的力量

学生反思精选（一）

<table>
<tr><td colspan="2">姓名：刘李蹊　时间：2018年3月31日
提案名称：环保布袋DIY</td></tr>
<tr><td>发生了什么</td><td>有何感受</td></tr>
<tr><td>我们今天的主要任务是宣传使用环保布袋，介绍我们的环保布袋的设想和做法。我有点紧张，不知该怎么和陌生人说出我们的想法。我试着站在一个陌生的阿姨面前，一句完整话也没说出来，但阿姨并没有不耐烦，而是微笑着听我说完了，我的任务在陌生人的善意中顺利完成了</td><td>因为有了第一位陌生阿姨的鼓励，我开始变得勇敢，走向一个又一个陌生人宣传我们的环保布袋，到后来居然是追着抢着去宣传。今天的我，让我自己都感到意外和佩服</td></tr>
<tr><td>有哪些主意</td><td>有哪些问题</td></tr>
<tr><td>我们下次在宣传的时候，应该做一些白色垃圾危害地球的宣传单和视频，让事实说话，这样更具说服力，让环保意识不强的人也能受到感染。

在我们的环保布袋上应该加一条标语："希望你也能做出一个布袋送给他人。"如果他们也用布袋把我们的设想接力下去，就会有更多的人有环保意识</td><td>虽然今天的环保宣传工作完成得很顺利，80%的陌生人都支持了我们的项目，接受了宣传单页，但是也有少数人对我们不理不睬。

依靠我们项目组的几个人的宣传是远远不够的，环保是需要所有人一起来做，所以我们要想办法然让更多人成为我们的宣传员</td></tr>
</table>

教师评语

万事开头难！一开始的你有些胆怯和害羞实属正常，但经过一次又一次锻炼，你逐渐变得更加大方自信，在活动中你发挥了较强的组织力，遇到困难没有退缩，而是想办法积极应对，你的成长大家有目共睹，老师真为你高兴！要相信，勇敢迈出一小步，就是迈向成功的一大步！

学生反思精选（二）

姓名：薛雨霏　时间：2018 年 5 月 25 日
提案名称：环保布袋 DIY

发生了什么	有何感受
在布袋制作方法的推广和实践后，我问了一些同学和家长，询问他们有没有经常使用我们做好的布袋，大家的回复是偶尔使用或者使用频率不高	听到一些同学的反馈，我觉得有一些失望。如果环保布袋制作好了，却不经常使用的话，可能就没有办法养成使用布袋良好的环保习惯
有哪些主意	**有哪些问题**
在使用环保布袋的宣传中，我觉得应该首先在同学中做推广，建议同学经常使用自己的专属布袋，让同学建议身边的亲人、朋友使用自己动手制作的布袋，进入社区做更多的宣传	除了推广制作方法的讲解之外，我们还可以进行进一步调研，了解大家不经常使用的原因，再对我们的环保布袋进行针对性的改善，让更多的人养成使用布袋的习惯

教师评语

你作为行动总负责人，能够从方案实施反馈中发现问题，并积极地提出方案来解决，说明你善于思考、善于发现问题。在活动之中，大家尽情投入制作环保布袋，但事后对于布袋的使用率还不高，我想我们在今后的活动中可以做一些改善，比如让环保布袋更加漂亮、更加方便，相信你和伙伴们一定会有更好的策划，让项目变得更有成效，让更多人受益！

五、家长感悟——在公益服务中和孩子一起成长

家长感悟精选（一）

学会放手，让孩子自由成长

刘李蹊妈妈

以前，我是那种比较谨慎的家长，一来是觉得孩子年龄小，二来也是怕孩子缺少安全意识，万一有什么闪失。但今年孩子加入了"环保布袋DIY"的公益项目后，他的变化让我惊讶，同时也让我感叹孩子真的长大了。回想整个项目过程，很多经历还是让我记忆犹新。

记得项目在宣传推广的过程中，要走进社区、走进超市等公共场所，还要在街道和学校布展宣传项目，这就意味孩子要牺牲大量课余时间。虽说现在才四年级，但课业任务也不轻了，当妈妈的我心里在打鼓！但没想到孩子特别愿意参加这些活动，不怕耽误时间，而且学习也没落下。在这个过程中，孩子从一开始的羞涩到逐渐变得勇敢，从不敢说到抢着说，从说得结结巴巴到流畅自如讲解环保的重要性，他的这些变化完全超出我的预期。

不仅如此，他的动手能力和创造力也让觉得惊讶。以前在家里别说是剪裁和做针线活了，就是安全剪刀我们也不敢让儿他单独使用，但是现在看着他一剪刀一剪刀地剪着布条，虽然不是很熟练，但是看得出来如何不剪到手、不伤到别人，这些安全意识孩子是完全具备的，他们还特别有心地总结出来教给参与活动的小伙伴。在为环保布袋进行装饰设计时，他的布袋画面特别丰富，颜色搭配也很合理，有果树有篮球……凡是他喜欢的都在，布袋的正反面都被画上了，这么多的素材拼在一起，居然一点不显

得凌乱，我都好奇他是怎么做到的。孩子的这一切变化对于我来说像是发现了新大陆一样，惊讶的同时，我也反思自己，孩子的这些优点我以前怎么没有发现呢？

当我真正放手让孩子自由探索、亲身体验时，我才发现孩子长大了，他有主见、有能力、有爱心。如果不是让他参加这个项目，也许这种惊喜会来得更晚一些。所以，非常感谢学校给孩子们提供了"益路同行"这样一个好平台，让我看到了一个更加热爱自然、更加活泼开朗、更加友爱宽容、更加勇敢自信的孩子。

家长感悟精选（二）

公益，让孩子学会坚定信念

孙赫言家长　刘清铄家长

这学期，孙赫言有幸成为"环保布袋 DIY"项目的核心成员，全程参与这个公益项目。从 2018 年的 2～6 月，她与小伙伴们一起细致观察、用心思考、动手制作、实地宣讲，4 个月的时间，作为家长，我见证了孩子们的付出与收获，深感欣慰。

通过这次公益项目，我想公益的信念已经深入孩子们的心中。孩子们明白了什么是公益，公益如何能够帮助别人，以及公益对于一个社会的意义何在。以前我们总觉得孩子小，做不了什么公益项目，因为我们印象中公益项目是功成名就的成年人去做的，而这次的益路同行项目打消了我们之前因为不了解而对公益产生的误解。借助这个项目，我们与孩子有多次有关公益的对话和交流，有一次孩子在家做环保布袋的时候，我问她："你做这个布袋，真的能保护地球吗？"她扬起小脸，眼神中透着坚定："只要我们都用布袋，不用塑料袋，就不会产生那么多'白色垃圾'，就可以拯救很多海龟了，这就是在保护地球啊。"你看，我们心中天真懵懂的孩子，已经知道做公益就是用自己的力量去做一些为社会、为人类有意义的事情，哪怕这个事情看起来有多么不起眼。

除此之外，强烈的环保信念是支撑着孩子们完成一个个具有挑战性的项目的重要原因。我们都知道实施贯彻一个计划的复杂性和难度，“环保布袋DIY”公益项目包含了数个环节，从如何细化项目的内容和实施方式，到线上线下的多样的宣传活动，无一不充满着挑战。孩子们也曾沮丧过，但是他们没有放弃，因为他们有着坚定的信念，那就是保护自然、保护地球。

无论是公益项目也好，人生也好，在一开始的时候，都充满着未知的困难和挑战，但只要拥有坚定的信念，我想未知的人生旅途上他们也会无所畏惧。加油吧，孩子们！

六、帮扶对象——公益服务社会，爱心连接你我

帮扶对象感言精选（一）

参与活动的小学生：“我和爷爷奶奶去超市，发现路边有个‘环保布袋DIY’的宣传活动，五位小学生在用废旧的衣服做布袋。这个主意可真好，变废为宝，减少污染。而且这五个同学做的布袋可好看了，有手提的、肩背的，还有各种装饰，运动款、公主款，可漂亮了。我家离这里很近，我也想要自己动手做环保袋，所以赶紧拿了一件旧衣服前来参加。五个志愿者中有个‘三道杠’的哥哥叫刘李蹊，他特别热情，告诉我两种做法，简单又实用。真是处处有学问。我拿的是一件比较宽大的衣服，可以做个大布袋，可是我剪子使用得不好，浪费了材料，只能做一个手提袋。聪明的刘李蹊哥哥指点我可以用剩下的材料做成小花装饰在布袋上，这下我浪费的布料可派上用场了。很快，我的手提袋就镶满百花，我还剪了个小蝴蝶，

漂亮小手提袋就完成了。这可是我做的专属定制环保手提袋，我要马上拿着它和爷爷奶奶去超市购物，我以后也要做一个爱护环境的好少年。"

帮扶对象感言精选（二）

豆瓣社区居民："孩子们的认真和热情深深地感染了我，他们用童稚的声音讲述着那只可爱的海龟因为误食塑料袋而导致死亡的事情，讲述的过程中孩子的眼圈都是红的。因为不希望有更多的海龟有一样悲惨的命运，所以孩子们号召大家减少使用塑料袋，对白色污染物说'不'。我自己在日常生活中因为觉得方便就经常使用塑料袋装垃圾、买菜、购物，并没有刻意地在可能的情况下使用布袋，一些穿旧的衣服也基本上是丢掉，而没有想到废物再利用，孩子们提出的利用废旧的衣服制作布袋的想法深深吸引了我。在几次尝试之后，我也能制作非常精美的环保布袋了，也慢慢增加了使用布袋进行购物的频率了，感谢这群可爱的孩子。"

七、成果展示——公益，我们一直在路上！

"环保布袋 DIY"项目自 2018 年 2 月起至 2018 年 6 月顺利完成，项目组先后走进朝内头条社区、豆瓣社区、大型超市、大型购物广场等地举办环保志愿签名、公益宣讲和环保布袋制作等多种活动。同时，项目组建立微信公众号"益路同行环保布袋 DIY"进行定期宣传。项目组坚持环保理念应从生活中做起的原则，开展"环保布袋 DIY 接力行动"，活动在家庭和社会中取得良好的成效。最终经过评比，项目获得了由中国扶贫基金会颁发的"益路同行·优秀公益创新团队"奖章。

益路同行环保布袋DIY

环境保护需要每一个人的参与，我们在
此开展"益路同行环保布袋DIY"，搜集
环保布袋的创意，宣传及推广环保布袋
的使用，号召人们从身边的点点滴滴做
起，共同保护我们的家园。

消息

快乐的公益小天使！

环保布袋推广无处不在！

环保布袋DIY走进超市、购物
中心

项目组建立公众号并推送每场活动实况

项目组"益路同行·优秀公益创新团队"奖

毛绒玩具摇椅　温暖幸福传递

"毛绒玩具摇椅　温暖幸福传递"服务学习项目由史家小学四（11）中队张筱研同学发起，四（11）中队全体成员共同参与完成。项目指导老师为史家小学马岩老师。"毛绒玩具摇椅　温暖幸福传递"项目自2018年2月发起，至2018年5月顺利完成。项目在学校、社区、图书馆、大型国企单位等地举行毛绒玩具募捐活动共11场，参与募捐的人数多达800余人，共募集到1000多只毛绒玩具。项目组创造性地将毛绒玩具与木制摇椅相结合，共制造出10把舒适美观的毛绒玩具摇椅，分别赠送给社区、打工子弟学校、福利院、培智学校和贫困山区等地，预计可服务周边近千名儿童。项目组还联合社会力量为山区捐献图书200余册，项目的开展影响人群广泛，公益影响深远，深得大家好评。

一、指导教师推荐序

孩子们的服务学习项目进入尾声了，而征集服务学习项目的情景仿佛就在昨日。记得刚一接到学校的通知，孩子们踊跃报名，绞尽脑汁，集思广益……班里一共报名了10个项目，涵盖了方方面面，有给贫困地区提供帮助的项目，有解决课后学生看管问题的小课桌项目等等。最终，"毛绒玩具摇椅　温暖幸福传递"项目经过层层选拔最终顺利上线，孩子们的公益梦想也有了实现的可能。

这次活动的摇椅来自孩子们在 2017 年"创·智汇"挑战赛的创意，孩子们精心设计、充满情怀的作品喜获史家小学第二届"创·智汇"的"最佳设计奖"，得到了评委的一致好评，更成为同学们口中的"明星产品"。现在，孩子们把自己的创意继续了下去，用自己的创意产品服务他人，服务社会，萌发出了一个动人的公益创想。

最初募集毛绒玩具时，核心成员很担心玩具数量达不到预期目标，但是最终收集到 1000 多个毛绒玩具，完全出乎大家的预料。学校的同学，社区的小朋友，还有图书馆、外企公司、大学的学生……大家带来了许许多多毛绒玩具。这每一个善举让孩子们知道做公益原来可以连接起这么多人的爱心。孩子们坚持尽可能地带动同龄人一起制作摇椅，他们认为这是一个相互陪伴和共同成长的过程，而不是单方面的给予与帮助。制作摇椅时，工坊里布满烟尘，孩子们戴着大大的口罩，仍然卖力地打磨、安装，手受伤了也不愿意停下来，生怕一个小木刺会影响小朋友坐的舒适度，生怕一个不小心摇椅不够好。

项目实施的过程中，大家告诉我他们每个人都有很多的感触，但是印象最深的有两件事。

第一次是和五里坨小学的孩子们一起制作摇椅的时候，那里的孩子虽然年级比我们高，但是在陌生的环境下却还是怯生生的。当主持人请两边孩子们介绍自己的时候，我们的项目组成员和志愿者们的兴趣都是滑冰、击剑、羽毛球、管乐……而五里坨的孩子基本都是画画。同学们感到很好奇，为什么都喜欢画画呢？通过聊天大家才明白，原来并不是因为每个人都喜欢画画，而是因为经济条件较差，五里坨小学的孩子们没有机会去发展其他爱好，而画画是成本最低的爱好。知道真相后，有些志愿同学和家长义工红了眼圈。每一个孩子，无论贫穷或者富有，都应该有一个快乐的童年，毛绒玩具是城市孩子们的最爱，有些人还拥有不止一个，现在他们把曾经陪伴自己的玩具和伙伴们一起动手做成摇椅，继续陪伴一些孩子度过温暖的童年。看到孩子们拉着陌生小伙伴的手，一起制作一把摇椅，一起讨论一个毛绒玩具，欢声笑语，没有隔阂。孩子们的内心是纯净的、善良的，孩子们的友谊是纯真的、珍贵的。我想这就是公益项目的意义所在：用一颗心去温暖另一个颗心。

第二次是在通州福利院。现在福利院得到政府大力扶持，条件很好，并不需要我们的物质帮助，所以项目组的成员举办了一次"读书交流活动"。当有个脑瘫的小男孩流利地背出了《将进酒》，项目组的孩子们都惊呆了，随后爆发出热烈的掌声。谁也不知道他到底为之付出了多少努力，才能像正常人一样感受读书的魅力。因为文言文对于正常的孩子来说，有时候还感觉有些吃力，何况是残障的孩子。这场公益活动不仅为福利院的孩子们带去关爱，同时也让项目组成员受到震撼。孩子们回来以后，在自己的作文里写下了这一天的感受，难忘的人、难忘的事。他们见到了生命的苦难，更见到了生命的顽强。这样的一课，远比课堂上的单纯说教要深刻得多。

一把把凝聚着爱心的摇椅被送到了需要温暖和快乐的地方，孩子们亲手制作的摇椅承载着沉甸甸的祝福，他们希望那些山区和福利院同龄人的生活，会因为多了一份特别的玩具而增添一些色彩，让童年的幸福可以在这个世界每一个角落传遍。这一路，我见证了他们的成长，见证了他们的进步。我为孩子们骄傲。感谢这个项目，让孩子们能够初入公益之门，能够体会到给予和帮助的快乐。孩子们的公益之路也才刚刚开始，他们要走的路还很长，希望他们能不忘初心，让公益的种子落地生根，尽自己所能让这个世界更加美好。

指导教师：马　岩

二、创想梦工厂——种下一颗公益的种子

（一）创想动因

毛绒玩具是很多人童年的亲密玩伴，陪伴我们一起成长，带给我们很多温暖的童年记忆。史家小学四（11）中队的张筱研观察发现，周围每个孩子家里的毛绒玩具都很多，可贫困地区和没有父母关爱的孩子却非常缺少毛绒玩具的陪伴，缺少温暖和安全感。"毛绒玩具摇椅　温暖幸福传递"项目延续了2017年"创·智汇"挑战赛获奖项目——"爱心摇椅"，计划在学校与社区征集孩子们的废旧毛绒玩具，和帮扶儿童一起亲手做毛绒玩具摇椅，为社区、福利院、残疾学校与儿童救助机构的同龄人送去温暖。同时，希望通过这个项目带动同学们亲自参与设计和制造产品，激发更多同龄人的创意自造热情，体验动手制造乐趣，实现旧物品向创意产品的提升，增强创新意识。

（二）团队介绍

发起人及总负责人	张筱研	史家小学四（11）中队成员，具备很强的独立创新能力、动手实践能力和良好的沟通展示能力。2017年在史家小学的"创·智汇"活动中创办了"刨花儿公司"，设计、制作的"毛绒玩具摇椅"获得了学校同学、老师和专家的好评，获得了"最高成就奖"。在本项目中担任总负责人
团队伙伴	柳知序	史家小学四（11）中队成员，热情大方、乐于助人，积极组织、参与班级事务，擅长京剧表演、京胡演奏，在本项目中主要负责社会宣传、慈善机构的联系、主持捐赠活动、学校展演策划等工作

续表

团队伙伴	夏霁桐	史家小学四（11）中队成员，平时喜欢阅读，擅长写作，在《新家长报》"小小作家"专栏发表文章多篇。在本项目中主要负责社会宣传、媒体制作与发布、学校展演策划等工作
	陈扬舜颜	史家小学四（11）中队成员，做事专注，热爱公益，参加过儿童公益拍卖、爱心捐款、爱心健步行等公益活动，在本项目中主要负责社会宣传、慈善机构的联系、主持捐赠活动等工作
	高兆宇	史家小学四（11）中队成员，喜欢读书，热爱写作，在项目中主要负责文案汇总与编写、组织社区宣传征集毛绒玩具
指导教师	马　岩	史家小学四（11）中队辅导员，拥有丰富项目指导经验，多次指导服务学习及创智汇项目并获奖

（三）实施过程

"毛绒玩具摇椅　温暖幸福传递"项目自 2018 年 2 月正式启动，至 2018 年 5 月顺利结束，项目共分为活动准备阶段、实施阶段、总结反思三个阶段。

第一阶段（2018 年 2 月）：活动准备阶段。这一阶段，项目组主要进行摇椅材料的募捐工作——寻找毛绒玩具。项目组分别走进朝内小街、豆瓣社区、北京工业大学、法兴银行等 11 处进行了毛绒玩具募捐活动。共有 800 多人参与募捐，募集到毛绒玩具超过 1000 个，并进行了统一清洁和消毒。

第二阶段（2018 年 3 月～5 月 20 日）：活动实施阶段。这一阶段项目组主要开展了两项工作，一是毛绒玩具的制作，二是毛绒玩具捐赠活动。首先项目组联合五里坨小学的同学们共同动手制作毛绒玩具摇椅。随后，项目组将制作好的所有摇椅分批向通州区福利院、东城区培智学校、竹竿

社区、五里坨小学以及河北怀来坊口村等机构进行捐赠。

2018 年 4 月 14 日，与五里坨小学联合制造摇椅。五里坨小学本来是毛绒玩具摇椅捐赠对象之一，但是为了宣扬"人人都可以做公益"的理念，项目组核心成员决定邀请石景山五里坨小学的伙伴们一起动手制作毛绒玩具，传递温暖与爱心。该活动受到了大家的一致好评，在双方伙伴的共同努力下，共制造了 5 把毛绒玩具摇椅。

2018 年 4 月 22 日，全班前往木工坊制造摇椅。项目组在班级中召集志愿者，利用节假日前往木工坊共同制造了 5 把毛绒玩具摇椅。尽管很多同学都是第一次接触木工活，但是同学们坚持不懈，用募捐来的毛绒玩具和亲手制作的摇椅结合，用行动将爱与温暖倾注在了 5 把毛绒玩具摇椅中。

　　2018 年 4 月 17 日，走进竹竿社区进行毛绒玩具摇椅捐赠活动。社区是项目组选定的第一个捐赠机构，因为摇椅可以服务社区的小朋友，尤其是学龄前儿童。项目组在捐赠仪式上表示希望毛绒玩具摇椅可以成为社区儿童的娱乐项目之一，为孩子们的童年带去温暖的陪伴和美好回忆。

2018 年 4 月 21 日，走进通州区福利院进行毛绒玩具摇椅捐赠活动。"毛绒玩具摇椅 温暖幸福传递"项目的初衷便是希望传递这份由八百多位捐赠者汇聚的爱心。在走进通州福利院时，项目组更加坚定这个信念，因为这里的孩子很多都需要心灵上的温暖，希望捐赠的毛绒玩具摇椅可以让他们在摇椅中感受到爱与温暖。

2018 年 4 月 24 日，走进石景山五里坨小学进行毛绒玩具摇椅捐赠活动。五里坨小学的捐赠仪式是最让同学感到幸福的，因为这里捐赠的摇椅是项目组的同学们和五里坨小学的同学们联合制作的。大家一起做了 5 把摇椅，其中有 2 把捐赠给了给五里坨小学，其余的 3 把捐献给了其他机构，去服务更多的儿童。摇椅虽少，但一钉一料、一针一线都是同学们亲手制作的，凝结团结和爱心的作品，大家都觉得很自豪。

2018 年 5 月 10 日，走进东城区培智学校进行毛绒玩具摇椅捐赠活动。去往培智学校之前，项目组主动联系了东城区第二图书馆的工作人员，希望联合为培智学校创设一个舒适的阅读区。在阅读区中放置舒适的毛绒玩具摇椅，给学生提供一个舒适的阅读环境。经过协调，最终合作达成，项目组也为培智学校的同学们捐赠 2 把毛绒玩具摇椅，同时还共同绘制了美丽的画卷。

　　2018 年 5 月 12 日，走进河北怀来坊口村进行毛绒玩具摇椅捐赠活动。项目组最后一场活动，将两把毛绒玩具摇椅送到了河北怀来的坊口村，并为坊口村捐赠了一个图书角，希望能丰富村里的儿童们的文化生活。

　　第四阶段（2018 年 5 月 20～31 日）：总结分享阶段。项目组核心成员对整个项目进行反思，在学校"六一"汇报展示中，向全校师生分享了项目的成果，获得全体师生的好评。

三、学生行动日记——记录公益之花盛开全过程

学生行动日记精选（一）

2018 年 4 月 14 日　星期六　晴

四（11）中队　高兆宇

今天是我们"毛绒玩具摇椅　温暖幸福传递"项目组的第一次活动，下午两点我们来到了点造木工坊，这是我们要制作摇椅的地方，有专业的工具，还有技术指导员。这一次我们邀请到了五里坨小学的同学们和我们一起做摇椅。五里坨小学是石景山区最西边的小学，这里的学生们大多都是外地来京务工人员的子女。他们的父母很少有时间陪他们，所以这次活动是老师带队，他们的父母都没有来。相比每次活动都有家长陪同的我们，他们的坚强和独立，让我非常佩服。

经过前期简单的相互介绍，我们进行了分组，和我分到一组的是张季濡、李亿和来自五里坨小学的冯浩然同学。我先在组内进行简单的分工，但我看冯浩然同学有一点腼腆，就打算和他一起负责打磨工作。当我耐心地跟他说完工作要领后，他不停地点点头，而且仿佛一下子就变得自信了，很快就进入状态。我俩用砂纸反复打磨部件，再给张季濡细磨，然后李亿再磨框架，他磨得很好，木材摸起来很光滑。大家的工作都做得很认真，但是制造摇椅的过程可不是一帆风顺的。组装的时候，我们一不小心，粘合胶都多得溢出来了，卡扣旁边都是胶。我心想这既影响摇椅的质量，又影响美观，这可怎么办呢？这时候，冯浩然同学拿了一块废料木板过来，轻轻地刮那些多余的胶，居然效果不错。多亏了他的好主意，问题顺利解决了。最后李亿把各部分检查一遍，我和冯浩然又磨了磨，我们的椅子终

于完工了。有个老师看到了我们的作品说："这么精致的摇椅，都可以拿出去卖了，真厉害！"听到这样的夸奖，我们相互看了看，都露出了喜悦的笑容。是啊，我们这些摇椅是要捐赠给需要温暖的小朋友的，他们要用好久好久的，所以工艺必须要精益求精。

我很喜欢今天认识的新朋友冯浩然，因为我们配合十分默契，而且他做起摇椅来一丝不苟。听五里坨小学的老师说，由于条件限制，他们很少有这样的机会参加活动，所以十分珍惜这次活动机会。听了这些，我心里有点难受，不是所有小朋友都有像我们一样优越的条件。所以我们一定要把这个公益项目做好，用毛绒玩具摇椅将友谊与爱传递下去，帮助更多的人。

学生行动日记精选（二）

2018 年 4 月 1 日　星期日　晴

四（11）中队　陈扬舜颜

今天，我和陈天娇、韩孟奇来到豆瓣小区进行废旧毛绒玩具的募捐活动。早上我们早早地摆好了桌椅，放好宣传易拉宝，等着人们来捐献毛绒玩具。说实话，心情还有小小的激动呢，希望今天能募捐到很多很多的毛绒玩具，它们可是我们做毛绒玩具摇椅的原材料啊！

但是等了一会儿，几乎没有来捐赠的人。只有偶尔路过的行人，有的驻足观看，有的向我们询问项目的情况，就是没有来捐赠的人。我们小组的伙伴们都有点着急："今天我们的目标是 100 个毛绒玩具，可是到现在还一个都没有，怎么办呀？"正在大家发愁的时候，妈妈拿出我们的宣传单页说："你们可以试一试主动向路人宣传啊。"这是一个好办法！于是我们拿着宣传单和一两个自己带来的毛绒玩具，一看到路过的行人，就主动上前介绍。

　　刚开始我有些害羞，也不知道如何介绍。因为我性格比较内向，以前从来都不敢主动和陌生人说话，一说话就很紧张。但是看着其他伙伴都那么认真努力地宣传，我也不想拖后腿，所以我努力克服自己的紧张，在同学和妈妈的鼓励下，终于鼓起勇气，和路人打招呼，介绍我们的项目。渐渐地，我说话越来越流畅了，发出的传单也越来越多。为了我们的毛绒玩具摇椅，我们不停地努力，一点都不觉得辛苦。

　　等了一会儿，我看见一个小朋友由奶奶领着，手里拿着毛绒玩具向我们走来，我们激动极了，立刻迎了过去。收到了第一个毛绒玩具，心里别提多高兴了。这说明我们前期的宣传是有作用的，居民们都是很支持我们的项目的。果然陆续有很多人送来毛绒玩具，有些人还送来了三个。看着桌子上越来越多的毛绒玩具，我宣传的声音也越来越大，原来爱心的共鸣也可以让人变得更加自信的。

　　最后我们的募集的毛绒玩具居然超过了 100 个，完全超出我们的预料。虽然今天忙了一天很辛苦，但是我真的感到快乐，也很自豪，因为这些玩具就要变成毛绒玩具摇椅，为山区的孩子传递温暖和幸福了。

四、学生反思工具——从回望中汲取前行的力量

学生反思精选（一）

姓名：柳知序　时间：2018 年 3 月 12 日	
提案名称：毛绒玩具摇椅　温暖幸福传递	
发生了什么	**有何感受**
今天我们给学校其他班级的同学宣讲，号召大家捐赠毛绒玩具。我们去了四年级的其他两个班级，向同学们宣讲项目，募集毛绒玩具	因为平时我是一个比较外向的人，所以大家决定让我来当主讲给其他班的同学们介绍项目。可是不知道怎么了，我站在台上居然有点紧张

续表

有哪些主意	有哪些问题
下次在上台前我应该在大家面前先练习一下，把握好时间，还可以制作好PPT，这样能够让别人更加清楚地了解我们的项目	因为我的紧张，宣讲的时候语言比较啰唆，很多同学都没有听清楚我们的项目，本来15分钟就能宣讲完，结果浪费了很长时间

教师评语
正如你所说，你是一个外向的孩子，而且非常的勇敢。老师觉得这一次你的紧张也说明了你对这次项目很重视。对于宣讲时出现的问题，的确是因为活动前没有做好准备的原因。下一次你们在宣讲时除了带上PPT之外，还可以顺便带上宣传彩页，这样效果可能会更好

学生反思精选（二）

姓名：陈扬舜颜　时间：2018 年 4 月 22 日
提案名称：毛绒玩具摇椅　温暖幸福传递

发生了什么	有何感受
今天，我和同学们再次到木工坊制作毛绒玩具摇椅。这次参与的志愿者更多，每一个小组三个人，动手制作了 5 把摇椅。每一把摇椅从木材到成型都是我们亲手做的	摇椅制作是真正的木工活，和我们平时的小手工不太一样。戴上防护眼镜，系上围裙，觉得自己是一个真正的小木匠了。我们也体会到了做出一把简单的摇椅是要付出辛苦和努力的

有哪些主意	有哪些问题
分组时应该考虑让男女生组合，男生的力气大一些，女生做事比较细心，这样配合起来更有利于更快、更顺利地完成摇椅的制作	我们最初把摇椅制作想得比较简单，对于没有任何木工活经验的同学真正操作起来还是有困难的。而且在摇椅的制作过程中，由于椅子比较大，对于人数较少的女生组来说会有些困难

教师评语
以前在课堂中我们从没像今天这样真正地动手制作一个物品。从打磨、组装、粘合到缝制毛绒垫子，你们做得都非常出色。作为核心成员的你，不仅在组内起到了带头作用，还能细心观察，反思项目的不足，老师为你的敬业和责任心点赞！相信在接下来的活动中，你们一定能够得到更多的人支持，加油！

五、家长感悟——在公益服务中和孩子一起成长

家长感悟精选（一）

以创想助力公益，怀感恩经历成长

高兆宇家长

初次接触"益路同行"这个公益平台，真心被其初衷和理念所打动。在这个移动互联网的创新型公益平台上，我了解到，原来有那么多的学校、班级、孩子们提出各种各样创意新颖，又极具社会意义的公益点子，并通过互联网用户们的反馈，获得支持或是改进建议，最终得以实施并取得良好的效益。在这里，我真切地感受到，原来公益离我们并不遥远，只要你有一双善于观察的眼睛，一颗热爱生活的心，那么就完全有能力助力公益，帮助他人，传递爱心。这不正是全社会提倡的全民做公益的理念吗？

我儿子所在的史家小学四（11）班，得益于"益路同行"这个平台，孩子们有机会凭借自己原创产品——毛绒玩具摇椅，为弱势儿童群体传递幸福和温暖，有机会将公益创想付诸实施。而我作为项目的家长志愿者，有机会参与其中，并见证孩子们在整个过程中的成长，实在感触颇深。

春节刚过，开学第一天，我们的活动宣传正式拉开帷幕。开学典礼上，项目组几个同学利用自己的京剧特长，用练习了一个寒假的传统京剧唱段向全校师生宣传"毛绒玩具摇椅"公益活动："我响应，献爱心，玩具摇椅，事虽小情无价……慈善造就益路同行，史家学生同献爱心，摇椅摇椅在一起，益智同创史家军！"孩子们站在台上一板一眼的认真劲，让背后的家长深受感动。看得出，在他们心中，这个项目的意义有多么重大！接下来，学校电视台的宣传，班会时间分组进班宣传，各种宣传工作接踵安排，每次上台之前，孩子们都会认真地把自己的词默背好多遍。儿子告诉我：

"我们的目标就是让其他班的同学都能感受到这次活动很有意义，希望大家都能参与进来。"那段时间，他经常告诉我，课间他跟其他班同学聊天时也经常会提到他们的"益路同行"项目，用自己的爱心感染他人，希望得到他们的支持。

4月14日下午，石景山区五里坨小学的两名老师和六名学生代表来到点造木工坊，同史家小学四年级11班的孩子们一起制作毛绒玩具摇椅，孩子们在交流和欢笑中度过了一个难忘的下午。活动结束后，我有机会看到五里坨小学的孩子们以及我儿子写的日记，里面有制作摇椅过程中与新朋友团结协作，共同克服困难完成任务的细节，有结识新朋友，了解到不一样的群体的学习生活状况后的感触，有对于这个公益活动给他们创造动手机会的感恩，也有参与劳动过程后的启发……用我们的爱心和行动带动感染他人，这不正是我们希望达到的目的嘛！

三个多月过去了，我们的整个公益活动也已接近尾声。在活动过程中，我陪同儿子参加了多次宣传、募集、制作、捐赠的活动，也深切地感受到了他在此过程中的成长。宣传和募集让他明白，原来活动的筹划和组织需要用心、动脑、全心投入；制作的过程让他懂得，面对任务，分工合作、照顾新伙伴有多么重要；而接触弱势群体的捐赠环节，则让他真切地感受到原来自己是如此幸福，珍惜幸福之余，传递温暖更是意义非凡！而我，也一样感恩这次同儿子一起成长的机会。工作之余，热心公益，传递温暖，这段日子虽然繁忙，但却十分难忘。虽然活动结束了，但，益路同行，我愿一直在路上！

家长感悟精选（二）

在实践中奉献爱心，在社会中学会尊重

张筱研家长

毛绒玩具摇椅，是由我的女儿张筱研在史家小学"创智汇"活动中发

起的"刨花儿公司"创意设计与自造的产品。这件产品不仅受到了专家、老师和同学们的喜爱，孩子们不愿意将这样暖心的发明束之高阁，于是又一次开动脑筋，希望通过自制毛绒玩具摇椅去温暖、陪伴那些需要关怀的同龄人，这个创想还有幸入选了"益路同行"公益项目。在多个活动和项目的协助参与过程中，作为家长，我感受颇深。

首先，史家小学为孩子搭建起了既能多元发展，又能发挥特长的综合实践学习平台。在毛绒玩具摇椅的制造过程中，孩子们不仅可以充分运用观察技能、创意、绘画、动手操作、展示等多元能力，积累宝贵的经验。还在之后的公益活动中以摇椅为媒介，接触到了更多的孩子，体验到很多跟他们的生活完全不同的背景和经历，在和同龄人深度的交往中收获了同理心，并使他们的社会阅历更加深刻与丰富。这个项目让孩子在获得成就感的同时，也多了一份社会责任感和担当。所以，我们作为家长，特别感激学校老师们给孩子创造这样的机会，能让孩子们在真实的社会中学习。

其次，在跟孩子一起参加公益活动的过程中，我认为走出家庭与学校，深入社会的公益实践对每个孩子都特别有必要。我们的孩子大都是以自我为中心，在良好的经济条件下长大的。他们没有不同地域、不同家庭背景下有不同生活状态儿童的意识，没有太多的生活体验，认为一切都是美好的，更没有在社会中观察不同人群的意识和习惯。在公益活动初期，孩子们大都没有和受助孩子互动的意识，只当是个活动，甚至游戏看待。随着我们去的受助点逐渐增多，孩子们在福利院、培智学校、打工子弟小学、社区与图书馆慢慢关注到了受助儿童，开始根据不同的人、不同的场合选择适当的方式交流与互动，献爱心。因此，系统设计的多次社会实践特别有必要，孩子只有在这个长期的过程中才能够"看到"他人的存在，之后才谈得上交流与互动，并以他人觉得舒服的方式尊重、关爱他人。因此，我认为，深入生活、"在做中学"，首先要在实践中建立观察意识，观察人与社会。

再次，家长在社会公益活动中的角色也非常重要。家长对社会、对公益的责任、在活动过程中的反思对孩子也是非常好的言传身教。随着活动的深入，我们也随时和孩子交流心得与反思。例如，在带领五里坨打工子弟小学开展摇椅制作活动时，孩子们有个互相介绍的环节。我们的孩子介绍的爱好都是钢琴、击剑、管乐等"高大上"的活动，而五里坨小学的孩子大多只能以成本最低的画画为课余活动。此时，家长就需要从关注对方、换位思考的方式和孩子交流，以尊重他人、让别人舒服的方式选择恰当的内容进行交流。在捐助摇椅的过程中，我们也转告五里坨打工子弟小学的孩子们，他们不仅是受助对象，他们一起参与制造的摇椅还被捐到了福利院，他们也有能力给其他孩子带来快乐与温暖。这样就会给五里坨的孩子带来更多尊重和成就感，实现公益爱心更多、更广泛的传递。孩子、家庭、学校到大社会圈，家长作为社会人的纽带作用非常重要。

我认为，教育是使一个粗糙、疏于观察的孩子变得更加细腻、更加有感受力和执行力的过程。在这个过程中，家校合作、在做中学，是非常必要且有意义的！感谢史家小学与"益路同行"，给孩子提供了如此好的机会。同时，这也不仅仅是一个机会，它是一粒种子，给孩子植下了关爱、公益的心，她不仅是在做公益，同时也在公益活动中受益，使自己更加饱满、积聚更多的正能量！

六、帮扶对象——公益服务社会，爱心连接你我

帮扶对象感言精选（一）

福利院儿童："今天史家小学的同学们给我们送来了2把摇椅，上面还

有好多的毛绒玩具，看起来好漂亮啊！我忍不住躺上去，史家小学的同学还在旁边帮我慢慢地摇着摇椅，真的很舒服！以前我有一个兔子玩偶，它每天都陪着我，可是后来兔子丢了，我很伤心。现在有这么多的玩偶陪着我了，我可以经常来这儿玩了。想到以后我可以拿着我喜欢的书在摇椅上一边摇一边读，我就感觉特别开心。大家都很喜欢这个礼物，谢谢史家小学的朋友们给我们带来这么好的伙伴。"

帮扶对象感言精选（二）

石景山区五里坨小学五年级学生王乐："最近和史家小学的同学们共同制作毛绒玩具摇椅是我最开心的事情。虽然大家是第一次见面，但她们对我很照顾，就像我的好朋友一样，让我真的很感动。我们把一个个玩偶缝成了一个长方形的大垫子，铺在摇椅上，坐上去软软的，特别舒服。我们制作的毛绒玩具摇椅在我们学校特别受欢迎，大家都抢着体验。同学们说摇椅特别像小时候的摇篮，想爸爸妈妈的时候，或者心情不好的时候，躺在上面的时候感觉就像爸爸妈妈陪在身边一样。我本来以为我只是这次公益活动的受益人，没想到史家小学的同学们提出一起动手制作摇椅，我真开心，我也有能力帮助别人。毛绒玩具摇椅项目让我明白了原来就像我一样的小学生，也能做公益，也可以帮助他人，以后我要多参与这样的活动，传递爱心，帮助更多的人。"

七、成果展示——公益，我们一直在路上！

"毛绒玩具摇椅 温暖幸福传递"项目短短几个月的时间，在学校、社区、图书馆、大型国企单位等机构共举办毛绒玩具募捐活动11场，参与募捐的人数多达800余人，成功募集到1000多只毛绒玩具。项目组将毛绒玩具与木制工艺结合，制造出 10 把舒适美观的毛绒玩具摇椅，分别赠送给社区、打工子弟学校、福利院、培智学校和贫困山区等地，预计可服务周边近千名儿童。项目组还联合社会力量为山区捐献图书 200 余册。朝阳门社区微博、朝阳门党建公众号等都对本项目进行了报道。最终经过评比，项目获得了由中国扶贫基金会颁发的"益路同行·优秀公益创新团队"奖章。

朝阳门社区微博对本项目进行报道

项目组"益路同行·优秀公益创新团队"奖

BASS 刷牙法推广

"BASS 刷牙法推广"服务学习项目由史家小学四（16）中队刘佳萱同学发起，四（16）中队全体成员共同参与完成。项目指导老师为史家小学吴金彦老师。"BASS 刷牙法推广"项目自 2018 年 1 月底起，至 2018 年 5 月底顺利完成。项目组先后走进社区、学校、幼儿机构、部队营区、口腔医院和建筑工地等开展口腔保健知识宣讲活动共 8 场，发放口腔保健手册 300 本，活动受益人数多达 500 余人。因为具有较好的实用性和预防性，项目受到了广大参与者的欢迎和好评，项目顺利结束后，为了让更多的人受益，项目组仍持续在线进行口腔保健知识的普及。

一、指导教师推荐序

服务学习之路，伴随着喜怒哀乐。短短几个月，孩子们成长了许多，也收获了许多。记得"BASS 刷牙法推广"从几百份提案中胜出顺利上线后，大家都非常激动，兴奋地讨论着方案，眼神中的光芒熠熠。那时的孩子们更多的是兴奋和激动，他们可能不知道，在实施的过程中会遇到那么多的挑战；他们可能不知道自己的潜力是那么大；他们更没有预想到公益服务中除了付出，还有那么多幸福的瞬间。

每一个孩子都有自我表现的欲望，他们从小和老师朝夕相处，老师是他们心目中的英雄，教师这个职业自然也成为他们最神往的职业。在这次的公益项目中，核心成员们可是过足了当"小老师"的瘾。我们计划每场活动都要通过模型展示和 PPT 讲解，给听众分步讲解 BASS 刷牙法的具体方法。要知道他们可是十岁的孩子，想在那么多人面前讲课，可不是容易的事情。不仅要讲得清晰明了，还要绘声绘色，能够吸引观众。因此，孩子们活动前要认真备课，全面了解刷牙法的知识，只有通过反反复复地训练，在讲堂上才能游刃有余。

3 月 21 日，同学们来到了位于北京市朝阳区的青苗社教育中心。这里都是学龄前的小朋友，正值牙齿的生长期，牙齿健康正是家长、老师和孩子们最关注的问题。给小朋友讲课，可不是一件容易的事情，边讲还要边组织纪律，小朋友注意力集中的时间很短，需要队员们变换各种方式和讲课的语气，才能吸引他们的目光。一次活动下来，队员们深深感受到平时老师们给同学上课，可真是个"体力活儿"！

尽管宣讲有难度，但同时也激发了孩子们的挑战欲。为了把课讲好，孩子们主动学习新知识，主动向专家顾问请教。为了让小朋友也听懂正确的刷牙方法，负责宣讲的同学整天抱着口腔模型，抓住同学就对开始练习起来。这勤奋的劲儿，这动力十足的样子，让我深刻感受到服务学习带给孩子的价值，孩子们变得有目标感、有动力。当他们在不同的地方进行宣讲，并获得大家的认可和支持的时候，就明白了自己身上的责任重大，更明白了项目的意义。带着这样的精神回归到课堂的孩子，他对学习的热情和自觉性是不言而喻的。

服务学习不仅能激发学生的动力，而且能够有机会让孩子们丰富社会阅历，让他们在公益服务中看到自己的价值。3 月 5 日雷锋日，项目组又加入到了"学雷锋，献爱心"的队伍中，并且邀请了北京口腔医院的专家，也是本项目负责人刘佳萱同学的爸爸作为专业支持，一起走进南门仓部队社区，进行了 BASS 刷牙法的健康宣讲和口腔义诊。活动中很多军人都表示因为工作繁忙，无暇顾及自己的口腔问题。项目组的成员们为他们带去口腔保健的知识，还教给了解放军叔叔们科学的 BASS 刷牙法，受到了官兵及家属的欢迎和好评，借此机会刘佳萱爸爸帮助他们做出了专业的诊断及合理的治疗建议。平时都是解放军叔叔保卫家园，这一次队员们为解放军叔叔们做了贡献，这让孩子们兴奋不已！

除了幼儿园的小朋友和解放军叔叔，孩子们还将目光锁定在了建筑工人这个群体。今年的"五一"劳动节项目组同学一起来到密云一处建筑工地，慰问在节日里仍然忙碌工作的建筑工人。工人叔叔由于日常工作的艰辛，无暇顾及这些口腔保健细节，有时患了牙齿疾病也因为治疗费用的高昂而选择一再忍耐。所以，孩子们希望能够切实地为他们带去一些帮助，让他们免受口腔疾患的困扰。也许孩子们的讲解并不能对每一位听众都带去质的改变，但普及知识对每一位工人叔叔还是非常有益的。

在这两次的活动后，孩子们在日记中写道：以前觉得自己是小学生，需要大人的保护，但是这次我们保护了解放军和工人叔叔的牙齿，觉得特别自豪。同时在活动过程中，孩子们通过采访和实地感受了解到工人的辛苦。顶着烈日的工人，触动了孩子们柔软的内心，尤其是听说有些工人因为医疗费用高而忍受疼痛时，孩子们更加难受，也更坚定了要帮助工人叔叔的决心。真实的社会中有人保家卫国，无暇顾及自己的健康，也有人为了生计，宁可忍受疼痛的折磨。这些经历不是在课堂就能学到的，这些经历是宝贵的，让他们看到了生活的不易，也更明白我们每个人都在为美好生活而努力。

回顾公益项目的全过程，作为指导老师，我真的很欣慰。因为公益活动锻炼了孩子们的社会实践能力，让大家认识到光有课本知识是不够的，应积极走入社会，去服务、去体验，经历"风雨"，也经历"彩虹"，更丰富自己的人生阅历。当然在公益项目成功实施的过程中，孩子们也深切地感受到自身责任的重大。虽然公益之路任重而道远，但我们一定会坚定地走下去。

指导教师：吴金彦

二、创想梦工厂——种下一颗公益的种子

（一）创想动因

中华口腔预防医学会指出：我国有超过半数的人都达不到有效刷牙，这很大程度上是因为人们缺乏足够的口腔保健知识。据统计，我国成年人仅有40%能正确刷牙，绝大多数人存在刷牙姿势不对、太过粗暴、刷牙时间不够等问题。很多常见的口腔疾病比如牙菌斑、龋齿、牙龈炎、牙髓炎、牙周炎等等都是可以通过正确的牙齿保健方法避免的。四（16）中队的刘佳萱在口腔夏令营中学习到了 BASS 刷牙法，经科学论证，这种刷牙法可以有效去除牙菌斑和软垢，预防龋齿和牙周疾病的发生。于是她和伙伴们一起计划通过"BASS 刷牙法的推广"，由核心团队及专业牙科医生作为顾问对老人、孩子、外来务工人员等进行口腔保健知识的宣传和 BASS 刷牙法的操作演示。通过开设口腔保健公众号、派发宣传手册，播放 PPT 宣传片，模型演示、刷牙比赛等形式让更多的相对缺乏口腔保健知识的人群学会如何正确刷牙及普及口腔保健常识，带动他们口腔卫生习惯的养成，免受牙病的困扰。

（二）团队介绍

发起人及 总负责人	刘佳萱	史家小学四（16）中队成员，有较强的组织能力和沟通能力，善于策划活动。在本项目中担任项目负责人
团队伙伴	孙芷予	史家小学四（16）中队成员，非常细心，有耐心，有很强的团队意识。在本项目中担任财务工作
	张村南	史家小学四（16）中队成员，热情、善良，喜欢帮助别人，有很强的沟通能力。在本项目中担任外联工作
	李叶凡	史家小学四（16）中队成员，热心公益，善于沟通，有很强的组织能力。在本项目中担任组织工作
	李哲宣	史家小学四（16）中队成员，做事认真、执着，善于应用电脑制作PPT。在本项目中担任宣传工作
指导教师	吴金彦	史家小学四（16）中队辅导员兼班主任，热心公益，担任多年的班主任工作注重培养孩子们的良好习惯，能够给孩子提供有效的指导
专家顾问	刘长松	北京口腔医院医生，有多年行医经验，了解口腔保健知识，为项目组提供专业指导

（三）实施过程

"BASS刷牙法推广"项目自2018年1月下旬正式启动至2018年5月底顺利结束，项目共分为调研准备阶段、实施阶段、总结反思三个阶段。

第一阶段（2018年1月20日~2月28日）：调研准备阶段。由团队伙伴收集口腔保健知识资料，开展针对性调研，了解大家口腔知识的误解和盲区；邀请口腔医院专家对团队成员进行培训，使他们掌握口腔保健知识并可熟练讲解、演示BASS刷牙法；设计并制作宣传手册及展板、儿童刷牙计时器；购买口腔模型、牙膏、牙刷等物品作为宣讲道具；制作PPT课件申请公众号，普及口腔保健知识。

第二阶段（2018 年 3 月 ~ 5 月 20 日）：实施阶段。这一阶段，项目组面向有需求的人群，在口腔医院、幼儿托管机构、建筑工地及社区等地开展各种活动共 8 场，发放 300 本宣传手册，使老幼人群和务工人员都能够得到口腔护理的专业指导，重视口腔保健，学会正确刷牙方法，减少口腔疾病的发生。

2018 年 1 月 30 日，项目组走进大连市圣林社区，首次进行了 BASS 刷牙法的健康科普宣传，活动主要面对辖区内的中小学生。项目组同学的讲解示范 PPT、展示口腔模型、模仿学习和提问交流，让与会的学生学习到健康的刷牙方法。此外，项目组还呼吁大家在家庭中推广 BASS 刷牙法，普及口腔知识。

2018 年 3 月 5 日，项目组走进南门仓部队营区进行了 BASS 刷牙法的健康宣传，同时还邀请牙科专家为官兵和家属进行口腔义诊，受到了官兵及家属的欢迎和好评。

2018 年 3 月 21 日，项目组走进青苗舍教育中心。正确的刷牙习惯应从儿童时代就培养起来，项目组联系青苗舍儿童托管机构，为孩子们带去了生动的口腔保健课，为了让低龄儿童听懂并学会，核心成员还专门学习了适合儿童的刷牙法。项目组还向这些小朋友的家长们发放宣传单页，帮助他们形成良好的刷牙习惯，从小学会保护牙齿，活动受到了教育机构和家长们的一致认可。

为了让同龄的孩子们都能了解口腔保健知识，2018 年 3 月 30 日，项目组和专家一起走进了北京实验学校附属小学，为这里的学生带去了 BASS 刷牙法讲解。参与讲座的孩子们对口腔模型都很感兴趣，争先恐后地体验用正确的方法刷牙。活动后大家都表示以后都会坚持用 BASS 刷牙法刷牙，保护牙齿健康。

2018 年 4 月 11 日，项目组走进第一幼儿园。有了第一次给幼儿进行宣讲的经验，在第一幼儿园的宣讲中，项目组的同学都变得游刃有余。带着

小朋友们了解牙齿的自然生长，解决牙齿问题的困惑，打消牙齿保健、修复的恐惧，最重要的还是帮助孩子们找到并掌握了解决问题的法宝——BASS 刷牙法。小朋友也很积极，不仅对教授的知识记忆清楚，还主动让项目组的哥哥姐姐们检查自己的牙齿状况。最后项目组还为小朋友们赠送卡通刷牙计时沙漏，以提高小朋友的刷牙乐趣，鼓励他们正确刷牙。

2018 年 4 月 15 日，项目组走进北京口腔医院向就诊患者讲解牙菌斑的危害，BASS 刷牙法，洁治的必要性等口腔保健知识。同学们首先配合视频课件为患者们讲解口腔知识，并推荐指导大家学习使用 BASS 刷牙法。在座的患者和家属们从老者到幼童都凝神聆听，有的做着记录，有的说出自己的困扰和疑问，也有很多人用手机录下全部宣讲内容。BASS 刷牙法的宣讲活动，活动得到了院方和医生们的大力支持，更可贵的是也得到患者及其家属朋友们的认可。

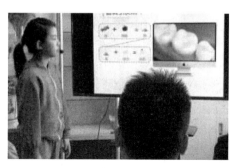

2018年"五一"劳动节，项目组走进北京密云某建筑工地慰问在节日里仍然忙碌工作的建筑工人。由于生活条件、工作环境、获取医疗信息不畅、对疾病重视程度不足等原因，这些城市的建设者普遍存在小病扛、大病拖的现象。针对这种情况，项目组为工人师傅们普及口腔保健知识，提高他们的口腔健康意识，尽可能地减少和避免口腔疾病的发生。项目组还发放宣传手册，并对手册内的爱牙护牙内容做简单的讲解，还向他们发放了纪念品牙膏。工人师傅们表示以前由于缺乏口腔保健知识，忽视了口腔保健问题，闲暇时会认真学习手册内容，养成良好的口腔卫生习惯。

2018年5月31日，项目组走进国瑞城餐厅进行口腔科普宣传。国瑞城购物中心一家餐厅新店开张，随着第一批顾客的到来，"BASS刷牙法推广"项目组也进驻新店，对店员及顾客进行口腔科普宣传。特别是对餐厅的辛勤工作的员工开展了专题讲座，利用模型讲解了BASS刷牙法，员工都表示今后会注意保护自己的牙齿健康，坚持使用正确的刷牙法。

第三阶段（2018年5月20～31日）：总结反思阶段。项目组核心成员整理项目相关资料，反思项目取得的经验与不足。精心排练短剧，在学校"六一"展演中展示，并向全校师生分享项目成果。

三、学生行动日记——记录公益之花盛开全过程

学生行动日记精选（一）

2018 年 4 月 11 日　星期一　晴

四（16）中队　李哲宣

今天我和项目组的其他几位同学来到了第一幼儿园做了一次 BASS 刷牙

法的宣传。为了这次活动，我们做了充分的准备，把解说词都改成小朋友能听懂的语句。而且在开始前，我们还玩了一个小游戏吸引小朋友的注意力，效果非常好，半个小时的讲解中，小朋友都特别配合，没有走神，也没有大吵大闹。

分组讲解中，有一位小朋友给我的印象极其深刻，他虽然非常小，语言也组织不好，但他一直特别积极地向我提出各种各样的问题，于是，我就蹲下来耐心地给他一遍遍地详细讲解，一遍遍地用口腔模型演示 BASS 刷牙法。他看得津津有味，小眼睛一直紧紧地盯着我手里的口腔模型。我看他听得这么认真，突然想要考一考他："小朋友什么时候会换牙？""上大班的时候！"他回答得特别快，而且回答对了，我特别高兴，刚才真是没白教。

看到这个小朋友，我突然感觉到自己就像老师一样，对着一位学生进行孜孜不倦的教诲。我在这位小朋友身上看到了自己和老师的影子，感触良多，老师也是这样对我的呀！每次我们有好多好多的问题，不管愚蠢还是高深，老师都会不厌其烦地一一解答。我还发现当老师教学生很累，所以以后我要多体谅老师，尤其是老师上课的时候，一定要认真听讲。

学生行动日记精选（二）

2018 年 5 月 1 日 星期一 晴

四（16）中队 刘佳萱

今天是 5 月 1 日劳动节，我们"BASS 刷牙法推广"小组来到密云一处建筑工地。虽然刚刚入夏，但是骄阳似火，天气非常闷热。工地上有许多

高高的吊车，还有大片架起来的脚手架，很多戴着安全帽的叔叔在阳光暴晒下搬运建筑材料，他们汗流浃背，一派繁忙景象。

在工地简陋的会议室里，我向叔叔阿姨们介绍了几种常见口腔疾病的发病原因和过程，告诉他们其实这些疾病都是可以预防的，当然我还隆重向他们推荐了 BASS 刷牙法。讲座期间因为电脑问题 PPT 突然卡壳了，小伙伴们都吓了一跳，都有点儿慌了，站在台上的我却没有慌张，因为我对课件内容已经非常熟悉了，所以讲座有惊无险地顺利完成了。等我讲完，叔叔阿姨对我报以热烈的掌声，我知道这并不是因为我讲课特别精彩，更多原因是叔叔阿姨对我的鼓励，他们的友好让我很感动。

因为工作繁忙，大部分的工人师傅们坚守岗位不能来听讲座，我觉得特别遗憾，很想找个办法弥补一下。因为我听说工人叔叔们平时工作特别辛苦，他们觉得看病又耽误时间又要花很多钱，牙疼了就随便吃一些止疼药。我想要是工人叔叔们学会了 BASS 刷牙法，就能减少得口腔疾病的风险。所以，我们利用午饭时间，在工地的安全区域向他们发放了口腔保健知识的宣传手册，并对相关内容进行了讲解，工人师傅在耐心倾听之余不忘对我们表示感谢。

今天的活动我觉得特别有意义，建筑工人是首都的建设者，他们不分严寒酷暑、风吹日晒，放弃了节假日休息，用勤劳的双手为我们盖起高楼大厦，能够把口腔保健知识分享给他们，能够为他们提供一点帮助我感到很快乐，同时我也能感受到他们的淳朴善良。如果在生活中大家都能懂得分享，心怀感恩，尊重别人的付出，彼此就会很温暖，社会就会更和谐。

四、学生反思工具——从回望中汲取前行的力量

学生反思精选（一）

姓名：李哲宣　时间：2018 年 3 月 21 日
提案名称：BASS 刷牙法推广

发生了什么	有何感受
今天在青苗舍向小朋友推广我们的活动，小朋友看到口腔模型和我们的服装道具都很兴奋，我们把准备好的宣讲内容进行一一介绍	小朋友年龄太小，注意有点不集中，我有点失落，我觉得公益行动要想做到实处，就要让我们的宣传对象有真正的收获

有哪些主意	有哪些问题
面对低龄儿童，可以加入相应年龄阶的口腔发育知识，并推广更适合小朋友的"圆弧刷牙法"。对老师和家长进行单独培训，以便能有效地督促和辅助小朋友养成正确的刷牙习惯	低龄儿童对牙齿的认识非常有限，我们讲解的方法孩子不一定能理解。可以多设计一些小游戏，吸引他们的注意力。如果能有家长的陪伴就更好了

教师评语

今天的活动场面，的确有点出乎你们的预料，小朋友注意力不集中，有的听不懂你们讲的知识。其实你通过反思已经找到了解决方法。针对不同年龄的听众，要有不同的办法，这叫"因材施教"。另外这次活动也告诉我们，每一场活动之前，都要根据实际情况，做好计划和充分的准备，这样才能保证每一场活动顺利开展

学生反思精选（二）

姓名：李叶凡　时间：2018 年 5 月 18 日

提案名称：BASS 刷牙法推广

发生了什么

今天我们的公益项目在学校体育馆进行宣讲。其他团员都临时有任务不在现场，只剩下我一个人，但我平时并不负责宣讲，对于宣讲的内容有点不熟练。在刘佳萱妈妈的引导下，我终于成功独自为其他同学讲解了我们的公益项目

有何感受

一开始小伙伴们都不在身边，本来五个人共同完成的事情，结果就剩我一个人，我感觉到很无助。但是为了我们的公益项目，我学着给不认识的人宣讲，慢慢地我体会到了成就感，也很兴奋

有哪些主意

我们应该交叉分工，团队中的每个成员除了平常负责的工作内容，还要掌握 1~2 项其他成员负责的工作，这样才能应对特殊情况，保证项目正常运行。另外招募志愿者也是一个非常好的方式，能更好地协调大家的时间开展活动

有哪些问题

通过这次宣讲，我认为之前我们在核心成员分配任务的时候，每个人只负责一个部分，一旦谁有事不能参加活动个，就会影响活动效果

教师评语

今天你一个人撑起了整个项目组的活动，一向安静内向的你在今天突破了自己，也让大家看到了你的坚强和努力，你让我们所有人都为你感到骄傲！关于分工的建议，老师觉得特别好，我们可以召开一个专门的会议来共同商讨。希望在项目的推进中，你能保持这份热情，为实现公益梦想继续加油！

五、家长感悟——在公益服务中和孩子一起成长

家长感悟精选（一）

在公益项目的收获与成长

李叶凡家长

今年我家孩子李叶凡成为"BASS 刷牙法推广"项目组核心团队成员。

从启动到结束，不知不觉间 4 个月过去了，孩子也从最初的兴奋经历了从兴奋到失落、从沮丧变喜悦的多种情绪转换，而现在回顾起来留下更多的是收获与成长。作为家长我们由衷地支持她参加这样的活动，但由于工作太忙，并没有全程陪伴她完成活动。但是我都会定期与她进行沟通，了解项目进展情况和她的感受。在项目结束后，我们又进行了一次促膝长谈，这次谈话的结果让我欣喜又鼓舞，想要与大家分享，主要有以下三点感受。

第一，公益活动让孩子真实地感受到自己的社会价值。BASS 刷牙法教给大众正确的刷牙方法，让人们的牙齿健康，过上更有品质的生活，同时还能减少医疗资源的浪费，是非常好的公益活动。活动影响了很多小朋友和同学们，看到大家因为这个公益项目学习到健康知识并进行应用，孩子感受到公益活动的价值。当她讲述到她在青苗舍讲解时的经历，她说："我看到小朋友认真听讲的专注神情，还有听明白后的欢快表情，我特别高兴，我觉得自己也能实实在在帮助人。"看着她说这番话时的自豪神情，我竟然一时激动得不知说什么。我们每个人都有一种被社会认可自身价值的需求，但当孩子们在公益活动中感受到自己的价值，那一份家国情怀和社会责任感正在萌芽，甚至我可以自豪地说，我的孩子会是一个有"大爱"的孩子。

第二，项目实施过程中锻炼了孩子的抗挫能力。孩子说在一次推介会上，她主动走入人群中向几位同学发出邀请，但遭到了无礼拒绝。当时她非常的难受，毕竟平时顺风顺水，很少遇到这样直接又粗暴的拒绝。加上当时伙伴们都因为其他任务不在身旁，她更是觉得孤单无助。但是伤心归是伤心，因为对项目的责任感，失落过后又重整旗鼓，继续走向另外的同学，并成功地把他们带到展位上介绍，还得到同学们的认同。看到孩子的自信心得到提升，并且还能正确地面对遭遇的挫折，我们深感孩子在参加公益活动过程中心理建设能力也得到了提高，这尤其让我们家长欣慰。

第三，孩子在参加公益活动的过程中，开阔了眼界，结交了许多良师益友。尤其是和团队的核心成员建立起深厚的友谊，成为志趣相投、团结和谐的好朋友。每次团队遇到问题的时候，她都会第一时间和自己的队友商量，通过团队讨论解决问题。虽然现在项目结束了，但节假日的时候，团队内的伙伴还是会相约外出游玩。连我们家长也都因这个活动联系得更加频繁了。协同一心、为了一个共同的目标一起努力的感觉真的非常美好。

当初参加公益项目的时候孩子并没有对公益有明确的认知，也没有想过公益能为自己带来什么。只是怀着一颗想要帮助别人的心参加了这个项目，没想到整个活动让孩子接触了社会，视野也开阔了很多，更让孩子认识到参加公益活动对自己也是一个全面接受锻炼的好机会。谈话结束之时，孩子还信心满满地告诉我："我明年还要参加公益项目！"看来，她已经找到一件热爱的事情，作为家长，我一定会全力支持，陪她在公益之路上一同成长。

家长感悟精选（二）

每个人都是公益项目的受益人

孙芷予家长

本学期，孙芷予和同学们一起参与到"BASS 刷牙法推广"项目中，在整个项目推进的过程中，我有许多的感悟，也有很多印象深刻的人和事。回顾项目始终，我发现不仅是孩子，自己也都是这个项目的受益人，而且从某种意义上来说，参与这个项目的每一个人都是受益人。

首先，"BASS 刷牙法的推广"受益人是社区居民，通过项目宣传他们学习到了口腔保健知识。因为现在很多人有牙齿健康方面的问题，能为大家带去好的医疗建议，就是在造福居民。2018 年 3 月 5 日，我们走进了南门仓社区，起初我觉得社区活动日有那么一长排理发、磨刀、修车、义诊的服务活动，我们并不太起眼。谁知活动一开始，孩子们就被里三层外三层地围起来了！老人咨询义齿种植，中年人咨询补牙洗牙，孩子们学习

BASS 刷牙法，孩子们忙得不亦乐乎，请来的专家顾问也被围得团团转。项目组成员教会了十几个孩子如何用 BASS 刷牙法正确刷牙。通过这次活动，我更加支持孩子们的活动了，因为我觉得这个项目是能让居民们受益的，公益活动是实实在在被需要的，是能给人们带去温暖的。

其次，发起这个项目的孩子们也是这个项目的受益人。记得项目伊始，孩子们组建团队、写计划书，有模有样地筹划起公益项目来，这让我们家长感到很震惊。以前孩子接触的公益项目最多也就是为偏远山区的孩子们捐书、捐衣服，但这一次让孩子们近距离地接触公益，真实地为公益事业做一些贡献，也掌握了做公益必备的能力。看到孩子们一个个摩拳擦掌，想要为公益项目出一份力的样子，我们作为家长，震惊之余更多的是感动。看着孩子们认真的模样，想要为他人无私奉献的那颗纯净之心，我觉得孩子们也是这个公益项目的受益人。因为在付出中，他们用爱证明了自己的价值。当然在实践永远比想象的要困难得多，但是孩子们怀揣着同一个公益目标，克服困难，认真付出，最终完成目标。

德国哲学家雅思贝尔斯说："教育就是一棵树摇动另一棵树，一朵云推动另一朵云，一个灵魂召唤另一个灵魂。"我一向很赞成这句话。服务学习不仅是老师们推动着孩子们，孩子们也在推动着家长，让家长也对公益充满热忱，所以家长也是项目的受益人。最初，李哲宣同学就和妈妈在大连市的圣林社区推广起来，对公益的热忱让她们充满巨大的能量，我被震撼了，也被带动了。之后的活动，我自然而然就倾注了更多热情，也更加支持孩子了，还被带动着学习了很多牙齿保健知识。

公益活动项目像一个磁场，聚集起了老师、同学、家长、亲友等各方面的力量，大家一边学习 BASS 刷牙法，一边传播公益正能量。项目执行的过程班主任吴老师全程陪同，有她在，孩子们的心就安定很多。就这样，凝聚着所有人心血和汗水的项目顺利结束了，同时还获得了各方好评。正如孩子在心得体会中写到的那样："我们就像风暴之眼，我们学习着，坚持着，努力引起热心公益的风潮。"公益并不遥远，在今后的日子里，我们所有都会人继续为公益活动奉献，把公益的精神融于我们的生活里！

六、帮扶对象——公益服务社会，爱心连接你我

帮扶对象感言精选（一）

北京口腔医院患者："我是一名牙病患者，我感觉自己平时还算比较注意口腔卫生，每天坚持刷牙两次，饭后漱口，可是还是因为牙周病而造成了牙齿松动、缺失，既影响美观，吃饭也受影响，现在不得不来修复科做义齿修复，已经往返医院好几次，身体疲惫不说，经济负担也不小。今天正好赶上史家小学孩子们在开展'BASS 刷牙法'的讲座，我特别认真听完了全部的内容，而且还全程手机录像。听了今天的讲座我才知道原来自己这么多年都没有掌握正确的刷牙方法，项目组教的 BASS 刷牙法很简单，每天用几分钟预防牙齿病多划算啊。孩子们的这个项目真的非常好，我要多拿点传单给我的家人和朋友，我还打算向我们社区的居民们宣传一下，让大家都重视保护牙齿健康。"

帮扶对象感言精选（二）

平谷区北京实验学校附属小学王安阳："今天史家小学'BASS 刷牙法推广'项目组的同学们和牙医刘叔叔给我们讲了小学生牙齿保护的课。通过学习我知道了要保护牙齿就要尽可能少喝饮料，我的龋齿就是因为我爱喝可乐才导致的，我一想到上次牙疼的感觉，就听得更认真了。项目组的同学用特别有意义的情景剧教给了我们正确的刷牙方法，我想只要我坚持

BASS 刷牙法就可以减少龋齿，减少痛苦。通过这次学习我发现爸爸妈妈对牙齿保护的观念也是错误的，比如，以前妈妈说洗牙会造成牙缝变大，但是专业的牙医告诉我们要定期洗牙，去除牙结石。今天回家后我要把 BASS 刷牙法教给爸爸妈妈，让他们也保护好自己的牙齿。"

七、成果展示——公益，我们一直在路上！

"BASS 刷牙法推广"项目自 2018 年 1 月底起，至 2018 年 5 月底顺利完成。项目组先后走进社区、学校、幼儿机构、部队营区、口腔医院和建筑工地等开展口腔保健知识宣讲活动共 8 场，发放口腔保健手册共 300 本，活动受益人数多达 500 余人。项目组还通过公众号等途径，定期在线上推送相关牙齿保健和牙病预防知识，发布公益活动信息和活动精彩瞬间，让更多的人从中获取更多的口腔保健知识，重视口腔健康。最终经过评比，项目以其实用性和创新性获得了由中国扶贫基金会颁发的"益路同行·优秀公益创新团队"奖。

项目组建立公众号并推送口腔保健知识

项目获得"益路同行·优秀公益创新团队"奖

城市树木美容师

　　"城市树木美容师"服务学习项目由史家小学五（4）中队的吴笑天和二（17）中队吴欣凝兄妹俩发起，五（4）中队及二（17）中队全体成员共同参与完成。项目指导教师为史家小学李红卫老师、宋宁宁老师。"城市树木美容师"项目自 2017 年 12 月发起，至 2018 年 6 月圆满结束。项目组利用无毒丙烯颜料在树木上绘出多彩图案，并以"小动物"为绘画主题，借此呼吁人们"保护树木、关爱动物"，宣扬人与自然的和谐。自项目实施以来，共计上百名学生参与了公益行动，共 3 次走进社区、2 次走进公园，累计为 150 余棵树木"穿"上了花衣。项目也受到了《北京青年报》的头版报道，取得积极的社会影响。

一、指导教师推荐序

待到春花烂漫时，它在从中笑

　　2018 年 4 月的一天，当富力十号小区的居民下楼遛弯时，他们惊奇地发现，小区秒变画廊，好多树干上面多了彩色小画，小猫、飞鸟、大恐龙、长颈鹿、美天鹅，各种各样的小动物"跃然树上"，色彩斑斓，造型生动，和新生的枝叶、盛开的春花相映成趣，画中的小动物似乎也被赋予了生命，在春天的树林里雀跃欢歌。一群可爱的孩子正安静地坐在树下认真作画，居民们驻足观看、拍照纪录，不少小区孩子被现场气氛感染，强烈要求加入……

　　这是"城市树木美容师"第五次现场活动的一角剪影，当日居民反响热烈，得知孩子们是在做公益活动后，更是大加赞赏。富力十号的社区报为此做了整版宣传报道，并联系到我们，希望活动持续进行下去。

　　时间退回至 2017 年深秋，我们二（17）中队的吴欣凝和哥哥吴笑天一起发起了"城市树木美容师"的公益创想。这两个同学非常有心，他们敏锐地观察到北京的冬天草木凋零，色彩单一，觉得应该有所作为，就想到通过在树上画上五彩图画来为北京的冬天增色。项目得到两个班级同学的支持，并且在学校 3000 多个公益项目中脱颖而出，成为最终入选的 15 个项目之一，最终获得益路同行平台的鼎力支持。随后，兄妹二人立刻组织人马，成立五人核心小组，分别负责创意、统筹、绘画、文字和后勤工作，携手二（17）中队和五（4）中队全体同学参与其中。

　　"城市树木美容师"想法虽好，可要完成这个创想，必须要精心设计和规划。这对从小衣来伸手、饭来张口的孩子们来说，无疑是一个巨大的挑战。在树上画画和课堂上在纸上画画性质完全不同，如果单凭满腔热情一股脑地冲到现场，拿笔就画，结果肯定差强人意，甚至可能会影响项目组的声誉，与我们公益创想的初衷相违背。为此，我向他们五人核心小组提出几个问题：首先，打算在树上画什么样的画？既然是公益项目，什么样的内容更能吸引观者的目光，起到公益宣传的作用？其次，从在纸上画变成在树上画，媒介的改变会带来画风的改变，什么样的画更适合画在树上？再次，画在树上的颜料会不会对树造成损伤，颜料要怎么选择才是既安全又出效果的，要选择什么样的颜料呢？

　　孩子们起初有点懵，这些事情确实不在他们日常思考的范围内，需要他们从平面化的思维模式转变为立体化多角度的思维模式。为解决这些问题，孩子们进行了热烈讨论，因为我班本学年的博物馆实践活动主题是"动物"，孩子们立刻确定了动物主题的绘画内容，在美化树木的同时传达"爱护动物，保护动物"的理念，这样的公益主张可谓一举两得。

为保证图画效果，同学们提出，画稿必须提前准备，利用美术课人人创作，有的同学自告奋勇发挥特长，带领全班同学一起筛选创作作品，最终孩子们经研究决定使用颜色鲜艳，大色块、艺术感强的画稿。

如何既让小树变漂亮，又不伤害小树的成长，成为孩子们关心的头等大事。他们特意请教了专业人士，查阅了大量的资料，最终讨论确定使用能够快速挥发但色彩艳丽持久的无毒丙烯，确保小树健康无虞。经过实地考察和比对试验后，孩子们发现在相对平滑的树干更易于涂抹颜色，于是，他们决定以此类型树木为主要绘画对象。

为防止出现"丑化"树木的情况，大家又想到了请美术专业的指导老师来帮忙把关。孩子们用极其认真的态度告诉我们，他们是认真的，他们明白：真正的城市树木美容师要靠作品说话。

在项目过程中，孩子们分工合作，有头绪有耐心，还不耽误学习，所有事情都在业余时间完成，把我抛出的问题高质量地一一做了解答，对此我感到非常欣慰。在史家小学担任多年班主任，我最欣赏那些该玩的时候尽情玩，该学的时候认真学的孩子，并时常把这样的想法传达给学生们。他们慢慢就形成一种做事情就应该全情投入有条有理的习惯。好习惯，利终生。带着这样的习惯，孩子们一次次走进社区，走进街心花园，走进大型公园，一画就是几个小时，前后共完成树美化150多棵。从一派荒芜画到春花烂漫，孩子们的想象力、创造力和团队合作意识在这当中得以巨大提升，孩子们在树干这个小小舞台上充分展示着自我，亲眼见证了环境因为自己的努力而得以改善变得更加美丽。

"城市树木美容师"公益行动还是一次跨年级的合作，由五年级的大哥哥、大姐姐带领着二年级的"小豆包"们，共同完成"大手拉小手"的教育过程。两个班的同学，有大有小，画画能力各不相同，但是他们配合起来却相当默契。高年级学生帮助低年级学生，淡化老师和家长的领导与管理，突出高年级学生的带头示范作用。尽管活动领导力的维度下调了，但高年级学生的主动性被激发，低年级学生的约束感被释放，初步形成了"比学赶帮超"的良好竞争氛围，践行着"大手拉小手，和爱一起走"的活动初衷。

"城市树木美容师"公益行动不但美化了环境，还能令人切实感受到"人与自然、人与动物"和谐相处的环保理念，这也恰恰体现出我们史家小学一直以来践行的"和谐教育"理念。以前提到"人与人、人与知识、人与自身、人与社会、人与自然"这五大和谐总觉得是抽象的，但是通过这次"服务学习"课程，孩子们亲身参与、创造并感悟到和谐的内涵。我也非常欣慰地看到五大和谐理念深入孩子们的内心，已经成为他们的价值观和行动指南。

小小善举也能汇聚成河，小树因我们而多彩，北京因我们而美丽，世界因我们而更美好。城市树木美容师公益行动，让孩子们不仅走出校门参加了社会实践活动，更重要的是服务了社会，让孩子们在活动中有了服务社会的意识，有了社会责任感和使命感，这粒为社会服务的种子，已经润物细无声的埋在了孩子们的心里，相信来日必将生根发芽长成参天大树。

指导教师：李红卫

公益·梦想·责任

"城市树木美容师"公益项目从 2017 年秋天开始酝酿，经历了从制定活动方案、参加项目遴选、参与评比到最终从几千份倡议书中脱颖而出的"磨练"，一路走来得到了学校、老师、家长、同学的鼎力支持。史家小学五年级 4 班和二年级 17 班的 80 位同学，一起走进社区、走进公园用自己的画笔勾勒出了心中的梦。

每一次开展活动之后，我们总能看到光秃秃的树木，变得更加充满生机和活力，总能听到同学们乐此不疲地畅谈自己的感受与收获。作为班主任，我也一同见证了孩子们因为参与公益项目而变得更加阳光，更加自信，更富社会责任感和使命感，我为孩子们的成长倍感欣喜。

在参加完朝阳公园树木美化活动之后，我们及时开展了一堂班会课，希望大家畅所欲言，谈谈参与这次活动的感悟，也为下次的活动提供更好的建议。刘浩原同学积极发言道："在树上作画貌似是很简单的一件事，但在实际操作的过程中，因为树皮凹凸不平，所以我们很难在上面画出造型来。经过我和小伙伴反复实践，我们觉得用笔一点一点蘸颜料上色的方式比较容易填色，于是我们一笔、一笔地把小狮子画好了，确实考验了我们的耐心！原来看似简单的事做起来也不容易，这需要我们开动脑筋，想办法。"

东士航同学说："在美化树木过程中，我跟王天浩做好了分工，我们一起画一只大老虎。我画画不太好，只好负责画老虎的花纹，王天浩负责画老虎的轮廓。我们相互配合，默契合作，当我们看到一幅作品在我们共同的努力下跃然树上之后，我们都觉得很有成就感！我们都觉得自己为美化环境出了一份力！"

平时不爱言语的李科慧，在交流自己的感受时这样说道："在活动的过程中，我不小心把黄色的颜料洒在了司徒的书包上。这时我们班的牛悦涵、刘祖怡立刻放下自己的画笔跑过来，拿出自己的湿纸巾就开始帮助我和司徒一起擦洗书包。说实话，我以前觉得我和同学们的关系很一般，但现在看到大家都这么热情地帮助我，我心里觉得暖乎乎的，这次活动让我和同学的心拉近了。"

小季同学也不住地赞美，她热情洋溢地夸奖："我觉得二年级的小同学也特别值得我们学习！首先他们画得特别认真，真是一丝不苟。其次，我在画小动物时，有一个小妹妹主动跑过来，把自己的几只毛笔刷借给了我，而且还告诉我哪支笔比较好用。我觉得她们特别热心助人，真的萌化我了，她们真的好贴心！"

一向善于思考的陈光宜同学更是感慨良多，他按捺不住地表达自己的想法："看着一棵棵小树在我们的努力下变得更加富有生命力，我很感动！这让我感受到了团队的力量，公益的力量！我想这些都离不开老师、学校、家长的大力支持。正是这样的公益活动，让我们小学生成为社会中的一分子，体现了我们自身的价值。我觉得作为一个国家公民，我应该肩负使命，为社会多做点事儿，多尽自己的一份力！"

马浚哲同学也激动地表达了自己的想法："通过活动，我觉得同学们对动物，对自然的认知都加深了！我希望同学们都能够永远地保护动物，爱护大自然。正如习爷爷所说的那样：绿水青山就是金山银山。我倡议：咱们班要走在环保行动的前面，保护自然环境，从我做起，从小事做起。"

……

听着孩子们热情洋溢的发言，看着他们真挚而坚定的眼神，我觉得参与"城市树木美容师"这个公益项目，不仅提升了同学之间的团队合作意识，促进了学生个体能力和心智的成长，更重要的是同学们在活动中促进了自我价值的认可，以及社会责任、社会担当意识的形成。正如季羡林先生所说:"如果人生有意义与价值的话,其意义与价值就在于对人类发展的承上启下、承前启后的责任感。"通过服务学习,孩子们做到了,我为孩子们的成长骄傲!

不仅如此,2018 年 3 月 12 日《北京青年报》对我们的"城市树木美容师"项目进行了详细报道,赞扬孩子们的公益之举,这样的激励更是把孩子们的服务热忱,对家国责任的思考推向了一个新的高潮。

项目发起人吴笑天同学在班会课上畅谈自己的公益创想时这样说:"树美化项目起初只是我和妹妹的一个奇思妙想,没想到经过老师、家长、同学们的支持和帮助,我小小的梦想竟成为现实。我要继续努力,继续脚踏实地地朝着我的人生的理想——做一个生物学家,为人类创造更好的生态环境而努力。"

魏宇宽同学说:"我现在也越发坚定了自己的理想。我要成为一名海洋学家,我喜欢海洋动物,特别是鱼类,我要好好地观察动物,了解它们,和它们交流,成为它们的伙伴。"

马晨阳同学自告奋勇地表达了自己的心声:"作为地球村的村民,我要当一名环境治理的工作者。我想投入到治理环境的工作中,研究怎么能治理污染,怎么对垃圾进行有效回收利用等等,我想在保护生态环境方面尽我的一份力。"

邵宇嬡同学说话声音不大,但是她非常笃定地表达道:"长大了,我想成为一名公益活动的志愿者。虽然平凡,但是哪里需要我,我就要走到哪里尽我的绵薄之力。"

……

"城市树木美容师"公益行动,让学生们在自我能力与品格塑造上都有明显的提升。在遇到困难时,他们所展现出来的思考能力和解决问题的能力,在具体实施过程中独立操作能力和团队协作能力等,无一不让人欣慰。

通过公益创想，孩子们更加关注社会、关注自然、关爱生命，通过一次次走进社区、公园，学生提升了自我的责任意识和社会担当意识，他们的眼界不仅仅局限于自己，而是把自己的成长和社会、国家联系到了一起。

参与服务学习，践行公益梦想，孩子们用自己的实际行动，感受着自己的努力带给这个社会发生的些许变化，感受着自己作为社会一分子，我们自己的价值与职责。

践行公益，让每一个孩子都能够怀揣梦想，肩负责任。

践行公益，愿每一个孩子都能够心系祖国，心中有爱。

指导教师：宋宁宁

二、创想梦工厂——种下一颗公益的种子

（一）创想动因

在北方寒冷的冬天，没有绿树、没有鲜花，缺少了动物的身影，一切都是灰蒙蒙的，整个城市稍显得有些死气沉沉。看到这些场景，项目发起人吴笑天同学和妹妹吴欣凝就想：如果给小树穿上"花衣"，冬天不就变得多彩了吗？于是"城市树木美容师"的创想随之诞生。项目组计划采用无毒丙烯在树木上绘出图画，呼吁人们保护环境，关爱动物，促进人与自然的和谐。同时将绘画主题定为"我和小动物的故事"，让小动物陪伴社区居民一起过冬，达到保护动物的宣传目的，让北京的冬天也充满生机。

项目以"城市树木美容师"为起点，从人与自然和谐的永恒主题出发，坚持"美化环境、关爱动物"的理念，致力于将绿色环保的公益理念延续到人们的生活中去。

（二）团队介绍

发起人及 总负责人	吴笑天	史家小学五（4）中队成员，热爱生活、热心公益。爱好广泛，思维敏捷，具有较强的创新意识和执行力。曾多次被评为区级环保小卫士和校级公益之星、艺术之星。班级宣传骨干，擅长设计和PPT制作，是本次项目的总负责人
团队伙伴	吴欣凝	史家小学二（17）中队成员，一个热情善良且富有爱心的女孩儿，班级宣传骨干，善于沟通，动手能力强。荣获区级环保小卫士；曾多次被评为校级蓝天之星、艺术之星。负责项目服务单位的确定和内外部联系及项目的推广工作
	田雅昀	史家小学五（4）中队成员，多次荣获校级公益之星和艺术之星，2016年获"小小公益创想家"奖；史家小学的《新京报》小记者，具备较强的宣讲能力，愿意投身到公益活动中去帮助更多需要帮助的人。负责现场拍摄、宣传片和画册集的制作
	邓童文	史家小学二（17）中队成员，热爱历史文化，地理自然，多次被评为校级阅读之星、环保小卫士，有较强的号召力，擅长创意绘画和演奏尤克里里。在项目中负责绘画人员的组织和协调
	张弘光	史家小学二17班成员，擅于理财，做事认真负责，效率高；富有爱心，协调能力强，多次被评为校级环保小卫士、蓝天之星、礼仪之星。在项目中负责项目预算、物资的采购等
指导教师	李红卫	二（17）中队班主任，高级教师，东城区骨干教师，曾获得北京市中小学"紫金杯"优秀班主任称号，负责项目的总体指挥和协调
	宋宁宁	五（4）中队班主任，北京市中小学"紫金杯"优秀班主任、东城区优秀教师、区优秀少先队辅导员，负责项目的总协调
专家顾问	刘明梅	CCTV5中视体育娱乐有限公司，负责项目拍摄和制片
	王剑勇	富力地产集团（北京）总工办，精装设计总监，在项目中给予技术指导

（三）实施过程

"城市树木美容师"项目自 2017 年 12 月发起，至 2018 年 6 月圆满结束，共分为筹备计划、现场绘制树画、爱心推广、宣传展示四个阶段。

第一阶段（2017 年 12 月～2018 年 2 月）：筹备计划阶段。本阶段主要进行图案设计。项目组以班级为单位，围绕动物主题，在 A4 纸上设计树美化小样，进行评选，确定效果图，撰写选中的图案背后的创作故事。同时开通微信公众号，为后期活动发布与宣传做准备。随手拍照片和视频，为宣传片积累资料。

第二阶段（2017 年 2 月初～2018 年 5 月）：现场绘制树画阶段。项目组走进社区、走进公园开展树上绘画活动，累计为 150 余棵小树穿上了"花衣"。同时为美化后的树木悬挂二维码，该二维码与项目组公众号链接，扫描后即可出现作品的背后创作故事。每次活动后进行小型新闻发布总结，活动过程由家长志愿者负责追踪拍摄，为最后的视频制作积攒资料。

2018 年 3 月 3 日，项目组核心组员与 11 名同学走进泛海国际香海园开展首次活动，完成 15 棵树美化。同学们穿上活动专用的绿马夹，一手握着画笔，一手捧着调色板，在树干上认认真真地描绘喜欢的动物图案。

2018 年 3 月 10 日，项目组核心成员与 20 名同学组成小分队，走进泛海国际社区，在树干上画树画开启奇妙的美化环境之旅，完成 30 棵树的美化，传达"热爱动物、保护环境"的理念。

2018年3月24日，史家小学二（17）班和五（4）班共计80名同学，在班主任李红卫老师和宋宁宁老师的带领和组织下，走进朝阳公园，用自己的双手，给45棵树木穿上多彩的"花衣"。

2018年3月25日，史家小学五（4）班和二（17）班20名同学再次来到北京朝阳公园小树林，"大手拉小手"，完成20棵树的美化，再次呼吁人们关爱动物、促进人与自然的和谐。

　　2018 年 4 月 15 日，项目组走进富力十号地社区，完成 20 棵树的美化。双井街道富力社区得知项目组正在开展"城市树木美容师"公益项目，主动与项目组联系，邀请项目组走进社区开展树木美容项目。积攒了多次树木美化的经验，同学们的技艺更加娴熟，作画的效率也更高，也吸引了许多小区居民驻足观看。

第三阶段（2018 年 5～6 月）：爱心推广阶段。《北京青年报》头版的新闻、"树木美容师"微信公众号等报道，吸引了众多社会关注。此外，项目组还走进多个小区和公园发放带有"城市树木美容师"项目 Logo 的小礼品 U 盘，通过扫二维码推广项目公众号，推广项目理念。最后制作宣传视频展示活动全过程。

第四阶段（2018 年 6 月）：宣传展示阶段。项目组精选树木美容的图片，汇编并印刷成册，总结实施过程及意义。同时项目组积极筹备并参加学校"六一"儿童节会演，向全校师生展示项目，将"美化环境、关爱动物"的绿色、可持续环保理念传达给全校师生。

三、学生行动日记——记录公益之花盛开全过程

学生行动日记精选（一）

2018 年 3 月 10 日　星期六　晴

二（17）中队　邓童文

今天下午，我们来到泛海国际小区附近的街心花园，今天项目组的任务是给这里的小树"穿花衣"。虽然现在已经是春天，但天气还有点冷，小树都还没有发芽，整个园区光秃秃的，没有什么色彩。不过，小树别着急，我们一会就给你们穿上漂亮的衣裳！

李老师先是带领我们在花园里走了一圈，确定了需要绘画的树木的范围。我很兴奋，期待已久的画树活动就要开始了，想象着在树上画画，不但小树能够更漂亮，而且大家看到我们的画还会关心身边的小动物，我觉得非常有意义。我和李乐涵两人一组，拿着自己的图案，领了丙烯颜料调色盘和画笔，就开始画起来。这一画才知道，想要在树上画画可真不简单，和我们平时在纸上画画一点都不一样。因为树皮很粗糙，颜色不容易涂抹，甚至连一条线都画不直。

我画的是一只小狗，先用黄色画了小狗的轮廓，再来填色，可是一不小心，一大笔黄色颜料就涂到轮廓线外面，小狗狗一下变成大胖狗了，这可怎么办？我只好向美术指导老师求助，她告诉我，画画不要怕画坏，大胆地画，总会有办法来补救，你看这个小狗的底色是白色，我们就用白色的颜料把画出去的黄色覆

盖就好了。说着，她用笔沾了一笔白色抹在了我画坏的地方，果然，小狗狗又变回来了！她还说，你们第一次画，没有经验，多画几个就会积累经验，知道该怎样画了。美术老师说的没错，接下来，我就放松了许多，也不怕再画坏了，毕竟办法总比困难多。看到我们最后画完的小狗狗，真是太高兴了，这个小狗狗好像活了一样！

这就是我和李乐涵一起画小狗狗的照片，为了显得画面内容更丰富，美术老师建议我们在周围画一些装饰，我和李乐涵就画了几朵云，果然更加好看了，希望过往的行人也能被我们的快乐和友爱感染。

学生行动日记精选（二）

2018 年 3 月 24 日　星期六　晴
五（4）中队　吴笑天

3 月 24 日，最高气温逼近 24℃，我们五年级 4 班和二年级 17 班的同学们，在班主任李红卫老师和宋宁宁老师的带领和组织下，走进树林，用自己的双手，给树木上穿上了多彩的"花衣"，给这个春天涂抹上了鲜活的色彩。

同学们变身成春的使者，整齐划一的身着活动背心，两人一组，相互配合，你拿着事先准备好的图案，我拿着无毒丙烯颜料和画笔，一同挑选适合的树木，然后你一笔，我一画，慢慢地勾勒，专注地填色……于是，一幅幅生动的动物或是绚烂的花草便逐渐清晰，跃然"树"上了。原先光秃、单调的树干，因为有了我们这些小小"树木美容师"的出现，45 棵树一下子就有了精气神。

温暖的太阳一照，小鸟在枝头叽叽喳喳地叫个不停，好像在说："多么美丽的环境呀。""喵喵""汪汪""嘎嘎""嘶嘶"……好像整个北京城的动物们都在那里用自己的语言表示对我们的感谢，我和妹妹仿佛都能听得懂他们在说："谢谢你，可爱的人类。感谢同学们为我们创造了这么美丽的绿色家园。"

我们的活动不仅得到了朝阳公园活动负责人的赞扬和认可，同时也吸引了不少社区居民，他们纷纷拿起画笔和我们一起画树。一副美丽和谐的画面出现在大家的眼前，幸福而又美好！

四、学生反思工具——从回望中汲取前行的力量

学生反思精选（一）

姓名：田雅昀　时间：2018 年 3 月 3 日

提案名称：**城市树木美容师**

发生了什么	有何感受
今天我们来到了朝阳区的泛海小区，开展活动以来的第一次作画。在作画过程中我发现，树皮很粗糙，不像我们平时在纸上作画那么容易。我们画了一些动物，像老虎、小鸟、小公鸡等。画完以后，我们开始采访小区里的住户：是不是喜欢这个活动？想不想参与这个活动？他们都表示很愿意参加这个活动	这是我们"城市树木美容师"的第一次活动，当我们结束了树画的创作，看见光秃秃的树干变得有生气，同学们都觉得特有成就感。小区的居民们也特别赞许我们的树画。大家都觉得这个活动很有意义，既能给冬天增加色彩，还能告诉人们保护环境，保护动物
有哪些主意	**有哪些问题**
树皮很粗糙，所以不太好画，画的内容不能太过精细，可以选一些大线条，大色块的动物图案，既方便着色也很好看。 如果大规模的开展活动，需要找几个有经验的人来指导同学们作画，随时指导同学们绘画的要领和注意事项	每一棵树的高矮和胖瘦都不一样，需要同学们根据实际情况进行处理。 因为是冬天，室外的天气比较冷，不能长时间待在户外，所以要尽量缩短活动时间，并且提醒参加活动的同学们注意保暖，避免着凉感冒

续表

教师评语

看到你在项目中发现了这么多问题，有这么多想法，老师非常高兴。可以继续想一想，这些问题应该在以后项目开展过程中该如何避免呢？比如，你提到的树的高矮胖瘦不一样，我们是不是可以准备多个绘画方案，保证各种树木都可以作画，或者提前对树木的情况进行筛选，确保能够作画呢？关于室外比较冷的问题，我觉得我们可以成立专门的负责小组，提醒同学们准备姜汤、带好室外防护品等，不知道你有没有更好的想法呢？开动小脑筋吧！

学生反思精选（二）

姓名：吴欣凝 时间：2018 年 3 月 24 日
提案名称：城市树木美容师

发生了什么

3 月 24 日，二年级 17 班和五年级 4 班共 80 名同学，在班主任李红卫老师和宋宁宁老师的带领和组织下，走进树林，大家都自由地在树干上勾勒着、挥洒着。不一会儿工夫，一幅幅栩栩如生的树画便呈现在光秃的树干上了，我们用自己的双手，给这个春天涂抹上了鲜活的色彩

有何感受

看着一幅幅美丽可爱的动物图案，经我们的小手涂抹创作，神奇地呈现在了光秃秃的树干上。还未吐露新芽的树木，仿佛被树画中的小精灵唤醒，一下子有了盎然的生机，便立刻抖擞起精神。我觉得我和我的小伙伴们就像春天的使者，给大地带来春天的气息，心里美滋滋的！

有哪些主意

为了提高效率，每次活动前小伙伴们围坐在一起，展开讨论，总结以往的经验，按照社区的实际情况，制订周密的计划。协调大家的时间，可以分批次进行活动

有哪些问题

两个班一起活动，人数较多，活动难点大：

1. 场地选择受控；
2. 周末人员时间统一较难；
3. 作画时间上也不容易控制

教师评语

通过前几次的活动，发现你们都长大了，做事情更加有条不紊，想问题也越发周到了。你们不厌其烦不辞辛苦，带着画具走进小区，一画就是几个小时，老师也亲眼见证了经过你们的小手涂抹创作后的五彩环境。你所发现的问题非常棒，说明你是一个有心的孩子，你在项目执行中积极开动脑筋，现在你在做事情越来越有计划，期待你们的解决方案。继续加油，希望你的项目能够一直延续下去！

五、家长感悟——在公益服务中和孩子一起成长

家长感悟精选（一）

学习是一生的功课

邓童文家长

有的时候非常羡慕小孩子们，他们充满好奇、精力充沛、心无杂念，想到什么立刻就去做，不拖延、不畏惧，行动力强。成年人如果用这样的态度来生活一定会非常不一样。没想到，年近不惑，跟着上小学的二年级的孩子又共同成长了一回。

上学期，孩子班上的同学策划了"城市树木美容师"的公益项目，受到邀请，孩子有幸进入这个项目组。项目的主要内容是在树干上创作小画，以此美化北京没有颜色的冬天。不得不说，这个创意新颖独特，大人们已经习惯在光秃秃的冬天呼吸雾霾和冷空气，从未想过去做什么改变。而从孩子的视角看，如果在树上画出斑斓图画，北京冬天的色彩就不会那么单调，同时也传达出"爱护环境保护动物"的理念，人们的心情会变好，环境也会变得更加美观。这个创意打动了我们，我们几个主创人员的家长也积极参与进来，为孩子们的公益梦想"保驾护航"。

本以为项目只是一个简单的画树活动，随着时间的推移，却逐渐发现我们好像跟随着孩子们一起进入了一个大工程。从创意展示、设计规划到统筹实现，中间的环节步骤与完成一个项目工程相比一点都不少。

在这当中，班主任李老师带着孩子们开讨论会，听取孩子们的想法，和孩子们一起做项目规划，帮助孩子们制定任务安排，并引导孩子们如何一步步实现创想。期间还穿插着在学校开学典礼上的小剧展示，孩子们在

假期里就为之做了各种准备，小剧展示大获成功。开学后，李老师也单独组织我们几位家长开了讨论会，大家一起在项目的可操作性上面进行了各种各样的试验和推敲。

领到任务的孩子们积极准备，家长们也全力以赴，各司其职。3月3日，孩子们第一次实地活动，平日里嬉笑打闹的孩子在树下变得非常认真，跟随美术指导老师一起把纸上的草稿呈现在了棵棵小树上。如果不是真的看到，很难想象那些平时大事小事都依赖家长帮忙、叽叽喳喳的孩子们面对这样大型复杂的项目时，竟一副从容淡定、训练有素的样子。不得不感叹，放手让孩子们去经历、去学习、去犯错、去修正，才是对他们最好的教育。

几个月的时间，孩子们的足迹踏过小区和公园，美化树木150棵之多。他们一边享受着画树的快乐，一边收获了围观群众的热情赞叹。3月11日，《北京青年报》头版刊登了孩子们公益项目。他们只不过是将自己的想法付诸实施，小小的努力就收获了这么多意想不到的惊喜，大家开心得不得了。

史家小学一直以"和谐育人"为基本的教育理念，倡导人与人、人与知识、人与自身、人与社会、人与自然的和谐共生，这也是我们非常欣赏并认同的教育理念。孩子不应该只在学校里学习书本知识，学习再好，不懂得帮助他人、回馈社会，很有可能成为毫无责任感的学习机器。孩子最终属于社会，学校老师坚持认为并践行孩子在认真学习的同时还应该学着走向社会，用自己单薄的力量参与社会服务。让孩子们体验到健康的人生观、价值观、世界观，他们将来才有可能成长为维护社会和谐稳定、推动社会进步的人才。我们作为家长，对此也感到非常认同和支持。

从万物凋零的深秋到百花盛开的初夏，几个月时间里，孩子们像新生植物一样快速生长。在学习生活中，他们变得更有计划、有勇气、有担当，他们的进步也为我们上了生动的一课。无论是正在汲取知识的孩子，还是人到中年的家长，学习都是一生的功课。我们为他们的成长感到骄傲自豪，让我们一起共同成长吧！

家长感悟精选（二）

因为你们，这个冬天多彩而温暖

田雅昀家长

2017 年的冬天，因为和孩子一起参加了"城市树木美容师"的公益活动而变得格外多彩和温暖。每次看着孩子们认真讨论，为活动开展做各种准备工作，创作自己和小动物之间的故事和图片，在班级和社区里宣讲推广项目，身体力行地进行公益活动，身为家长的我们由衷地感到非常欣慰。

只因为喜欢大自然，喜欢多彩的北京，项目发起人吴笑天和妹妹吴欣凝对没有绿树和鲜花的冬天有了奇思妙想，他们希望给刷了白石灰的树干穿上"花衣"，美化环境，让北京的冬天变得生动有趣。

进行树画很简单，但要组织大规模的活动，对几个孩子来说还真不是件容易事儿。在班主任和家长志愿者们的帮助和提议下，最开始孩子们先在自家小区试验，然后再往附近的公园开展小范围尝试，不断地总结经验，最后再组织大规模的集体活动。为了让活动开展更顺利，孩子们还请来了几位美术学校的小姐姐们做指导老师。

于是，一幅幅美丽的动物图案，经过同学们亲自的设计和涂抹创作，色彩斑斓地出现在了光秃秃的树干上。还未吐露新芽的树木，一下便有了生机，透露出春的气息。就这样，大手拉小手，同学们用画笔点亮了冬日的单调。让冬天变得多姿多彩。

坚持做一件事不容易，坚持做好一件事更不容易。孩子们从一开始提出创意，到老师和全班同学积极参与，全力付出去落实、去实施，到最后得到社会认可和支持，中间的每一步都需要家长和孩子踏实认真地推进。

这不光是孩子成长路上的一笔财富,也是家长在教育孩子过程中的一段美好回忆。

就像班主任李老师所说:"进行树美化活动,孩子们不但能充分发挥想象力、培养动手能力,还能培养他们的使命感和责任感,是一个非常有意义的活动。"项目还培养了孩子们的爱心、同情心,陶冶孩子们的心灵,这对孩子社会责任感和公益情怀的培育,具有积极意义。国外很多名校看重的不仅是成绩,还有学生的志愿服务经历,学生们参与公益的过程也是公民社会意识的过程,对他们未来的人生都会产生长远的影响。我非常认可"服务学习"课程的理念,看到学校让孩子们自己来策划、开展公益行动,身为家长,我为孩子们接受这样与国际接轨、甚至引领国际的教育而感到高兴。

让光秃秃的树木穿上动物图案的花衣,呼吁人们关爱动物,促进人与自然的和谐。"城市树木美容师"的公益行动在孩子心中种下分享和爱的种子,让他们明白真正的幸福来自给予,要做一个有社会责任感,服务社会的有情怀的公民。

这个冬天,孩子们用双手传达出了"保护环境、热爱动物"的理念,而单调的冬季也因为孩子们的美丽树画而变得更加多彩。

家长感悟精选(三)

点滴色彩,汇聚美好

吴笑天、吴欣凝家长

这个公益项目源自兄妹俩的奇思妙想,更是源自两个孩子对北京冬天万物凋零缺乏生机的大胆改造。在班主任和各位家长的帮助下组建了"城市树木美容师"项目组,随后更是演变成了一次跨年级的合作,五年级、二年级的同学们"大手拉小手、和爱一起走!"

作为家长我们常常在思考如何培养孩子的社会责任感和使命感,这是个宏大的命题。兄妹俩的公益创想启发了我，我想这个项目，不正是从细小的行为入手，真真切切地从身边的小事做起，踏踏实实地从现在做起，从美化一棵小树做起，在实践中培养孩子们的社会责任感和使命感！

同时，这次活动培养了孩子们的想象空间，还培养了孩子们的动手能力。通过公益项目，我发现他们学会了坚持完成任务的恒心、克服困难的毅力，提升了自己活动的组织能力、团队协作能力，提升了遇到困难时的思考能力和解决问题的能力。

孩子们怀着自己的心愿和回馈社会的决心，用双手和画笔描绘出四季如春般的生命礼赞，我们呼吁"美化环境，关爱动物"。他们勾勒图案，涂抹色彩，用想象与憧憬，点亮生活；他们走进公园，走进社区，用纯真与汗水，回馈社会。我们相信，家园美了，我们的祖国也就美了；我们相信，家园有爱，我们的祖国便是爱的海洋。

六、帮扶对象——公益服务社会，爱心连接你我

帮扶对象感言精选（一）

富力星光家园业主王双全："现在每当我们业主下楼遛弯时，都能真切地感受到史家小学同学们发起的'城市树木美容师'活动给小区环境带来的变化。以前每到冬季，小区的树木都光秃秃的没有色彩，给人一种萧瑟荒凉的感觉，而现在，一株株树干上画着孩子们精心设计的长颈鹿、恐龙、白天鹅、小鸽子，色彩斑斓，造型生动，为初春的小区增加了一抹亮色，之前那些负面的感觉一扫而空，取而代之的是一股暖意。小区里来往的居民们看到这些可爱的涂鸦都会心一笑，而玩耍的孩子们总会吵着要加入。后经物业管理处告之，这是史家小学学生们在这儿开展的公益项目，我毫不犹豫地在业主意见本上帮儿子报名了。我觉得这是一次非常有意义的活

动，不仅培养了孩子们的想象力、创造力、动手能力，这些对孩子们来说是难能可贵的经历，对他们的成长大有裨益。孩子们的小小创想也让我们这些成年人为之动容。"

帮扶对象感言精选（二）

泛海国际居民区业主："冬天，我带着孩子在小区遛弯，无意中看到一群小学生围着小区的小树，颇有心思地在研究着什么。我们好奇心起走近前，发现他们居然在树上画着可爱的图画。这个做法吸引了我和孩子，孩子很好奇也加入了画画的队伍，我在一旁饶有兴致地看着他们画完。最后看着一棵光秃秃的树穿上了花衣，我不禁为这样的创意和孩子们的努力叫好！后来和这些孩子们交流得知，他们是史家小学的学生，这是他们发起的'城市树木美容师'公益项目。我觉得这次活动不仅悄悄地装点了小区环境，更改变了小区居民的心情。以前每到冬季，小区的枯树干都给人一种萧条冷清的感觉；而现在，一株株树干上画着孩子们精心设计的作品，为初春的小区增加了一抹亮色。看似简单的想法，加上孩子认真努力的实践，得到的是不小的改变，这样有意义的活动，我们社区居民一定点赞！"

帮扶对象感言精选（三）

富力星光家园物业管理处："提起树木美容师，大家首先想到的一定是绿化工。但是在这个晴朗的周末，星光家园小区迎来了一群不一样的'树木容师'——他们是北京史家小学二年级和五年级的学生。孩子们统一着装，训练有素，有的拿着调色盘，有的拿着画笔，认真专注地涂抹着……这种和谐的气氛吸引了在园区玩耍的业主和小朋友，他们纷纷拿起画笔加入了这项公益活动。经过一番忙碌后，呈现在大家眼前的是一幅幅生动有趣的动物图案，充满了童趣。园区的树木变美了，变成了大家期望的样子。事后，我们接到不少业主的咨询电话，他们强烈要求再次邀请'城市树木美容师'项目组再次进到我们社区，并希望自己的孩子也能加入他们的队伍中。这是一项非常有意义的公益活动，希望一直举办下去。"

七、成果展示——公益，我们一直在路上！

"城市树木美容师"公益项目由史家小学两个年级学生合力完成，项目共走进 3 个社区、2 个公园，累计完成 150 余棵树木美化。项目受到社区居民、公园游客等多方赞赏，取得了较好的社会影响力。项目组自发创建了"城市树木美容师"微信公众号，先后推送 7 篇原创文章；精选树木美容图片，汇编、印刷成册；拍摄精彩宣传展示纪录片；通过多种渠道大力宣传公益项目，吸引更多人关注和参与。项目还受到权威媒体的关注，《北京青年报》对项目进行了深度报道。因表现突出，项目获得由中国扶贫基金会颁发的"益路同行·优秀公益创新团队"奖章。

"城市树木美容师"微信公众号

"城市树木美容师"照片展画册

"城市树木美容师"纪录片

《北京青年报》头版刊登"城市树木美容师"公益活动

"城市树木美容师"项目接受《北京青年报》记者现场采访

"城市树木美容师"项目获得"益路同行·优秀公益创新团队"奖章

音为爱，乐传情

"音为爱，乐传情"服务学习项目由史家小学五（4）中队的傅圣凯同学发起，五（4）中队全体成员共同参与。项目指导教师为史家小学宋宁宁老师。"奏红色经典，传家国情怀，创美好未来"是项目的宗旨和出发点。项目希望通过音乐这个通用的语言为连接纽带，将红色经典、民族经典音乐带给更多的人，抒发对家国的深情厚爱，让学生们所学的音乐不再封闭在升学考级的证书里，而是真正走进生活，让生活变得更和谐美好。项目组先后走进政府机关、社区、市属公园、写字楼、养老机构，共举办10场活动，运用乐器种类12种，累计演出曲目70余首，吸引志愿者50余人，受众覆盖少年儿童、老年人、国家机关和企事业单位人士等多类人群，直接受益人多达160余人，同时项目还受到《北京晚报》等社会媒体的关注。

一、指导教师推荐序

热心公益，关爱他人，奉献爱心，一直是五（4）中队的特色。在项目创想征集阶段，一份特殊的项目书得到了大家的关注。原来细心的傅圣凯同学发现班里很多同学都擅长乐器演奏，音乐是大家的强项，仅同学们会演奏的乐器种类就多达12种，于是他提出利用所学，以音乐传情递爱，为需要关怀的人群送去温暖。他的提案马上得到了同学们的热烈响应。之前同学们都还在犯难：我们年龄小，能力有限，到底能为社会做什么贡献呢？

傅圣凯的提案让大家豁然开朗：对呀！我们都是音乐小达人，为什么不发挥自己的能量，用自己所学服务他人，为更多的人带去关怀和爱呢！

聚焦红色经典，奏响爱国大情怀

当确定了自己的优势和项目开展的方向后，以五（4）中队器乐爱好者为主创团队，15 名有音乐特长的孩子们正式成立了"音为爱，乐传情"公益小队。摆在孩子们面前的第一个问题就是演出的曲目到底该如何选择？大家学的乐器各种各样，练习的曲目也各不相同。这时候，孩子们找到了我。看到孩子们蹙起的小眉头，我建议大家先做一些前期的调查研究。孩子们的热情马上被点燃，纷纷问道："老师，是什么问题呀？"我笑着回答："想想看，你们要表演给哪些人看？以你们的经验，哪些曲目是最受欢迎的？你们希望通过演奏来传递怎么样的情感？"

听完我的这些问题，孩子们都若有所思，他们决定先开一个内部讨论会。傅圣凯同学作为项目的发起人第一个发言："我还记得 2017 年 9 月 23 日，管乐团 9 名同学在赵亚杰老师的带领下，去到双井恭和苑养老社区慰问演出的场景。当时很多爷爷奶奶是坐着轮椅、拄着拐杖、互相搀扶着来听我们演奏。他们听得可认真了，眼神里充满了鼓励和期待，每演奏完一首曲子都会热烈鼓掌。当演奏到爷爷奶奶们熟悉的红色经典曲目时，他们还会禁不住跟着打节拍，和着一起唱，像我们小朋友一样快乐。这让我明白了，爷爷奶奶们需要我们的陪伴，经典的红色歌曲在他们心中是多么有分量，这些歌曲饱含着对民族对国家的深情，正是他们的心声呀！如果我们能够用自己的乐器来演奏这些艺术经典，爷爷奶奶们一定会十分欣喜，我们也能在这个过程中体会到学以致用的快乐和自豪感。所以我想通过我们的努力，把我们的红色经典、民族经典音乐传播给更多的人，抒发对家国的深情厚爱，让社会变得更和谐美好！"

"没错，宋老师常说，民族的就是世界的。人类的情感是共通的。红色经典、民族经典能够呼吁人们感恩历史，传承革命精神。""对！另外，我们还可以走进幼儿园，让弟弟妹妹们也喜欢上经典音乐，还有公园、社区那些人多的地方，肯定会有人需要并且喜欢我们的演奏的！""我们可以自己先确定一个演出曲目名单，再通过问卷调查，选出大家更喜欢更受欢迎的曲目！""没错！我建议还可以找器乐老师帮忙，根据我们的选曲将参演乐器进行编排。"……就这样，在你一言我一语中，孩子们的思路越来越清晰，计划越来越周全。作为老师，我在一旁也不禁欣慰地微笑，这不正是我们希望教给孩子们的，学会自己分析问题，找到解决问题的方法嘛！

经过调查和筹备，孩子们很快确定了备选演奏的《茉莉花》《战台风》《嘎达梅林幻想曲》《歌唱祖国》《彩云追月》《C 大调奏鸣曲》等中外经典曲目。

台上一分钟，台下十年功

在公益小队成立之初，孩子们内心都有些许的担心和忐忑：演不好怎么办？没有观众怎么办？经过老师和家长们的心理疏导，再加上经历班级元旦联欢会、"家国情怀贵在责任，服务学习我来担当"开学典礼等活动的历练，孩子们慢慢找到了自信和方向。主力队员各负其责发挥特长，设计制作了乐队标志、队服、队旗、调查问卷、展示用的易拉宝和小礼品等，同学们团结协作，一切井然有序。而项目负责人也利用班会时间向全体同学汇报了志愿者招募数量、演出场地、活动时间安排和骨干团队职责等阶段性成果，让全体同学知道"音为爱，乐传情"项目的进度，做到了心中有数、有条不紊。

初生牛犊不怕虎，"音为爱，乐传情"公益小队的第一次校外演出就受邀到东城国税稽查局开展庆"三八国际劳动妇女节"的主题活动。2018 年

3月7日放学后，6名骨干成员来到了东城区国税局的活动现场。大家原本精心准备了台词和熟记于心的谱子，因为紧张，在演出过程中出现了忘词、讲错和找不准节奏等状况。国税局工作人员们包容了孩子们演出的不完美，用经久不息的掌声来鼓励大家。虽有小波折，但是最后整场演出还是欢乐地完成了任务。

东城国税稽查局阿姨们的鼓励和对项目的支持，让孩子们找到了感觉，他们克服了胆怯，没有气馁，而是认真反思并汲取了第一次演出的经验教训。后来在恭和苑养老中心演出前，孩子们精心准备了18首不同特色的曲目，并详细沟通后确定了9种乐器参与演出。孩子们还特别设计了暖场和中场游戏，向爷爷奶奶献花以及赠送活动纪念品等互动环节。当《歌唱祖国》《彩云追月》《嘎达梅林》《茉莉花》等脍炙人口的经典曲目奏响在恭和苑的演出大厅时，爷爷奶奶脸上都不禁洋溢着幸福和满足的笑容。孩子们用小小的微笑，换取长辈大大的微笑！这次表演也成为公益小队成员们最难忘、最出彩的一次演出，孩子们成功了！

这次演出帮助孩子们找到了对此次公益项目的定位：认真演出，刻苦磨炼，弘扬传统，不负使命！接下来队员们又先后走进朝阳公园、银河SOHO广场、豆瓣社区、南门仓社区、恭和家园等养老机构、公园和社区，陆续开展了一系列的公益演出活动。"音为爱，乐传情"项目成员风雨无阻的排练、顶着烈日演出，让孩子们经历着、学习着、付出着、收获着、感动着、成长着！

怀揣公益梦想，圆梦路上共成长

两个月的时间要演出10场，这对于五年级学业繁重的孩子们来说是不易的。活动时间的安排成为最棘手的事情。如果全利用周末，几乎每个周末都需要外出展演活动，这是不现实的。于是，孩子们想办法将学校附近的演出场次都安排在平日的放学时间，这样既节约路途、时间，又能保障每次参与活动的志愿者人数。由于平日里每个学生的课外时间都安排得很满，所以做服务学习项目的时间往往都会与此产生冲突。但最终很多学生都选择即便牺牲自己的课余时间，也要参与到公益服务学习项目活动中。为了确保参加公益活动和学习两不误，同学们学会了合理地安排和利用自己的时间。因为怀揣着同一个公益梦想，孩子们愿意舍弃自己的休闲娱乐时间。也正因为大家都拥有着这样一个共通的目标——用音乐传递关怀，所以每一位成员都在为之努力。在整个项目执行的过程中，项目成员之间不但没发生过一次不愉快，反而彼此间还加深了友谊。

不仅如此，"音为爱，乐传情"公益小队的队伍也在一直不断地壮大。除了先前几位核心成员，每场演出都能吸引到校内外不少同学和老师的志愿加入。而随着项目过程的推进，孩子们也收获了宝贵的项目管理经验，学会了组织和协调志愿者队伍，让每个人都能发挥所长、各司其职。

作为老师，我见证了"音为爱，乐传情"服务学习项目在孩子们的努力下顺利开展，也见证了孩子们的全面成长。衷心希望"音为爱，乐传情"项目能一直做下去，吸引更多人参与，将经典音乐传递，将家国情怀传承。

指导教师：宋宁宁

二、创想梦工厂——种下一颗公益的种子

（一）创想动因

项目发起人傅圣凯同学因为一次跟随乐团去养老中心演出的经历，感受到老人家需要陪伴，而红色经典音乐深受老人欢迎，也能在精神上鼓舞老人，传递正力量。于是他提出利用五（4）中队擅长器乐的同学比较多这

一优势，为需要的人群演奏红色歌曲、民乐经典音乐的想法。通过演奏让同学们所学的音乐技能可以从升学考级的证书里走出去，为孤寡老人和离退休老干部送去关爱和精神食粮，为学乐器的小朋友开启学习的动力和方向，为社区的居民丰富业余生活，让大家感受音乐魅力的同时，还能受到爱国主义教育，增强民族自豪感。这个想法最终得到了五（4）中队一致认可，最终确定了以"音为爱，乐传情"这一公益主题。

（二）团队介绍

发起人及总负责人	傅圣凯	史家小学五（4）中队大队委，区三好学生，区红领巾奖章获得者，史家管乐团长号首席；热心公益，作为"暖冬红围巾计划"骨干人员获 2017 年度"小小公益创想家"称号，并多次获得校公益之星；富有创新精神，2016 商业挑战赛 10 强小精灵团队成员。在本次项目中负责总体协调
团队伙伴	王玙璠	史家小学五（4）中队学生，史家管乐团小号声部首席；2016 年全国中小学生管乐大赛小学组一等奖；"暖冬红围巾计划"骨干人员。在本次项目中主要负责外联工作
	周忻潼	史家小学五（4）中队学生，校三好学生，校公益之星；善于沟通协调，2016 商业挑战赛 10 强项目小精灵团队 CEO；热爱古筝演奏，获有古筝 7 级证书。在本次项目中负责演出人员的组织和协调工作
	鲁 豫	史家小学五（4）中队小队委，区礼仪小标兵，校公益之星；在"暖冬红围巾计划"中发挥出色，在社区也多次参加志愿者活动。2016 商业挑战赛 10 强项目小精灵团队成员；获有手风琴 6 级证书，在北京市少年宫手风琴乐团担任领奏，有多次登台表演的经验。在本次项目中负责财务预算及分类采购工作
	黄熙越	史家小学五（4）中队中队委，区三好学生，校公益之星；热爱公益，曾深度参与在"暖冬红围巾计划"及"一带一路民心相通"公益活动；多次在市区级绘画比赛中获奖；校尤克里里团队负责人。在本次项目中负责项目宣传品制作、演出现场的设计布置等宣传工作

续表

指导教师	宋宁宁	史家小学教师,五(4)中队班主任,北京市中小学"紫禁杯优秀班主任"一等奖获得者,东城区优秀教师,区优秀少先队辅导员;热爱公益事业,工作经验丰富,能调动同学们的积极性
专家顾问	赵亚杰	史家管乐团团长,曾多次带领学生慰问演出,有丰富的演出经验,在曲目选择、技术指导、日常排练、管乐团志愿者的协调方面给予有力支持
	林伟文	中国爱乐乐团低音长号首席,史家管乐团长号老师,有丰富的教学和带领学生演出的经验;热爱公益事业,带领长号声部志愿者参与到本次项目的实施,并给予技术指导

(三)实施过程

"音为爱,乐传情"项目自 2017 年 12 月发起,至 2018 年 6 月顺利完成,共分为活动调研准备、宣传设计、实施演出和总结汇报四个阶段。

第一阶段(2017 年 12 月):活动调研准备阶段。在这一阶段,项目组确定了核心成员团队,商讨具体演出计划和适合的演出曲目,并开通微信公众号,配合乐团进行一期宣讲。同时,项目组通过校内媒体发布招募志愿者的信息,组织招募到的志愿者进行演奏彩排,为后期活动奠定基础。

第二阶段（2018 年 1 ~ 3 月）：活动宣传设计阶段。在这一阶段，主要工作包括：设计制作印有项目标志的队徽、队旗、演出展板和其他宣传品。通过派发宣传单、发放调查问卷、展出易拉宝和展板，进行二期宣传。同时在微信公众号、优酷视频发布相关活动报道，保证"音为爱，乐传情"项目的持续宣传。

第三阶段（2018 年 3 ~ 5 月）：活动实施演出阶段。项目团队共组织完成了包括在东城国税稽查局、恭和苑养老中心、银河 SOHO 广场、南门仓社区等 8 个场地的 10 次演出，共演奏如《映山红》《北京的金山上》《让我们荡起双桨》《茉莉花》《瑶族舞曲》等以红歌、民歌为主的中外经典曲目 70 余首。项目团队还会定期在微信公众号和网络媒体中更新活动的进展情况，同时在每次演出后总结经验，及时调整后期演出的内容。

2018 年 3 月 7 日，项目组走进东城国税稽查局。"音为爱，乐传情"公益项目的第一场演出是走进东城国税稽查局，为那里的阿姨们庆祝"三八"国际妇女节。虽然参与演出的同学曾因紧张出现说错台词、弹错音、找不到节奏的情况，但是在阿姨们的包容和鼓励下，最终完整呈现了前期准备的表演。

　　2018年3月24日，项目组在周末时间带着乐器去到朝阳公园，在公园中心地带的小树林里布置场地，开展第一次户外公益演出。项目成员用悠扬的乐曲讲述春天的故事，吸引了大量在公园里游玩人群的注意。围观人群里，有许多带着孩子游玩的家长，他们听到"音为爱，乐传情"项目成员流畅的演奏，都带着孩子一起鼓掌喝彩。有的爸爸妈妈还对自己的小朋友说："你看看这些大哥哥大姐姐演奏的多好啊，你以后想不想学乐器啊？

要是想学咱们也好好学，争取和这些大哥哥大姐姐一样棒！"看着演出感染到别人，项目组的同学都感到非常兴奋。

2018 年 4 月 9 日和 27 日，项目组走进豆瓣社区奥林匹克公园。有了第一次户外演出的历练，项目成员慢慢克服了演出时的扭捏、羞涩和胆怯。大家利用放学后的时间，先后两次来到距离学校不远的豆瓣社区奥林匹克公园进行户外演出。

每一次演出，大家都会带着一颗真诚的心去演奏，认真而投入。围观的人群也会以微笑或者致以热烈的掌声肯定我们的表现。演出结束之后项目团队会向围观人群发放调查问卷，而大家也都会很配合参与并给予同学们的积极的反馈，是音乐拉近了原本不相识的人们之间的距离。

2018 年 4 月 15 日和 19 日，项目组走进银河 SOHO。这两次的演出都是在热闹非凡的市中心闹市区进行，所以观众是很多的，而这着实考验了参加演出的同学们的心理素质和临场发挥能力。因为自我们开始布置场地时，就不断有人驻足观看、打听。而当得知项目组是做公益演出的时候，人群中爆发出一阵阵的赞叹声。同学们稳定而有序地演奏了几首曲目，每次演奏完还会向观众介绍他们所弹奏的乐器。虽然演出中途发生过乐谱被一阵风吹跑的情况，但在观众们的帮助下，大家捡起了乐谱淡定地完成了演奏。每个成员都清楚地感受到自己的演出经验和心理素质在不断地提升。

2018 年 4 月 22 日，项目组走进恭和苑养老中心。同学们为养老院的爷爷奶奶们献上了公益小队成立以来的第 8 场演出，也是最完美的一次演出。因为积累了之前演出的经验教训，从场地的布置、到演出曲目的选择再到演员阵容的安排都是精心策划的，而爷爷老奶奶们听到大家演奏的那些或激昂、或舒缓、或振奋的十多首耳熟能详的经典乐曲时，有时微笑聆听，有时开心地一起拍手欢唱，脸上也一直挂着满足的笑容。项目成员也在这次演出中真切地感受到中华民族尊老爱幼的传统美德。

2018 年 5 月 10 日，项目组走进南门仓社区。虽然演出开始时观众寥寥无几，但是大家坚持演出，而且演奏得更加投入。暂时没有表演的成员还不停地向路过的人们宣传，让大家了解我们的公益表演。在大家的努力宣传下，渐渐地观众越来越多，后来还有几位小朋友回家取来乐器加入我们的演奏当中，还有些小朋友伴随悠扬的乐曲翩翩起舞。这场活动让大家真切地感受到音乐的魅力，认识到音乐可以起到了纽带作用，可以让陌生人在音乐中找到共鸣，可以让人们在音乐中放松心情，感受和谐与快乐。

2018年5月27日，项目组在恭和家园演出。经过两个多月多个场次的展演，"音为爱，乐传情"的公益项目展示已经接近尾声，于是在恭和家园的最后一次演出，小伙伴们都格外珍惜！当天现场人很多，同学们全情投入的演出吸引了相当多的人驻足欣赏。

项目组的成员在现场还邂逅了一家人，70多岁的爷爷和他的儿子两代人都曾是史家小学的学生，老人家特别肯定了演出的精彩，还与到场参加活动的同学们交谈了许久。史家三代学生齐聚，畅聊学校轶事，分享了各自学生时代做好事做公益的故事，共话爱心传递。听着长辈们讲述的老一辈学雷锋做好事的故事，大家都坚定了常行公益的决心。

第四阶段（2018年6月）：项目总结汇报阶段。项目组整理前期活动的音视频和文档材料，开展项目反思，制作成视频短片；积极准备"六一"汇报展示，与全校师生一起分享了参加活动的心得与感受。

三、学生行动日记——记录公益之花盛开全过程

学生行动日记精选（一）

2018 年 4 月 9 日　星期一　晴

五（4）中队　黄熙越

　　今天放学后，我们"音为爱，乐传情"公益小队带上自己的乐器来到了东二环边的豆瓣社区奥林匹克公园开展演出活动。除了我们团队核心成员，不少校管弦乐队的成员、我校低年级和住在附近的校友，都纷纷前来助阵。

　　当我们找好演出位置，把项目宣传用的横幅和易拉宝都挂起、架设好后，公园附近正在散步的人们、带着孙辈玩耍的老人家，都被我们这番动静给吸引过来，过往的路人们也投来好奇询问的眼光。我们的内心充满期待，期待乐曲奏响的那一刻。

　　我们的演出正式开始了。每个上前表演的同学都会先介绍自己的乐器和演出的曲目,然后再开始正式的演奏。大家就这样一个接一个地登台演奏,秩序井然,而暂时没有演出的成员和校友就会拿着我们的公益项目宣传单页和调查问卷,在外围向围观的观众和过路但有兴趣驻足片刻的人们介绍和讲解。有的大人和小朋友还会主动找我们询问,有的问:"这是什么曲子呀真好听。"有的问:"这是什么乐器啊?以前都没有见过。"还有的问:"你们是哪所学校的?这是什么活动呀?"……对于这些问题我们都逐一耐心地回答。听了我们的介绍和讲解,大家对我们的项目都很感兴趣,还纷纷投来赞赏和羡慕的目光。

今天除了是我们的演出日,还是我 11 岁的生日。真开心我能用自己献上的一场公益演出,为自己庆祝了一个难忘的生日!

学生行动日记精选(二)

2018 年 4 月 19 日 星期日 晴

五(4)中队 傅圣凯

今天下午在银河 SOHO 下沉广场,是我们项目开展以来的第 6 场演出。近期密集的活动安排让队员们有点应接不暇,很多主力队员因为活动时间冲突出现无法参加的情况。但今天的演出让我很感动,因为从最开始统计参加演出的人数时,报名的人特别少,少到几乎要取消活动。但后来,7 位家住附近的志愿者同学放弃周末休息时间赶来救场,甚至还邀请到 3 位音乐机构的专家老师前来加盟。过程峰回路转，演出最终成行。这是一场大家团结一心而不计回报的演出，也是我们在大型的公共办公场所进行的一次比较成功的演出，这场演出让我们感受到做公益必须依靠团体的力量，勇于付出才有成功的可能。

这次演出的场所银河SOHO区域，一直是我从小嬉戏玩耍和梦寐以求进入工作的地方。我从没想到有一天我会在这里去吹响我擅长的长号，演奏我熟悉的曲目，来做一场公益活动。在演出现场，志愿者同学和专业的音乐老师们都频频带动起大家的情绪，几种乐器一遍遍地合奏着经典的通俗乐曲《童年》，气氛相当热烈。当路过的行人驻足观望给我们拍照，夸我们表演得真不错时，我们激动、我们自豪。有一瞬间，我觉得我们不是在演出，而是和老师们一起玩音乐，一起在体会音乐的无边界，一起在享受音乐带给我们自己和围观人群的无穷魅力。那天现场最喜欢我们的表演也最兴奋的是一些在附近玩被音乐吸引过来的小朋友们，他们有时会在我们演奏完请求触摸感受一下我们的乐器，小心翼翼又充满好奇。我觉着那一刻我们就是大哥哥大姐姐，我们有一种责任去引领他们了解和探索音乐，为他们讲解音乐背后的情感，引导他们热爱家国、热爱民族文化。

希望我们"音为爱，乐传情"公益实践活动带来的演出，能帮助到观赏演出的人们驱散繁忙工作生活中的消极情绪，传递音乐之美和更多正能量的精神。

四、学生反思工具——从回望中汲取前行的力量

学生反思精选（一）

姓名：王玙璠　时间：2018 年 3 月 7 日

提案名称：音为爱，乐传情

发生了什么	有何感受
"音为爱，乐传情"公益小队成立后第一次演出，我们来到东城区国税局给那里的阿姨们庆祝"三八"节	因为是成立项目组后第一次外出演出，刚开始的时候还是会紧张。但是看到阿姨们鼓励的眼神和表情，我们逐渐镇定了下来

有哪些主意	有哪些问题
心理压力和紧张情绪都是正常的，我们需要多多练习，用更多的演出积累经验	演出的时候出现如忘记词、弹错音、找不到节奏等小瑕疵

教师评语

大家在团队成立这么短的时间就外出演出，而且第一次能有这样的演出表现已经非常难得了！为了未来的活动能开展得越来越顺利，接下来每一次演出前大家都要充分排练，只有对演出曲目足够熟悉才是避免演出失误发生的最好办法。

万事开头难，加油！我相信你们小队的活动和演出会越来越精彩！

学生反思精选（二）

姓名：鲁豫　时间：2018 年 5 月 10 日

提案名称：音为爱，乐传情

发生了什么	有何感受
2018 年 5 月 10 日，我们"音为爱，乐传情"公益小队，在南门仓社区举办了一场演出，因为我们的演出是在放学后，居民很少，所以导致没有人观看，这令我们非常着急	当时我们的心情是非常的焦虑，心想没有观众这怎么演啊，在非常无助的时候，我们甚至想到放弃。还好，同学们齐心协力想办法，在他们出色的演出和努力宣传下，我们的观众越来越多了

有哪些主意	有哪些问题
当机立断，不管有没有观众我们都要演下去，但是要用一些方式吸引大家注意。比如，用嘹亮的长号声招徕观众。当慢慢有观众围观后，再由其他同学去派发宣传单，吸引更多观众了解我们的公益项目	活动前的准备工作做的不是很充分，出现了如时间场地等有限的条件下观众不足等意想不到的情况

教师评语
同学们好样的，团结起来不退缩不放弃，在你们的坚持和努力下，这次演出取得了非常好的效果！下次演出前做活动准备时，要充分考虑演出的时间段，提前充分考虑演出的器材特点和曲目安排，尽量选择经典、脍炙人口的演出，这样观众才能被带动、被吸引到。期待看到你们更精彩的表现！

五、家长感悟——在公益服务中和孩子一起成长

家长感悟精选（一）

为公益梦想插上音乐的翅膀

周忻潼家长

2018 年春夏，陪伴孩子参加了"音为爱，乐传情"项目。从公益小队成立到一次次地参加校内外的活动，孩子们都付出了很多，作为家长的我们也收获了很多的感动。

"音为爱，乐传情"公益小队两个多月的时间里要进行 10 场演出，对所有人来说都是很大的挑战。演出要安排场地，要协调每个孩子的时间，而演出器材又器形大小不一，像周忻潼弹奏的古筝，器形大又重，每次都需要我提前跟单位请假，然后大汗淋漓地扛着拼命往演出现场赶。几次下来身为家长的我都禁不住会想："太不方便了，不然下次算了吧！"但看到

孩子希望用自己的音乐传递爱心，上台演奏也渐渐从紧张到自如，演出时还会台上台下一起摇摆、快乐地歌唱状态时，又会一次次提醒我要身体力行，要坚持下来，坚定地支持孩子用音乐传递爱心的梦想！

公益小队第一次参加演出就是去到东城国税稽查局。周忻潼当时是第一个登场，因为紧张小脸涨得通红。当她自己报完准备好演奏的《战台风》曲名后，举手一弹，却弹成另外一支曲目的引子。当时，身为母亲的我看出了她那接着弹还是重新来的刹那间的犹豫和迟疑，深深地替她捏了把汗。好在她顶住压力迅速决断后凭着记忆把这首好久不练的曲目给顺利弹完了。鞠躬谢幕时观众阿姨们都热烈地鼓掌，能看出来当时她自己既有不好意思又有些许满意。这次经历对她来说既是一次锻炼，也是莫大的鼓舞！

到这学期公益项目开始时，周忻潼已经学习古筝 5 年了。平时为了让她认真练习，我们娘俩不知发生了多少次口角，很多时候她也像迫不得已地去完成任务似的。但在参加项目活动的这段时间里，孩子练筝的积极性明显提高了，碰到难度高，自己弹不好的地方还会自觉地一遍遍地练习，这是让我特别惊喜的。孩子长大了，感受到音乐的力量，得到了同学间的鼓励和陪伴，也有了继续学习的动力。他们愿意用自己的一点努力去贡献一份爱心，这些让身为家长的我们也深受教育。

看到孩子的成长，非常感谢给予她帮助的人。感谢"益路同行"，为孩子搭建了实现公益梦想的平台；感谢学校领导和班主任宋宁宁老师在我们遇到困难时给予我们的指点和帮助；感谢一起参与活动的家长，让我体会到如何给予孩子更好的陪伴和支持。正是有了你们，才给孩子们的公益梦想插上音乐的翅膀，翱翔于更广阔的天空！

家长感悟精选（二）

用自己所学，为社会所用

鲁豫家长

我家鲁豫在小学这五年期间，陆陆续续地参加过一些公益活动，比如：为山区的孩子捐书本和生活用品，在冬季为贫困山区儿童送去温暖的红围巾，投身社区的公益服务等活动。这些活动对孩子的成长既有意义也很有帮助，我们一直都很支持她。所以在了解到今年"音为爱，乐传情"项目活动是将会器乐的音乐爱好者聚集在一起，用自己的音乐特长，通过乐曲演奏形式传递爱心、弘扬爱国主义、传承家国情怀和倡导社会正能量时，我们毫不犹疑地全力支持。

这次"音为爱，乐传情"活动，孩子们决定进行十次不同场地的演出，比如：公园、社区、养老院、机关单位等，服务不同的人群。我们作为家长，孩子的支持者，当然不能给孩子拖后腿。所以每一场我都会尽量陪孩子一起参加。所以十场活动做下来，深知其不易。这其中离不开带队老师和专家老师的指导和帮助，也离不开孩子背后的家长们的支持，大家都在齐心协力向着同一个方向努力。

十场活动中，给我留下的印象最深也是回忆最多的是孩子们在恭和苑养老院的演出。虽然孩子们表演的技巧是业余的，但他们在台上的表演精神却是专业的。每一个孩子表演的都很卖力也很出色，养老院的大爷大妈们听得也是热情高涨，情绪激昂。当有孩子奏出耳熟能详的如《茉莉花》这样的经典曲目时，大爷大妈们都会不自禁地跟着曲调一起清唱出来，那场面别提多么和谐！看到养老院的爷爷奶奶们开心了，我们家长也很欣慰，因为孩子们表演的初衷算是达到了。在最后散场时，有一对爷爷奶奶拉住我，对我说："孩子们今天表演得太精彩了，这么有活力，勾起我们回忆起当年，也让我们想起了我们的孙子。真的很喜欢这些孩子们，希望孩子们能常来啊！"老人说这话时，眼眶是含泪的，眼神是渴望的！他们太孤独了，需要亲人的温暖和陪伴。我想，以后有时间的话，孩子们一定会常去的。因为做公益不是作秀，不能一时而是要一直坚持做下去。

"音为爱，乐传情"公益项目是学校教育的有力补充，让参与的孩子都体会到可以用自己所学，为社会所用，用自己擅长的器乐演奏给人们带去心情的愉悦，情感的释放！我作为家长也很为孩子感到自豪。看着他在实践中长大，通过参与活动学习规划，又用自己所学为社会服务，关爱有需要帮助的群体。他们做到了！

我希望在未来，孩子们会继续学习本领，能够有能力去帮助更多的人。感谢"益路同行"公益平台，感谢史家小学提供机会，让孩子们能走出校园，走进社会去贡献自己的一分力量！

六、帮扶对象——公益服务社会，爱心连接你我

帮扶对象感言精选（一）

恭和苑养老中心刘爷爷和胡奶奶（79 岁）："我和老伴都是在恭和苑养老中心居住的老人。4 月 22 日，我们老两口早早地来到文化活动中心，从头到尾欣赏了史家小学'音为爱，乐传情'公益小队孩子们的表演。孩子们表演得真好。特别是他们的那种认真的态度，特别难得。其中印象最深的是一名吹萨克斯的小男孩，他让我们想起了我们的外孙，因为他们的个头、年龄都相仿。我们很久没有见到外孙了，特别想他。虽然在养老院里生活还不错，环境也很好，但还是会想念我们的亲人。见到这些可爱的孩子们，我们觉得像见到自己亲人一样，不舍得他们离开。除了那名小男孩，

还有两名弹钢琴的孩子钢琴弹得也非常好。在咱们国家正迈进老龄化社会的今天，家长能鼓励和支持孩子参与到这样的公益活动，让孩子从小学习如何与老人接触、相处，这很难得也非常好！与这些孩子们接触，让我们自己也觉得年轻了，希望孩子们能多来几次，我们喜欢他们，盼着他们！"

帮扶对象感言精选（二）

豆瓣社区居民和活动小小参与者郭昕怡（6 岁）："我和妈妈在小区看到了哥哥姐姐们的公益活动，我被深深吸引了。我学拉小提琴一年了，有时会学得特别开心，有时遇到难度高的地方我就会不想拉，甚至找各种理由和妈妈哭闹。每到那时候妈妈也无能为力，就只能不停地哄着我。其实我也不是故意哭闹，只是因为在那种时候，我都不知道拉琴是为了什么？真没意思，太枯燥了！但是，这次看到哥哥姐姐们组织的'音为爱，乐传情'活动，看到姐姐们把古筝弹得那么好、手风琴拉得那么优美，哥哥们把管乐器吹得那么震撼……我太佩服了！以后，我也要向他们学习，好好练习小提琴，我也希望能够勇敢地和哥哥姐姐们一样，站在舞台上，用音乐为更多人带来欢乐！"

七、成果展示——公益，我们一直在路上！

"音为爱，乐传情"项目自开展以来，受益人群广泛。项目为少年儿童、老年人、国家机关和企事业单位人士等多类人群带去公益演出共 10 场，累计演出曲目达 70 余首，运用乐器种类多达 12 种，受益人数超过 160 余人。公益活动的成功开展也得到了《北京晚报》等多家媒体的关注。最终经过评比，项目获得了由中国扶贫基金会颁发的"益路同行·优秀公益创新团队"奖。

项目受到《北京晚报》等媒体的关注和报道

项目获得"益路同行·优秀公益创新团队"奖

分享爷爷奶奶精彩人生

"分享爷爷奶奶精彩人生"服务学习项目由史家小学五（12）中队刘润泽同学发起，五（12）中队全体成员共同参与完成。项目指导教师为史家小学五（12）中队班主任陶淑磊老师。项目自 2017 年 12 月中旬启动，至 2018 年 6 月顺利完成。项目通过收集采访日记征集故事，走街道进社区参观养老中心，邀请"北京榜样"人物进校分享事迹等多种形式展开，累计收集 500 多份采访日记。项目组从中甄选出 30 份浓缩了精彩人生和感人瞬间的采访故事，将它们汇编成册。同时，项目组在活动开展期间将定期通过公众号分享老人们的故事，让更多的人关注身边的老人，特别是关注老人的精神世界。活动得到了北京人民广播电台等多家媒体的关注。

一、指导教师推荐序

尊老敬老是中华民族传统美德。每位老人都是一本书，酸甜苦辣，百味人生，说不尽道不完。我们静心捧阅，就会从中有所悟、有所感。在物质生活极大丰富、老人衣食住行无忧的今天，我们对老人的尊敬孝顺还能从何处体现呢？

对此，史家小学五（12）中队学生刘润泽给出了他的答案。他在以往与老人的接触中深刻感悟到，当今老人更需要的是真诚的陪伴与关注。用心倾听分享老人的精彩人生，既能促进榜样精神的传承，又能让老人的幸福感油然而生！润泽同学不但自己感悟到了，还发起了"分享爷爷奶奶精彩人生"的服务学习公益项目。

听精彩人生故事，学榜样优良精神

"分享爷爷奶奶精彩人生"公益项目中，孩子们通过访谈的形式，聆听自己的爷爷奶奶或自己身边的老人讲述他们年轻时的经历。这些老人，或是有着辉煌过去的老军人、老教授，曾为国家发展贡献了大半生；或是平凡的普通人，在自己的工作岗位上默默地奉献了一生，但他们身上都有着感人和有趣的经历。经老人口述的真实人生故事，深深地牵动了孩子们的心，在这些或平凡或特殊的故事中，他们看到了一代人的坚守，一代人的精神，这其中既有不懈的奋斗，又有生活的艰苦；既有成功的喜悦；又有失败的顿挫……听着爷爷奶奶讲述的那些或惊心动魄或平凡感人的经历，他们为之感叹也心生敬佩。

经过推广，最终项目组收集到了 500 余份采访日志，并从中选出了 30 份精彩日志。每一份采访日志背后都是一位老人的精彩人生。透过那一份份记录翔实的日记，看着那一张张记录精彩瞬间的照片，我们仿佛都看到了讲故事的老人在被晚辈关注时的那种幸福感，在回忆起引以为荣的过往经历时的那种自豪感，他们仿佛重新找到了自己的价值。在收集上来的采访日记中我发现，很多孩子也都被爷爷奶奶过去的经历所折服，爷爷奶奶成为他们心中最崇拜的人，成为他们的榜样。我们常说家庭教育中父母要给孩子做出榜样，而这个项目正是让爷爷奶奶们也变成了孩子们学习的榜样。正像有的老人谈到的那样，这个活动让爷孙两代人的情感距离拉近了，交流变得深入了。

聆听老一辈的精彩人生故事，不仅让老人们感到了一种精神上的关爱，也让孩子们对老人更多了一份敬重。更重要的是，通过这个项目，越来越多的孩子关注和了解老人们身上的宝贵精神和优良品格。这既有利于传承中华民族的传统美德，又有利于积淀孩子们的家国情怀，也为继承和发扬老一辈的优良传统播下了希望的种子。

以项目磨炼心态，促学生全面成长

在"分享爷爷奶奶精彩人生"公益项目的实际推进过程中，其实困难并不少。在最初进行项目计划的时候，孩子们就面临着许多的问题，比如要采访多少老人？去哪里寻找采访对象？如何跟采访对象沟通？出于父母的本能，很多家长希望直接提供解决方案，但都被我婉言拒绝了，因为相比于为孩子大包大揽地解决困难，我更希望我们这些成年人学会退到孩子身后，在孩子们需要的时候做孩子们的智囊团，让他们自己去尝试、去实践，自己解决问题。果然孩子们的表现没有令我失望，面对困难时，他们懂得用集体的智慧解决问题。在大家你一言我一语中，核心成员逐渐发现采访身边的爷爷奶奶，挖掘熟悉的人身上的闪光点，最能产生共鸣，也最有意义。身边的爷爷奶奶可以是自己的爷爷奶奶，也可以是社区每天都见面的爷爷奶奶。孩子们计划在全校范围内发起动员，呼吁大家倾听爷爷奶奶的精彩人生故事，并有计划地走进社区和养老中心与那里的爷爷奶奶们互动，倾听他们的故事，就这样项目计划书在孩子们的探索中也初见雏形。

然而一个项目的落地实施，可不是那么容易的，采访中孩子们又遇到了新问题。核心成员杨佳衡在项目启动初期，就预先采访了自己的爷爷。在采访中他和爷爷聊得很投入，结果采访结束了才发现什么记录都没做。采访记录是非常重要的资料，这可急坏了杨佳衡。好在作为专业记者的妈妈帮他回忆，才算是完成采访日记。有了这次经验教训，杨佳衡立刻向自己的妈妈请教了采访的相关知识，并在班级项目讨论会上给大家做了关于如何做好采访准备的培训，大家也都认真地聆听、记录，并把这宝贵的经验向所有参与的同学们推广、普及。

项目中遇到困难和失败并不可怕，可怕的是我们不敢放手让孩子去尝试。实际上在项目实施的过程中，孩子们克服过很多的困难，也经历过或大或小的失败。困难和失败在不断磨炼着孩子们的心态，他们明白了一个项目不是随随便便就能成功，唯有坚持、敢于尝试才能走向成功。

项目的推进过程，也是孩子们全面成长的过程。因为心中有目标，他们哭过、笑过、经历过，终于实现了自己的公益梦想。他们自行设计编排了反映项目内容的展示情景剧；他们明确分工走进各班宣传，发放项目采访日志模板并指导使用方法；他们定期收集、整理、编辑采访日记，精选优质素材推进纪念册的制作；他们自主设计宣传展板，向老师、同学和走访的机构大力推广项目成果；他们全面总结、认真反思。虽然在项目进程中，团队成员们遇到过困难，也有过摩擦，但是最终他们自己克服了困难、解决了问题。孩子们在服务中学习、在服务中成长、在服务中提升家国情怀。其实，在整个过程中，作为指导老师，我分担着孩子们的难过，也分享着他们的喜悦，更见证着孩子们的成长。在教育之路、公益之路上，我愿意继续陪伴孩子们成长。

最后再次感谢所有给予孩子们实现公益创想大力支持的领导、老师、家长和社会各界的朋友们！更祝愿我们身边所有的老人身体健康，生活幸福，精彩永流传！

指导教师：陶淑磊

二、创想梦工厂——种下一颗公益的种子

（一）创想动因

项目发起人刘润泽从小就跟随从事养老方面工作的家人一同参加养老爱老的相关活动，并在活动中接触到不同类型的老人。在同老人们聊天的

过程中，刘润泽同学发现老人们的一些经历，甚至比书本中的故事更生动。

其中令他印象最深的是一位奶奶，腿脚不便坐着轮椅看似普通，却曾是著名的战地记者。年轻时的她曾冒着生命危险一次次穿梭于战区，将第一手新闻传回国内报道给大家。遗憾的是，后来她在一次执行任务途中遭遇车祸无法再站起来。老人的故事让刘润泽同学深深地震撼，他因此了解到很多以前书本里没有读到过的东西。同时他还发现老人在讲述自己过往战地轶事时神采奕奕，不见老态却好似又回荣光岁月。

经过多次类似的经历，刘润泽深受触动，每位长者身上应该都有闪光点值得去挖掘、了解和学习。于是，他萌生了"分享爷爷奶奶精彩人生"公益项目的想法，通过陪伴、倾听和访谈的形式将更多老人的精彩故事分享给更多的人，不但可以达到弘扬尊老爱老传统美德的目的，更可以让老一辈的优秀品格和光荣传统得以传承和发扬。

（二）团队介绍

发起人及 总负责人	刘润泽	史家小学五（12）中队成员，为人善良活泼，经常参与公益活动，表达能力强，有良好的沟通能力，是本次项目的发起人及总负责人
团队伙伴	杨佳衡	史家小学五（12）中队成员，想象力丰富，绘画能力好，擅长宣传画、海报制作。在本次项目中负责宣传工作
	刘懿增	史家小学五（12）中队干部，组织能力强、条理清晰，能够很好地团结同学。在本次项目中负责组织协调工作
	陈泰有	史家小学五（12）中队干部。公益经验较丰富，执行力强，对数字敏感，计算能力强。在本次项目中负责财务工作
	焦禹雄	史家小学五（12）中队干部，沉稳内敛、自律性强，是同学们的好伙伴。在本次项目中负责外联工作
指导教师	陶淑磊	史家小学五（12）中队班主任。工作严谨，注重培养学生的人文情怀，倡导换位思考，节约自律，经常同孩子们一起讨论如何快速解决问题

（三）实施过程

"分享爷爷奶奶精彩人生"项目自 2017 年 12 月中旬发起，至 2018 年 6 月顺利完成，共分为项目前期准备、推广宣传、正式启动与实施、总结分享四个阶段：

第一阶段（2017 年 12 月中下旬）：前期准备阶段。在这一阶段，项目组讨论并制定了项目开展计划，准备项目必要物料，包括设计采访日记模板、宣传用横幅、海报、单页和 PPT 等，并开通了项目微信公众号。同时，项目组组织召开了主题班会，在班级范围内介绍项目内容和开展的意义，召集班内同学成为志愿者，广泛听取同学和老师建议，为项目正式开展做好基础工作。

第二阶段（2018 年 1 月）：推广宣传阶段。经过前期充分准备，项目组在以五年级学生为重点，并面向全校开启了志愿者招募和项目推广活动，通过现场宣讲和公众号线上推送项目信息等多种方式，介绍项目开展内容与形式，帮助同学们了解项目工具——采访日记模板的使用方法，指导同

学与老人沟通并获得有效采访的技巧。同时，为鼓励更多同学参与，也为让参加志愿服务的同学更具参与感和荣誉感，项目组还推出了项目主题荣誉徽章获得计划：每一位参与志愿服务并按要求完成采访工作的同学可获得"益路同行我参与"荣誉小徽章一枚。

第三阶段（2018 年 2～5 月下旬）：正式启动与实施阶段。这一阶段，项目组启动了故事征集活动，累计收集到 500 多份采访记录，并从中整理出 30 份优秀采访日记。经整理分类归档后，项目组选取精彩的故事定期在公众号中推送。同时，项目组还联系东城区街道，参与街道办举办的主题教育活动，走进社区参观养老中心，并邀请首都文明办"北京榜样"人物走进学校讲述榜样故事，通过多元方式持续在校内外推广"分享爷爷奶奶精彩人生"公益项目，分享项目进度。

2018 年 2 月 26 日，在学校开学典礼上项目组以舞台剧的形式在全校范围内正式启动"分享爷爷奶奶精彩人生"志愿者招募及故事征集活动。号召全校同学参与到项目中。

2018 年 4 月 3 日，项目组走进东四街道，参加了东四街道主办的"忆家训、谈家风、促和谐"清明节主题教育活动，在活动中介绍了"分享爷爷奶奶精彩人生"公益项目的详细情况，并发起呼吁号召大家加入"分享爷爷奶奶精彩人生"公益项目，并展示家庭的家风家训；最后，五（12）中队通过声情并茂地演唱，将活动推向高潮。

2018 年 5 月 18 日，项目组开展"学榜样，我行动"主题活动，邀请了首都文明办"2017 北京榜样"榜样人物崔湘文爷爷为同学们讲述了他的人生故事，介绍了崔爷爷十二年如一日坚持垃圾分类践行环保精神的事迹。通过互动环节，崔爷爷向同学们普及了环保知识和垃圾分类的必要性，还将新街口街道编写的《垃圾的故事》图书赠送给班集体，寄语同学们继承和发扬中华民族传统美德、爱护环境、尊老爱老，鼓励学生学榜样，做榜样。

2018 年 5 月 21 日，项目组成员走进新北社区养老服务中心，通过访谈形式听爷爷奶奶讲述过去的事情。

第四阶段（2018 年 5 月底）：总结分享阶段。项目组根据征集收回的优质采访日记会同项目实施过程中的精彩瞬间，配以自己设计的精美插画，在"六一"前夕整理制作了 30 多份精美的项目纪念册，作为礼物赠送给参与过故事讲述的老人们留存。同时，向每个按项目要求成功提交了采访日记的志愿者，赠予荣誉徽章，以感谢大家对公益活动的热心。

在五月底，项目组的核心成员分别以展板展示、陈列项目实体成果和演讲的方式，在学校"六一"汇报展示中将精彩的故事呈现，并在现场进行了分享。

三、学生行动日记——记录公益之花盛开全过程

学生行动日记精选（一）

2018 年 2 月 26 日　星期一　晴

五（12）中队　刘懿增

在今天五年级下学期的开学典礼上，我们班成功地展示了"分享爷爷奶奶精彩人生"公益项目的舞台剧。

实际上我们在上学期期末时就已经在准备这部舞台剧。寒假期间，项目组核心成员陈泰有同学根据战地记者奶奶讲述的亲身经历写出了剧本，我们在开学的前一天开始进行排练。排练中，大家都认真记背各自的台词，齐心协力地准备演出。记得第一次集体彩排，开始表演时我因为紧张忘词了，当时我心里非常慌乱，觉得非常对不起大家。但是下台后，同学们却没有责怪我，而是鼓励我继续放松心态背好台词。大家还一齐帮我出主意，刘润泽同学对我说："不要太紧张，只要放松你就可以流利地说出你的台词的。"焦禹雄同学说："不要太关注台下的观众，注意力放在你扮演的人物身上，揣摩他的心理去理解台词，就不会忘了。"因为公益项目大家结伴组成团队，既能彼此理解又能相互给予支持，这让我真的很感动。

听取了同学们的建议，上台前我又认真地练了几次，今天的演出我们大家都发挥得非常好，演出结束时台下响起了热烈的掌声。这次演出，不但成功地宣传了"分享爷爷奶奶精彩人生"公益项目，还增进了我们同学之间的友谊。我想，任何一项活动的成功开展，都不是一个人的力量能达到的。我们核心成员要在项目中全力配合，齐心协力把项目做好。

学生行动日记精选（二）

2018 年 5 月 18 日　星期五　晴

五（12）中队　杨佳衡

自从今年"分享爷爷奶奶精彩人生"的公益项目发起后，我们就陆陆续续开展了很多活动。但是，最令我难忘的还是今天"学榜样，我行动"的讲座，因为主讲人是"2017 北京榜样"周榜样人物——崔湘文爷爷。

崔爷爷坚持做了 12 年的垃圾分类，他给我们讲述了他总结的关于垃圾分类的经验，告诉我们为什么要进行垃圾分类，垃圾分类有什么好处，还讲了很多垃圾分类的方法，这些都是我以前没有接触过的。

听了崔爷爷的讲述我很佩服他，其实我在家里也会偶尔做垃圾分类，可是坚持了没多久就放弃了，于是我就举手问："崔爷爷，您是怎么坚持 12 年一直做垃圾分类，我怎么都坚持不了？"崔爷爷笑着回答我："首先要了解垃圾分类还有它的好处，然后你就会发现这个事情真的很重要，这就是保护我们自己生活的环境。然后就坚持天天做，就成习惯了。"听了崔爷爷的话，我明白了原来他的心里一直有一个伟大的梦想——环保梦想，所以无论多么艰难，都一直坚持到现在。崔爷爷还告诉我们，他刚开始做垃圾分类的时候，很多居民都不理解他，甚至还是有人觉得他多管闲事。尽管有时候被误解，被当成捡垃圾的流浪汉，崔爷爷也没有放弃自己的梦想。他坚持不懈地向居民们宣传垃圾分类的重要，开展讲座，普及垃圾分类知识。慢慢地越来越多的人开始做起垃圾分类，也有越来越多的小区邀请崔爷爷去宣讲垃圾分类知识。

今天听了崔爷爷的故事，我真的被崔爷爷坚持不懈的精神感动了。在做公益项目的过程中也有很多的困难，我觉得我们应该学习崔爷爷的那种坚持不懈的精神，认真完成我们的公益项目，像崔爷爷一样，也成为别人的榜样。我希望通过我们的项目找到更多像崔爷爷一样的老人，让他们的精彩人生故事感染更多的人。

四、学生反思工具——从回望中汲取前行的力量

学生反思精选（一）

姓名：陈泰有　时间：2018 年 3 月 16 日 提案名称：分享爷爷奶奶精彩人生	
发生了什么 3 月 16 日，陶老师抽查台词背诵情况。这个台词是老师提前让我们准备的，为宣讲我们的公益项目而设计。但我们小组成员都把这事忘了。幸好我手中有一份开学典礼上用过的类似台词，于是我们小组据此修改，成功地通过了抽查	**有何感受** 当陶老师说要抽查的时候，我们都慌了。在第一小组接受抽查时，我们冷静了下来，将我手里那份开学典礼用过的类似内容的台词抓紧修改和背诵，最后通过了老师的抽查。我心想：太悬了！下次一定要认真准备老师布置的任务
有哪些主意 在老师布置完任务之后，一定要及时完成；遇事要冷静，急中生智	**有哪些问题** 我们小组成员的责任心还不够强，没有做到今日事今日毕
教师评语 你能认真地进行反思，能认识到做事要有责任心，这很好。责任心的培养就是在日常小事中。你们的项目要面向全校的同学，实施过程中还要和街道社区各类人群接触，记牢宣讲资料是最基础和很必要的。干任何事都不能打无准备之仗，这样会让你应对之时更从容、更自信。愿你在实践中不断成长！	

学生反思精选（二）

姓名：杨佳衡　时间：2018 年 5 月 25 日
提案名称：分享爷爷奶奶精彩人生

发生了什么	有何感受
在制作我们项目展板时，同学们意见不一致，七嘴八舌。我作为主要设计绘画者，一时情绪不好，就不想画了。后来，老师找我谈话，小伙伴又再次招呼我参与接下来的布置。我慢慢调整了情绪重新投入了绘制当中	作为板报的绘制实施者，希望做好却不知怎样做才算好，尤其是已经完成的部分还被同学指出说做得不好，需要修改，心里很不舒服
有哪些主意	有哪些问题
建议在工作开展前大家协商好，先确定方案，再着手布置。只有这样，才能做出好的板报，成功展示我们的项目	这次冲突暴露了我们项目团队的合作问题、沟通问题和团队领导者的组织能力问题

教师评语

　　你在参与展板设计时，因为大家意见不一致，被指责而产生情绪，这能够理解。欣慰的是你后来及时调整了自己的情绪，又参与到团队的工作中。最后你们的展板设计得很好，成功展示了你们已经开展的项目成果。你的绘画优势也再次得到体现。这次经历，相信也让你们对合作时的注意事项有了更多深度思考。我想这也是"服务学习"课程带给你们的一大收获！

五、家长感悟——在公益服务中和孩子一起成长

家长感悟精选（一）

关注身边老人，发扬敬老美德

刘润泽家长

　　我是益路同行"分享爷爷奶奶精彩人生"公益项目发起人刘润泽的妈妈。由于我的工作关系，经常会接触到老人，节假日我也会时常带孩子参

与活动，他经常听老人们讲述一些有趣、感人的故事，在过程中孩子增长了很多知识，老人们也很开心。所以当这学年"服务学习"课程启动时，刘润泽就号召同学发起此次"分享爷爷奶奶精彩人生"的主题项目。

同学们寻找有故事的老人，通过访谈的形式，听他们讲述人生。通过此次活动的开展，能让参与者都切身去感受平时课本中学不到也体验不到的经历，让更多的人关注身边的老人，特别是关注他们的精神世界，这对继承和发扬中华民族尊老、爱老、敬老的传统美德有着积极重要的意义。

自从项目开始后，孩子们自发创建了核心成员项目组，各司其职，为这个项目的开展出谋划策，同时还自己搭建了项目团队微信群。我经常能听到他们为更好地开展项目而认真地商议，有时甚至会为了某个环节如何实施而激烈地讨论。虽然有时孩子们的想法听起来还不太成熟，但我能从中感受到他们在非常用心、投入地参与。

4月初，他们开始分小组到各班进行宣传讲解，并向各班发放采访日记模板，指导大家如何与长辈交流、采访日记模板的使用以及其他注意事项。经过将近一个月的时间，项目组收到500多份采访日记，每份日记中不光有采访的过程、感想，还有大家拍下的分享过程的瞬间，有的同学还绘制了精美的插画。材料收集上来后，几位核心成员又开始整理、汇总，认真记录每位同学提交的情况。这些工作基本都是利用他们放学或者放假时间做的，看着他们每天忙碌很是辛苦，但是也能感受到孩子们在认真努力推进项目时仍很开心的状态。

这次孩子们做的公益项目，让我有了两点体会：

　　一是学校教育的多样性有助于孩子综合能力的提升。此次"服务学习"课程让孩子们全程参与整个项目的设计、组织等工作，开阔了学生的视野，全面提升了他们的综合能力；又在过程中增进了孩子与家长之间的感情，对家长了解孩子内心起到重要作用。课程充分调动学校、家庭、社会三方力量，不仅为孩子们搭建成长平台，更是为家长提供了深度参与和补充学校教育的机会。

　　二是在服务学习的整个过程中，各位老师都给予了大力的支持，为了能让孩子们更好地展现，老师们辛苦无私地付出。其中，班主任陶老师作为本次项目的指导老师不断给予建议和指导。我经常听到孩子同老师在微信中聊起项目推进的情况，征求老师的意见。在孩子心中，老师既是良师，更是益友。史家小学的老师们始终以友善平等的姿态走进学生的内心，和孩子们进行着心与心的交流与沟通，展现了史家小学坚守家国情怀的现代育人理念。

　　通过执行"分享爷爷奶奶精彩人生"这个公益项目，孩子们寻找、走近、聆听老人，让尊老、爱老、敬老不再是一句空话，而是转变成为具体的行动。这个项目也唤起更多的人关注身边的老人，关注老人的精神世界，这对继承和发扬中华民族的传统美德有着积极重要的意义！

家长感悟精选（二）

体验中见成长

焦禹雄家长

　　由刘润泽同学发起的"分享爷爷奶奶精彩人生"的公益项目接近尾声了。我的儿子焦禹雄作为项目团队核心成员，主要负责宣传和推广工作。

　　随着孩子的长大，发现他们能自主完成的事情越来越多了，比如设计活动宣传单、组织进行项目宣讲、发放收集统计采访日记甚至采访等等，只要是能力范围所及的，他们都会积极主动地独立完成，并不断与指导老师探讨修改意见。我们家长们更多的是默默关注，用影像文字记录下他们这些过程中的点点滴滴，并窃喜于他们的成长！

孩子们发起的公益项目"分享爷爷奶奶精彩人生"，意在推动学习和传承老一辈的优良传统，包括勤俭、乐观、勇敢、上进等品格，希望这些从小生活在蜜罐中的孩子们可以在耳濡目染中的接触中确切地认识与体会到这些美德，能将这些品格融入自己的血液，行动于自己的生活。

从儿子口中，我听到了许多精彩感人的故事，他讲起这些故事来也总是兴致勃勃。故事里有勇敢穿梭于一线战场的战地记者奶奶、有带领居民12年坚持垃圾分类践行社区环保的节俭爷爷，有乐于助人助学自己却省吃俭用的爷爷奶奶……太多感人的故事感染了孩子们的同时也教育到我们家长。现实社会中，不乏许多家长在现阶段只对孩子在学业上的追求胜过一切，强调不能输在起跑线上，岂知如果站错线的话后果更不堪，只有先成人后成才，才能将孩子培养成为一个对社会真正有用的人。

所以，孩子们的这个公益项目可以说教育意义深远，希望老人们分享的精彩故事能带给学生们潜移默化的影响，传承的精神能够指引他们的人生方向，收获精彩未来！

六、帮扶对象——公益服务社会，爱心连接你我

帮扶对象感言精选（一）

史家小学学生杨佳衡爷爷："我是杨佳衡的爷爷，很感谢学校给孩子这么好的一个机会，参与到'分享爷爷奶奶精彩人生'这个公益项目中来。通过这个公益项目，我和孙子佳衡有了几次深度的谈话。我们从画家的成

长历程，经历的艰辛说起，说到了中国的绘画史，甚至也说到了他未来的职业走向。令我感到欣慰的是，通过这几次对话，我感觉我的孙子不再是我之前认识中的懵懂的小朋友，他其实已经有很多自己的思考，也真正想从我们老一辈这里了解到更多的东西。只是我们作为长辈之前一直没有这个意识，没有真正地和他一起坐下来谈话。

听孩子说，这次他们不仅采访了自己的家人，也邀请了社会公众人物，和他们进行了深入的交流。作为一个老一代的艺术工作者听到这里，我很高兴。文化是一种传承的东西，五千年的历史留下的很多优秀品质和优良的传统，如果没有这样一种代代相传，我们的中华民族怎么才能进步？

不登高山，不知天之高也；不临深溪，不知地之厚也。我们爷孙的采访活动完成后，我也嘱咐孙子多跟其他同学交流，多听听老一辈的故事，这样就能集他人所长。我也希望以后学校能够经常开展类似的课程，我愿意尽绵薄之力！"

帮扶对象感言精选（二）

史家小学学生朱迪菲姥爷："外孙女因为参加五（12）中队'分享爷爷奶奶精彩人生'公益项目，所以提出要采访我。于是我便给孩子回忆了我刚参加工作时的一段经历。当孩子了解到当时的我和师兄凭借严谨负责的态度，查出设备数据问题，而杜绝了重大责任事故的发生时，她一边记录一边感叹。访谈之间，我们爷孙间的距离拉近了，孩子对我们长辈也有了新的了解和认识。我觉得史家小学这个课程很好：既能让孩子在参加课程的过程中来陪伴和倾听老人，以实际行动践行敬老爱老这些美德；又能让我们通过自身经历的讲述，把我们这一辈为之骄傲的优良品德传递给他们。希望孩子们认识到：无论是现在的学习还是未来的工作，都要抱着认真严谨的态度，这种态度对个人的成长非常必要。我希望学校类似的课程可以多多开展，优良的传统可以代代相传！"

七、成果展示——公益，我们一直在路上！

"分享爷爷奶奶精彩人生"公益项目自开展以来，活动展示类型丰富，资料采集渠道广泛，累计收集 500 多份采访日记。项目组从中甄选出 30 份浓缩了精彩人生和感人瞬间的采访故事，汇编成册。项目还受到北京榜样、首都文明办官方公众号和《北京头条》等多家媒体的广泛关注和报道。经过评比，项目最终获得了由中石油和中国扶贫基金会联合颁发的"益路同行（优秀公益创新团队"奖。

北京榜样、腾讯网对项目进行报道

5月18日下午，首都文明办、北京人民广播电台携手史家小学举办"学榜样 我行动——分享爷爷奶奶精彩公益人生"主题活动，让学生们通过聆听榜样故事，形成人人自觉"学榜样 我行动"的浓厚氛围。

《北京头条》对本项目进行报道

项目获得"益路同行·优秀公益创新团队"奖

"爱的牵挂"急救档案

"'爱的牵挂'急救档案"服务学习项目由史家小学六（9）中队杨益菲同学发起，六（9）中队全体成员共同参与执行。项目指导教师为史家小学王瑾老师。"'爱的牵挂'急救档案"项目于2018年2月初启动，至2018年6月份顺利完成，项目组先后走进豆瓣社区、魏家社区、史家社区、奥运村社区和煤炭科技苑社区，通过登记社区居民信息，发放并指导填写急救档案卡，放映医疗急救科普宣传视频等方式，为社区居民宣传讲解了建立个人急救档案卡的重要性。项目组累计向5个居民社区的200余户家庭发放并指导填写了700多份急救档案卡。项目的开展在社区居民中取得了良好的反响，项目的成功实施也得到了《现代教育报》《北京社区报》等媒体的关注。

一、指导教师推荐序

2017年新学年开学伊始，学校组织申报2018年度的服务学习项目提案。全班同学都展开了激烈讨论，经过一轮一轮PK，杨益菲同学提出的"'爱的牵挂'急救档案"的项目提案受到同学们的关注。这个提案是她基于家人的真实经历而来的。平日里非常健康的姥姥突然出现了气喘、噎食等不同往日的反常情况后，学医的妈妈立刻判断姥姥有可能患有冠心病，使得姥姥得到了顺利的救治。但是，并不是所有人家里都有学医的家人在身边，现在人们普遍没有对突发疾病防范的意识，尤其是突发心脑血管疾病时，往往对自己的情况叙述不清，延误了急救的时机。因此，她提议为社区有需要的居民建立一张可随身携带的急救档案卡，通过建立这份包含有紧急联络人电话、既往病史等信息的生命档案，减少急救过程中必要的问询时间，更充分有效地利用抢救时间来挽救生命。

齐心协力，为爱扬帆起航

听完杨益菲的提议，同学们纷纷表示这个项目太有意义了，她们希望参与到这个项目中，为社区的爷爷奶奶们做一点实事。同时，也有同学提出质疑：这个项目那么专业是不是能够推行呢？以我们小学生的能力应该如何去推行呢？面对这个疑问，作为指导老师，我建议大家查阅资料来解决。于是大家开始行动起来，有的查阅相关急救知识的资料；有的走访身边的老人，了解他们的需求；还有的学生和从事医疗工作的家长进行了深入的探讨……大家很快又提出一个新问题，急救档案填好后，如何才能让救护人员看到呢？孩子开始你一言我一语地讨论起来，有的人说："放在玻璃瓶里，摆在冰箱里。"马上，就有同学提出了质疑："冰箱里都是食品，很可能造成污染，并且冰箱里湿气大，急救卡会坏掉。"又有同学提出："不如统一设计一个信封，放在显眼的地方。"在孩子们的激烈讨论下，最终大家决定给社区内的居民分发急救档案卡和方便挂扣，便于将急救档案可以挂在入户门背后，或者在居民外出时挂在书包里。这样一来，无论在哪里突发疾病，只需拨打急救电话，就可让急救人员上门或路边救助人员及时获取信息，展开急救。项目因此还有了一个打动人心的名字——"'爱的牵挂'急救档案"。爱的牵挂，既代表可以随意挂，又代表一颗时刻牵挂的心。

一个团结合作的集体是一个项目能否顺利完成的重要因素。"'爱的牵挂'急救档案"项目确立后的一周内，就成立了以杨益菲、白亦琳、张绮芸和陈雨初四位同学为核心成员的项目实施小组，为项目后续的顺利开展建立了坚实的团队基础。我们六（9）中队开展这一项目优势突出，一是班集体凝聚力强，核心成员均有较强的组织能力。二是家长志愿者有丰富的医疗行业相关经验，能为孩子们提供专业的指导。三是全班家长都非常支持孩子们自主策划、实施公益项目，也积极参与到孩子们的项目中，这也是这个项目能取得成功的重要保证。

项目团队分工行动，很快确定了项目书，并根据项目计划按时设计出活动 Logo 及旗帜，确定了活动理念及推广的社区，初步制定出接下来的活动流程和目标，并基于大量的调研设计出急救档案卡模板。在项目团队正式走入社区之前，项目小组先在班级内部进行了一次小范围急救档案知识推广预演。为了更好地参与和完成这次公益项目，班里很多同学还推掉了周末的学习和课外活动安排，志愿加入这个公益项目的推广活动中去。在家长志愿者的帮助下，孩子们主动联系医学专家到现场为老人们提供指导，这也解决了项目成员在现场同老人交流沟通存在专业性不足的问题。

润物无声，在服务中成长

作为一名老师，我看到了学生们在讨论过程中对生命易逝的慨叹，虽然他们面对生死问题还依然懵懂，但这些少年满怀帮助他人的渴望和热情，他们对生命的敬畏和尊重令人动容。孩子们的投入深深地打动了我，原来生命教育是这样的润物细无声。通过这样真实、生动的公益项目，孩子们能在为他人普及急救档案知识的同时，也激发了学习的动力。在服务学习的过程中，不断涌现出来新问题，这些问题与学校文化课程的综合运用密切相关，生发出了一个又一个的学习主题，孩子们在服务中得到了全面成长。

　　首先是同学们的表达能力得到提高。由于每一次活动的实施前都需要联系场地，活动中需要与社区居民讲解活动意义和急救档案卡的填写方法，活动结束后又要了解活动效果，撰写总结和活动日志等。在这种真实场景的锻炼下，同学们的沟通表达和写作表达能力均有不同程度的提升，尤其是项目发起人杨益菲及其他三名核心成员。他们都是优秀的学生干部，但是她们也有共同的特点就是胆子比较小，都比较内向含蓄。但是，在项目执行中，姑娘们必须不止一次地在全校大会上介绍自己的项目。她们就利用一切可以利用的时间，不断地练习，直到她们发言顺畅，衔接自然。还记得新学期开学，所有服务学习项目在全校同学面前正式登台亮相的那天，四名同学的出色发挥获得了全场师生的掌声和支持。自此以后，她们组织起其他活动来也有模有样，这四名同学在表达技巧上有了大幅度的提升，因为服务学习项目，她们能突破自我，从内向羞涩的小姑娘逐渐变成了落落大方、从容自信的公益项目执行者。

　　其次是学生的沟通能力与应变能力也得到提高。孩子们社区推行项目的过程中，常常会遇到各种突发的情况。比如在一次活动中，因为没有做好准备工作而导致场面一度十分混乱，引来部分居民的不满。孩子们面对如此情况，起初有一些慌乱，但很快意识到这是由于前期与社区沟通不到位造成的。于是团队成员立刻采取补救工作，马上维持了现场秩序，坚持耐心讲解，并获得社区工作人员协助，圆满完成了活动。事后，项目组立刻调整了剩余活动方案，加强前期准备，设置应急预案。就这样，经过一次次努力，孩子们逐渐赢得社区居民的理解与支持，也学会了面对突发情况时，不慌不忙、不急不躁、耐心沟通、冷静应对。

　　最后是学生们服务社会的意识得到提升。因为这次的服务学习项目的历练，现在孩子们在发现某个社会问题的时候，就会有意识地想到自己能做些什么，可以说孩子们更具主人翁精神、更有责任感。服务学习让孩子们走入社会发现需要帮助的人群，用自己微小的力量，为帮助他人和服务社会做出一份贡献。这正是在培养孩子们的社会责任感，积淀家国情怀，我相信服务学习课程将成为她们成长历练中最好的一门课程。

本次"'爱的牵挂'急救档案"公益项目在大家的共同努力下，取得了圆满成功。在这个过程中，不仅项目产品——急救档案卡得到广泛肯定与应用，同学们的能力也得到锻炼，作为教师的我对"服务学习"课程的理解也得到了深化。希望同学们在今后的日子里能更好地利用所学服务社会、服务他人。

指导教师：王　瑾

二、创想梦工厂——种下一颗公益的种子

（一）创想动因

现在社会生活节奏越来越快，新闻中报道各年龄段人群因病猝死的新闻越来越多。项目发起人杨益菲同学因为一次家人的亲身经历，萌发了建立"'爱的牵挂'急救档案"的想法。杨益菲的姥姥平日健康的身体突然出现了不同以往的如喘息困难、吃饭噎食等反常征兆，学医的妈妈立刻判断姥姥有可能患有冠心病，这才使得姥姥得到了顺利的救治，避免了心脑血管疾病突发可能造成的猝死情况发生。

然而，并不是所有人家里都有学医的家人在身边，现在人们普遍没有对突发疾病防范的意识，尤其是突发心脑血管疾病时，往往对自己的情况叙述不清，延误了急救的时机。据她观察现在社区里不少老人独自居住，平日身边没有儿女陪伴和照顾，如果这些老人没有对突发疾病防范和准备

的意识，那么当中老年常见的心脑血管疾病突发时，极可能对自己的病情叙述不清，延误了救援时机。因此，她提出了帮助社区居民建立急救档案卡，通过这个可随身携带的包含有紧急联络人联系方式和既往病史的急救档案卡，可以缩短急救过程中必要的问询时间，充分利用抢救时间进行有效救治。

（二）团队介绍

发起人及总负责人	杨益菲	史家小学六（9）中队成员，有较好的执行力与创造力，考虑问题周到，有较强的领导力和执行力，是本次项目的发起人和总负责人
团队伙伴	白亦琳	史家小学六（9）中队成员，有较强的创意、绘画设计能力，同时有一定的观察力和很强的组织能力，负责本次项目的宣传工作
	陈雨初	史家小学六（9）中队成员，具备较强的理解力和执行力，能快速分解和部署任务，负责本次项目的组织策划工作
	张绮芸	史家小学六（9）中队成员，有较强的计划性，考虑问题全面，做事认真，负责本次项目的财务管理工作
指导教师	王 瑾	史家小学六（9）中队辅导员，荣获过北京市"紫禁杯优秀班主任"一等奖，东城区教育系统育人奖，东城区优秀中队辅导员等荣誉称号，是东城区骨干教师。王老师善于组织学生开展丰富多彩的活动，尤其在公益活动方面，有丰富的经验
专家顾问	10名三甲医院在职医护人员	10名来自北京知名三甲医院的在职权威专家及骨干医护人员，分布心脑血管、内外妇儿、护理康复和急诊医学等各领域，为此次公益项目提供了专业支持

（三）实施过程

"'爱的牵挂'急救档案"项目自2018年2月初立项，至2018年5月底顺利完成，共经历了立项准备、调研筹备、推广实施和总结分享四个阶段。

第一阶段（2018年2月1~10日）：立项准备阶段。项目组成员在这一阶段主动自行联系社区居委会，协商确定"'爱的牵挂'急救档案"公益项目在该社区内开展的时间、场地和主要形式。

第二阶段（2018年2月11日~2月底）：调研筹备阶段。在这一阶段，项目组成员根据项目实施目标进行了全校范围内的志愿者招募，进行了项目操作流程设计，向支持项目的医学专家顾问团队咨询、学习了急救相关科普知识内容，设计制作急救档案卡、健康知识手册等项目所需物料，并拍摄制作了用于宣传的医疗急救科普宣传视频。通过视频，更加直观地讲解急救档案卡的使用流程和常用急救措施。同期，项目组还为后期推广开通了项目公众号，定期推送急救知识和项目动态。

第三阶段（2018年3~5月中旬）：项目推广实施阶段。这一阶段项目组成员为达成项目实施目标，走进社区，通过登记社区居民信息，发放健康知识手册和指导填写急救档案卡，放映医疗急救科普宣传视频，为社区居民讲解项目实施意义和急救档案卡的使用方法。项目组成员共走进包括豆瓣社区、魏家社区、史家社区、奥运村社区和煤炭科技苑社区等 5 个居民社区，累计向 200 余户家庭发放并指导填写了 700 多份急救档案卡，并举行了两次线下宣讲活动，同时，项目组还通过微信公众号不断更新发布活动集锦和健康相关科普知识，在项目进行过程中持续扩大影响力。

2018 年 4 月 17 日，项目组成员利用放学后的时间在豆瓣社区线下活动，他们借助附近社区老人在校园内排演节目的机会，组织了一次急救档案卡的使用推广活动，帮助很多老人了解到建立急救档案卡的必要，并进行了有效的登记与填写。

2018 年 5 月 9 日，项目组成员通过联系史家社区居委会，协调校方抽借教室，邀请社区老人来校，组织老人观看了医疗急救科普视频，给老人们详细讲解了急救档案卡的填写和使用方法，同时还发放了列有老年常见病介绍的医疗健康知识手册。

第四阶段（2018年5月中下旬）：成果分享阶段。"'爱的牵挂'急救档案"项目组成员在围绕项目开展的活动全面结束后，又展开了结项后的集体讨论，反思并交流项目实施过程中的经验教训，推出成果报告。在史家小学"六一"汇报演出中，团队以展板和演讲的形式全面介绍了项目过程，分享了在此次服务学习课程中的收获。

三、学生行动日记——记录公益之花盛开全过程

学生行动日记精选（一）

2018年4月17日　星期二　晴

六（9）中队　张绮芸

今天我们项目组利用放学后的时间，向在我校参加运动会彩排的爷爷

奶奶们做了一次宣传活动。放学后，我们准备好材料，准时来到了操场。由于这是我们第一次在学校内向社区居民实施项目推广活动，所以开始前大家都有些小紧张。

爷爷奶奶们坐在操场边的看台上，等待着我们这些小"宣传员"的讲解。我们的活动在下午三点四十分准时开始了！我们细致地讲解了今天活动的目的和急救档案的填写方法，爷爷奶奶们一边听着我们的叙述一边频频点头，并夸赞我们的想法很好，有助于降低老人独自生活时因突发疾病造成的风险。

到分发急救档案卡的环节时，在志愿者同学的帮助下，我们分组把档案卡逐一分发给看台上的爷爷奶奶们，并且指导他们填写。但是，因为爷爷奶奶们还要参加彩排，留给我们的时间就不那么富余了。活动结束后，我们大家一起讨论反思了今天的组织工作。我们需要改进的地方还真不少，比如如何更好地让爷爷奶奶意识到正确填写急救档案卡的重要性，如何更加有秩序地组织活动等等这些方面都需要我们持续改进。

虽然今天遇到了困难，但是我们一定会坚持到底，为社会尽我们的一份力，加油！

学生行动日记精选（二）

2018 年 5 月 9 日　星期三　晴

六（9）中队　杨益菲

今天我们"'爱的牵挂'急救档案"公益团队又开展了一次线下活动。

除核心成员 4 人外，还有班上的 5 名志愿者同学参加。在今天的活动上，我们向老人和《北京社区报》的记者推广了我们的项目，许多老人表示这个项目非常有意义，愿意填写完整后回家将表格挂在了入户门背后备用。

由于总结了前几次活动的经验教训，所以今天整个活动进行下来得比较顺利，我们这次的效率明显提高了。但是从推广效果来看，我感觉我们的讲解方式还需改进，因为有几位老人显然没有听懂表格如何填写，我们应该再根据老人的特点改进我们的表述方式，以更加简练和清晰的表述来介绍。另外，我觉得以后在开展活动之前，还应扩大宣传力度和提前预告活动内容，这样不仅参加的人多，老人们也能提前有所了解。

当我在为社区独居老人郭志英奶奶指导填写表格时，郭奶奶非常感谢我们发起了这个项目。在接受记者采访时她这样说道："孩子们帮我制作了这个急救档案，我这心里一下就踏实了。我平时自己一个人住，这一旦真出了什么事，我也不怕跟医生讲不明白了。"听到她这么说，我很欣慰也很受鼓舞，只要能够帮到他们，这个项目就做得非常值得。

通过每一次的帮助老人了解项目、提供急救档案卡填写服务的活动，我们都能有所收获、有所成长。这也许就是服务学习的真正意义所在：在学习中服务，在服务中学习。

四、学生反思工具——从回望中汲取前行的力量

学生反思精选（一）

姓名：张绮芸　时间：2018 年 6 月
提案名称："爱的牵挂"急救档案

发生了什么	有何感受
有时候，有些爷爷奶奶们会和我们聊起来他们的既往病症，同时咨询我们一些医学相关的问题	对于一些非常专业的医学知识，我们也知之甚少，不能给出准确的解答，感觉没给爷爷奶奶帮上忙，心里很失落

有哪些主意	有哪些问题
可以针对老年人的常见病和多发病制作一些保健知识小手册，分发给爷爷奶奶；还可以请专业的医生参与到我们的公益活动中来，一起为老人服务	我们自己的医学知识还很匮乏，需要加强学习。虽然我们有专业的医生顾问团，但是他们的工作也非常繁重，能够投入到我们的活动中的时间很有限

教师评语
很高兴看到你们在活动过程中发现不足，并针对问题去思考答案。活动出现的问题让你们意识到自己知识有限，有了继续学习的动力和积极探索解决方案的想法！为你们的自查自省点赞！

学生反思精选（二）

姓名：白亦琳　时间：2018 年 6 月
提案名称："爱的牵挂"急救档案

发生了什么	有何感受
第一次走进社区进行我们项目的宣讲，派发急救档案卡，并引导老人进行填写。但是，因为活动在室外举行，环境嘈杂，很多老人领了档案卡，但都未能在现场正确地填写	活动现场不如理想中的有序，虽然我们在尽力维护，但是人太多了。很多老人都没有听清楚要求，我感觉我们的工作还是做得不够好，活动开展得很辛苦，但效率还不够高

续表

有哪些主意	有哪些问题
活动开展前应与社区进行充分沟通，提前进行活动预告，争取使用社区活动室等音响设备比较好的地方。用简单的语言讲述档案卡的填写标准，还可以制作填写样板卡，让填写时间变短，提高效率	在推广过程中，选择什么样的活动场地才能避免因为人多带来的秩序混乱的情况？如何才让所有参与活动的老人都能在较短的时间内学会填写急救档案卡？

教师评语

　　理想与现实总是有差距的，你们在项目的实施过程中能发现事情在实际操作运行所遇到的问题可能远远多于你的预期，这很正常。活动现场人多说明我们的项目还是非常受欢迎，但是因为场地等原因，并没有理想中那么好的体验，希望下次活动，我们能做好充分的准备，提高活动质量

五、家长感悟——在公益服务中和孩子一起成长

家长感悟精选（一）

公益路上见成长

杨益菲家长

　　女儿杨益菲去年夏天上网时关注到一条新闻，讲的是日本大阪市立法为每个城镇居民建立家庭急救档案，同时要求社区工作人员每两周对社区居民尤其是独居老人进行回访这个事情。当时她就问我："妈妈，咱们国家是怎么做的？"我告诉她目前国内还没有相关的规定和立法。我没想到她的这一个疑问最终居然成为一个公益项目的动因。在"服务学习"课程广泛征集提案时，她就把家里她姥姥曾经发生过的状况和这个新闻相结合，思考并发起了"'爱的牵挂'急救档案"公益项目。

　　项目成功入围后，不管是立项后一步步做项目预算、设计急救档案表，还是与社区各单位协商、策划、实施线下活动，抑或是活动后总结完善、

优化后期流程，进行最后项目成果总结等，所有这些工作都是她和她的项目团队独立完成的。作为母亲，我全力支持她开展这个项目，但支持不等于替代，除了女儿有时候咨询医学专业问题，我会给予适当建议和指导外，其他时候我更愿意站在女儿的身后。

当然公益，远没有想象中那么简单。原本她计划走进社区将表格交给居委会让其下发，最后做一次回馈。可当他们真正脚踏实地开展了第一次活动之后，发现根本就和预期中的不一样。有一些老人十分热情，不仅领了我们的卡片后登了记，还在学会填表之后推广给了身边的居民，这也增强了孩子们的自信心。但也有一些人不愿意接受卡片，甚至是非常不友好，让孩子们一度怀疑自己做的事情是否有意义。挫折并不一定是坏事，当孩子们平复心情后，反思活动安排，发现问题还是出在计划不周上。于是他们重新调整活动计划，经过她们的协调后，整体情况好了很多。这让我们知道，不管做任何事也要讲究方式方法，有组织有计划的情况下效率才高。

诸如此类的变化还有很多，对此我感到很自豪！因为女儿终于开始思考如何成为一个对国家对社会有用的人，并且通过行动迈出了她小小的第一步，这不仅是对家人平时言传身教的回报，也证实了史家小学一贯倡导的综合素质教育的成功。通过这次公益项目的发起、组织和承办，除了可以帮助学生理解和综合运用文化知识，还能培养孩子的社会公德心、创新意识和实操能力，让孩子们更具爱心，也更具社会责任感。这才实实在在是为国家培养了栋梁之材。感谢史家小学！感谢中国扶贫基金会及中国石油！

家长感悟精选（二）

益路同行，一路成长

陈雨初家长

"'爱的牵挂'急救档"服务学习项目在大家的共同努力下圆满完成，

孩子们在所有人面前进行了完美的展示。一张小小的急救档案卡，凝聚了整个项目团队对老人的关怀和满满的爱意。通过观察，我发现我家孩子陈雨初在参与整个项目的过程中，学到了很多在书本里课堂上学不到的知识。

首先，她学会了换位思考。从最初的创意，到最后形成一张填写着急救信息的急救档案卡，这个过程需要她们团队进行多次讨论和修正，而每一次修正都融入了孩子们的新的思考。比如，怎么才能方便保存和携带、怎么才能方便填写、怎么才能方便让急救人员快速获取关键急救信息等。在她们讨论修正的过程中，孩子学会了分别从老人、家属、急救人员的角度去思考问题，最后设计出来的卡片才能满足各类人群的需求。

其次，她认识到分工合作的重要性。一个项目的成功，要有组织策划、宣传、执行和财务管理方方面面，4名同学根据个人特长，每人分工负责一部分，通过不断地沟通讨论和相互合作，最终成功完成了项目。这个公益项目的成功，让孩子认识到，一个人可以走得很快，但一个团队可以走得更远。

最后，也是最重要的一点，她学会了如何更好地关爱老人。在项目执行的过程中，孩子们需要去学习去了解老人的年龄特点、老人容易患什么方面的疾病、怎么设计卡片最方便老人使用、怎么与老人沟通更有效，等等。这些知识孩子们有的是从家长那儿了解到的，有的是从医生那儿学习得知的，而更大一部分是通过直接跟老人沟通调研了解到的。通过这些行动，孩子们认识和了解到老人更需要关怀的社会现实，也找到了可以为老人提供关怀的有效的途径。

俗话说，读万卷书，行万里路。我想在实施公益项目的过程中，孩子两者都做到了，既有为项目而主动学习新知识，也有为将知识传播于他人，造福社会而奔走实践。感谢益路同行，让孩子有机会在公益实践中一路历练，一路成长。

六、帮扶对象——公益服务社会，爱心连接你我

帮扶对象感言精选（一）

朝阳区和平街煤炭科技苑社区老人刘翠玲："今天来自史家小学的学生给我们社区的老人发放了'爱的牵挂'急救档案卡，我收到了一张，并且得到了同学们的热心介绍和耐心的解释。他们跟我说，如果儿女不在身边，这张小小的急救档案卡，就可以在突发疾病时让医生们第一时间明确了解病史病况，实施有效救治。看着孩子们制作的卡片，我的心里感到一阵阵温暖，得到孙子辈儿的孩子们的关心，让人心情无比好。卡片虽小，爱心无价！回到家，我把孩子们指导填写的急救档案卡放在家里最显眼处，以备急需之用。儿女看见了都说这是个贴心的活动！感谢这些孩子，希望他们继续关注公益、助力公益、汇聚爱心、奉献爱心。"

帮扶对象感言精选（二）

东城区魏家社区老人李家塑："我的儿子、女儿虽然都是孝顺孩子，但是各自的工作都很忙，不能经常在我们老两口身边照顾我们。我和老伴上年纪了，身体也不是很好，都患有高血压、心脏病等老年人常见的疾病。今天，史家小学的小同学通过社区来到家里，送来了一张急救档案卡。别看这是张小小的卡片，可它里面的内容对于老年人来说可是大有用途。通过同学们的介绍和指导，我将我和老伴的身体情况以及已患的老年慢性病都清楚地填写在上面，同时备注上一些简单的急救措施，最重要的是还填写了家里孩子们的联系方式，这样一张小小的卡片随身携带，我们就可以在突发疾病的时候第一时间得到正确的处理，并及时与家人取得联系。卡

片虽小可它让老年人感受到了贴心的关爱，让我们感受到这一代的孩子们并不是都是温室蜜罐里长大的不懂得关心他人的孩子，而是肩负着社会责任和使命感的新一代！"

七、成果展示——公益，我们一直在路上！

"'爱的牵挂'急救档案"项目组先后走进豆瓣社区、魏家社区、史家社区、奥运村社区和煤炭科技苑社区进行宣传，帮助社区居民了解建立个人急救档案卡的重要性，累计向等 5 个社区的 200 余户家庭发放，并指导填写了 700 多份急救档案卡，收到了社区居民的普遍好评。同时，项目在推进过程中还受到来自《现代教育报》《北京社区报》等媒体的关注。最终经过评比，项目获得了由中国扶贫基金会颁发的"益路同行·优秀公益创新团队"奖。

《现代教育报》对项目进行报道

项目获得"益路同行·优秀公益创新团队"奖

一页书图书馆

"一页书图书馆"服务学习项目由史家小学一（17）中队张逸凡同学发起，一（17）中队全体成员共同参与执行。项目指导教师为史家小学徐虹老师。"一页书图书馆"项目虽然并未入选 2017～2018 学年的"益路同行"服务学习项目，但孩子们的热情丝毫没有减弱。在中队的组织下，项目于 2018 年 2 月底自主启动，至 2018 年 6 月份顺利完成第一期，项目组充分利用网络的共享和传播力量，累计完成"一页书"推荐共计 76 本，包含了中外文图书、名著、绘本等各类书籍，吸引了 9865 人次参与项目，共进行 19666 次转发和评论，在低龄学生家庭中产生了较大反响。

一、指导教师推荐序

我国的全民阅读工程已经开展了十几个年头了，而 2017 年发布的全国国民阅读调查报告显示，国民人均年阅读量仍不足 8 本。这里面包括了纸质书阅读量和电子书阅读量，且并没有区分浅阅读和深阅读。可以说，这是一个"阅读缺失"的时代，重塑一个民族的阅读习惯，必须从娃娃抓起。"一页书图书馆"的公益项目是我们班张逸凡同学的创想，他非常喜欢读书，经常会和父母购买一些自己喜欢的书籍。但是，他发现身边越来越多的伙伴喜欢在课余时间打游戏、玩手机，这让他非常沮丧，他非常希望更多的小伙伴能够感受到阅读的快乐，爱上阅读。

作为一名有 28 年教龄的教育工作者，我深知阅读对孩子成长的重要性。然而，就在刚刚过去不久的"六一"期间，我在网上看到一个孩子写给帮扶志愿者的小纸条："叔叔，我不喜欢你们带来的东西，我想要一个可以打王者荣耀的手机。"这则新闻让我非常痛心，也更加坚定了我要和孩子们一起做"一页书图书馆"的决心，希望孩子们的推荐能带动越来越多的同龄人，改变越来越多的家庭。

"一页书图书馆"希望把每个同学喜欢书籍中最喜欢的片段记录下来，最好是自己思维闪光的片段，通过网络平台共享和传递这份喜爱，最终希望建成一个小学生自己的引导型的片段数字图书馆，并通过这个平台进行图书榜样的传递，为改善儿童阅读现状做出一些改变和贡献。

就这样，在大家的共同努力下，"一页书图书馆"项目在 2018 年 2 月 26 日正式启动，孩子们了解了这个公益活动后都非常高兴，都积极准备参与到项目中来。因为这个项目是需要发动同龄的孩子分享自己喜欢的书籍，所以，前期核心成员们需要做大量的工作，参与首期书籍分享的同学们也付出了很多心血。可以说这个项目是真正地全员参与，全员受益的项目。

尤其是项目组核心成员，需要做大量的数据处理工作和繁杂的线下协调工作。工作多、任务重，然而孩子们并没有气馁。在家长的协助下，一次次地将一页书时收集、整理、编辑并最终发布出去。看着孩子们稚嫩的脸庞，小小的身躯，面对困难时和挑战时表现出的勇气和执着，让我惊讶更让我欣喜。有的孩子为了找到一本最想分享的一页书，把自己所有的书都翻出来重读一遍；有的孩子为了能够介绍清楚自己的一页书，不厌其烦、精益求精地多次录制介绍视频，只为让更多的孩子因为自己的介绍而喜欢上一本书；有的孩子不太擅长于表达，但为了制作一页书，用毅力克服了自己表达的问题，实现了自我突破，成功推荐了最美的一页书。诸如此类的例子不胜枚举，项目组的孩子们在组织和实施项目的过程中，突破了自我，完善了自我。而且，在我的眼中他们都是最好的书籍引导者和书籍管理者。

一分耕耘，一分收获，"一页书图书馆"项目上线以后，也受到了多方面关注，得到了很多良好的反馈。孩子们在制作一页书时不但把这本书读得很深入，在读书习惯上有了改进；越来越多的网友给我们留言互动，反映孩子自从看了公众号上发布的一页书后，非常感兴趣，一定让家长去买。从后台看到数以千计的留言，每一条留言讨论的都是孩子们推荐的书籍，每一次文章转发都肯定了项目的价值和意义，看到项目产生如此大的影响力，每一个参与的人，都感到非常有成就感。小小的一页书，能带来大大的改变，这不仅是公益项目的力量，更是阅读的力量。

虽然这个项目第一期实际实施时间就只有短短的几个月，但因为效果良好，已经成功引起一家发行公司的关注，目前正在与我们洽谈出版事宜。不论是参与项目的广大网友，还是得到图书出版界的肯定，都让我们坚定了信心，要把这个活动一直做下去。因为在孩子们心目中，读书变成了一件美好的事情。读书的闪念是需要记录的、喜爱的知识是更应该传递和分享的，孩子们更希望把"一页书图书馆"传递给更多的小伙伴们，传递给贫困山区的孩子们。

"一页书图书馆"项目不仅能传递同学们喜爱的知识，还能传递爱。虽然今年我们没有能够入选"益路同行"项目，但这丝毫不影响孩子们的热情。孩子们打算利用假期继续阅读、继续分享自己喜爱的一页书。同时，他们还跃跃欲试，打算结合我们目前的良好基础，继续策划、申请明年的"益路同行"服务学习项目，孩子们已经迫不及待啦！未来，我们希望一页书图书馆能够通过网络分享给更多的人，我们也会组织策划多场线下活动，走出校园，走进社区、学校、图书馆等等场所，我们还打算积极与贫困山区的学校联系，希望把我们的"一页书图书馆"推荐给那里的孩子，让那些喜欢书又没有太多能力购买的贫困学生真正受益。后期，我们还打算尽我们所能，让一页书图书馆具备借阅功能，相信一页书活动能搭起这样一座桥梁，能够为更多的孩子和家庭带去书香、带去爱。

指导教师：徐　虹

二、创想梦工厂——种下一颗公益的种子

（一）创想动因

史家小学一（17）中队的张逸凡非常喜欢读书，经常会和父母购买一些自己喜欢的书籍。但是有一次在国家图书馆借阅图书的时候，他遇到了一个小麻烦，因为图书馆的书籍太多了，又没有重点介绍，所以他花了很长时间才选出两本自己感兴趣的书籍。于是，他就想如果能有人做出书籍的重点介绍，那么选择图书就没有那么麻烦了。

所以他就有了一个想法：制作一页书图书馆。顾名思义，就是将每一本书中最精彩的一页由推荐人讲述出来，再加上对整本书的简单介绍，让选择者能根据介绍快速地选出自己喜欢的书籍。经过和全班同学的讨论研究，他们决定做一个长期的项目，第一期的阶段性目标是先上线 50 本一页书。项目组希望通过同龄人的介绍，让更多的孩子都能以爱阅读为潮流，从一页书爱上一本书，从一本书走向真正的爱阅读之路。

（二）团队介绍

发起人及总负责人	张逸凡	史家小学一（17）中队成员、善于思考、富有爱心、热心公益，曾多次参加北京 SOS 儿童村、学校、街道和社区的公益活动，为贫困小朋友捐衣捐物送温暖，有很强的表达能力和组织能力，在本次项目中担任总负责人

团队伙伴	刘子晗	史家小学一（17）中队成员，平时喜欢读侦探类和科学类的图书，逻辑思维能力强，在本项目中主要负责宣传工作
	耿梦萱	史家小学一（17）中队成员，喜欢参与各项有挑战性的集体活动，情商比较高，注重团队同伴的情绪，在本项目中主要负责组织工作
	胡乐妍	史家小学一（17）中队成员，性格开朗热情，具有良好的表达能力和组织协调能力，在本项目中主要负责外联工作
	景枫峻	史家小学一（17）中队成员，热心公益事业，多次参加慰问孤残儿童的慈善活动，在本项目中主要负责财务工作
指导教师	徐　虹	史家小学一（17）中队辅导员，关心和爱护学生，富有责任心和爱心，从教经验丰富，先后荣获东城区骨干教师、东城区优秀共产党员、东城区优秀辅导员、北京市学宪法优秀指导教师，所带班级被评为区优秀中队、优秀小队，撰写的论文在全国和北京市多次荣获一二三等奖

（三）实施过程

"一页书图书馆"项目自 2018 年 2 月底开始，至 2018 年 6 月底顺利完成第一期内容，共经历了项目筹备阶段、实施阶段、总结反思阶段三个阶段。

第一阶段（2018 年 2 月 26 日~3 月 31 日）项目筹备阶段。这一阶段确立了核心团队成员，调查、搜集儿童最喜爱的书籍，确定第一批分享书目，设计并制作一页书分享模板，在班级公众号上分享，并通过网络的转发和分享，达到前期宣传效果。

第二阶段（2018 年 4 月 1 日~5 月 31 日）：项目实施阶段。这一阶段项目组开始进行一页书图书推荐。推荐视频是由一（17）中队的同学们推荐自己喜欢的书籍中具有代表性的一页，再配上简单的介绍视频，上传至微信公众号中，利用网络平台供所有人阅读。除此之外项目组还举行了一些线下的共享图书交流活动，在学校内进行试点开展。项目实施过程主要由

三个部分组成。

　　第一部分：2018 年 4 月，项目组经前期宣传，收集到了 38 个一页书推荐视频。经过分类编辑，2018 年 4 月，第一部分一页书推荐内容正式录制完毕并上线。

　　项目组还精心编辑，将一页书的推荐内容做到图文并茂。介绍页中读者可以根据自己喜欢的书名选择书籍进行阅读，在内容介绍页包括"这本书的封皮""我最喜欢的一页""我喜欢的原因"三部分关于书籍的介绍，

除此之外，还有推荐者的小档案和推荐视频，通过视频传递推荐者的阅读体验。

第二部分：2018 年 5 月，收集 38 份一页书推荐视频。一页书介绍视频上线后，得到了网友们的大力支持和赞赏，在公众号的留言中，很多有孩子的家长都表示"一页书图书馆"的推荐书目非常符合孩子兴趣，能成功激起孩子阅读的欲望。这让项目组备受鼓舞，5 月项目组再接再厉，录制并发布了 38 份一页书推荐视频。

　　第三部分：2018 年 6 月 5 日，项目组举行了一次线下活动——图书交换活动，项目组号召大家拿出自己想要推荐的书籍，与其他同学进行交换阅读。活动要求每个参与活动的同学在规定的时间阅读完交换来的书籍，这让阅读有了一个明确的目标，营造出了全体阅读的良好氛围，获得师生与家长的高度赞赏。

　　第三阶段（2018 年 6 月 1～15 日）：总结反思阶段。"一页书图书馆"项目计划做成一个持续地为大众服务的平台，所以在 6 月 15 日项目第一期结束以后，项目组进行全面的总结和反思。据统计，76 本"一页书"的阅读量为 19666 次，阅读人数为 9865 次，项目组还利用大数据分析了公众平台中的各类型阅读，并计划在一页书图书馆第二期项目中进行改进。未来，项目组将不断完善项目质量，开展系统的线下分享活动，走进社区、学校、书店、图书馆，为更多的同龄小朋友带去阅读的快乐，激发阅读的欲望。

三、学生行动日记——记录公益之花盛开全过程

学生行动日记精选（一）

2018 年 4 月 7 日　星期六　晴

一（17）中队　耿梦萱

今天我一回家就听到了一个消息：我们班的"一页书图书馆"项目上线了。我是项目运营小组的一员，要提前把自己推荐的一页书和讲述的小视频做好，发给同学们做参考。这是第一次推荐，我一定不能马虎，所以我马上翻开书柜精心挑选我最喜欢的那本书。

可是，没想到我找了半天，还是不知道选哪本书。因为我读过的每一本书我都很喜欢，每一本都想给同学们分享。所以，我一会拿起这本书，一会又觉得那一本更适合，就这样选来选去，一直在犹豫。这时候，妈妈进来了，看到我还没选好，就说："你不是有一本幼儿园就很喜欢的书吗？你觉得推荐那本怎么样？"

我突然想起来："对，是《窗边的小豆豆》。"这本书可是从幼儿园开始陪我一直到现在的，把它推荐给同学们最合适了。于是我开始构思怎么推荐这本书。因为要选择最喜欢的一页书进行推荐，所以，我选择了"第二个春天"这一页，春天是巴学园的小朋友都非常喜欢的季节，我要选择重要的内容写下来，让其他的小朋友们都能因为我的介绍喜欢这本书，都能感受到小豆豆的巴学园是个多么神奇的学校。

我认真地写出我的介绍词，还改了好几遍，因为我们是录视频推荐喜欢的书，所以我还要录一个视频。录视频时我请了爸爸和妈妈给我帮忙，爸爸负责拍视频，妈妈负责看我讲的效果，我觉得很快就能弄好。可是，当爸爸用手机对着我的时候，我却有点紧张，讲得不是很好。第一次录完，

我和爸爸妈妈一起看我的视频时，我发现我说得太快了，而且还没有微笑，看起来很严肃。妈妈看到我有点失落，就安慰我说："你说话的时候可以慢一点，就像你给好朋友介绍这本书一样，再试试吧！"爸爸也说："你要声情并茂一点，想想你把你最喜欢吃的东西推荐给别人吃的时候是什么感觉?"爸爸妈妈的话让我开始找到一点感觉，又录了几遍，终于录完了。为了烘托气氛，我还配了一首背景音乐，这下我对自己的推荐视频感到十分满意了。

制作这个推荐真的不容易呀！同学们看了我的视频一定会喜欢这本书吧，真希望让更多的伙伴们都能来阅读这本书。

学生行动日记精选（二）

2018 年 4 月 8 日　星期日　晴

一（17）中队　景枫峻

今天是橄榄球训练日，下课回来真的有点累了。刚想偷懒玩一会儿，爸爸跟我说："你们班的小朋友开始在公众号上分享新书了，峻峻，你的也要准备了。"

听到爸爸的话，我就放弃了想玩的想法。我是核心小组的一员，我要给同学们做榜样。以前爸爸妈妈让我阅读，我都会找各种借口不读书，上了一年级，我发现我们班有很多同学都很爱读书。每一次班会的时候，他们都可以分享很多书，我很好奇他们怎么可以读那么多书。所以，我报名参加了"一页书图书馆"项目，和同学们一起开始阅读。

我把我最近阅读的书拿出来，有《一年级的糖小豆》《大闹天宫》《美国小学生科学探秘》……书摊了一床，可我一本都没有读完，想想都觉得很差劲，我有点难过了。我跟爸爸说："这几本书我一本都没读完，我能不能不分享了？"

爸爸却说："你都在全班同学面前说过，你要开始阅读，可是你又因为偷懒没有说到做到，你觉得这样好吗？"听了爸爸的话，我有点不好意思，爸爸说得对，我不能做一个说话不算数的人，而且我也想像同学们一样知道很多课本上没有的知识。

于是，我找到一本我以前没读完的书叫《史高治的光辉岁月》，然后认真读完了。这是一本漫画书，讲的是一只鸭子历尽千辛万苦，终于实现了自己梦想的故事。我安静地阅读，竟然不知不觉很快就读完了。虽然以前我不喜欢读书，但是现在开始努力也来得及。因为书中的史高治也是经历了很多的困难才实现自己的梦想的。2018年的阅读计划，就从37位同学推荐的一页书开始，我想我也会一定爱上阅读的，我们也会让更多的伙伴们爱上阅读的。

四、学生反思工具——从回望中汲取前行的力量

学生反思精选（一）

姓名：胡乐妍　时间：2018年4月6日
提案名称：一页书图书馆

发生了什么

第一次通过视频的方式向大家推荐一本书，介绍自己喜欢的一页书。在录视频的时候总是很紧张。本来准备好了介绍词，一开始录视频就全部忘了

有何感受

我很想把视频录好，因让大家都对我推荐的书感兴趣，所以我一直在努力练习介绍词，但是视频总是录不好，我有点儿失望

有哪些主意

爸爸妈妈说，我要认真阅读一本书，这样才能给别人说清楚，而且一小段一小段地录制视频，很快就录好了

有哪些问题

我们每个人要三分钟的介绍视频，爸爸妈妈希望我一次录完，我总是说着说着就忘了

教师评语

你是个爱思考，会动脑筋的孩子。老师相信经过第一次的紧张不安，你会越来越棒，希望你也把你的好方法分享给其他同学，让他们也能够学会录制完美的视频介绍，让大家都喜欢你们的介绍，喜欢你们介绍的书

学生反思精选（二）

姓名：刘子晗　时间：2018 年 4 月 28 日
提案名称：一页书图书馆

发生了什么

我们录的视频要放在网上，放在我们 17 班的微信公众号里，我不会用电脑，所以请妈妈帮忙。但是妈妈选的图片太不好玩了，不是我们小孩儿喜欢的颜色

有何感受

大人们都有大人们喜欢的东西，我们小孩子也有我们喜欢的东西，很多都不一样，我要用我们小朋友喜欢的图片搭配我的视频，因为是小朋友来看我们的视频。不过，在微信上做一个东西可真不容易

有哪些主意

我要跟妈妈讲清楚我喜欢的图片是什么样子，让妈妈在网上搜索出来，让我挑选我们小朋友喜欢的图片。可以让爸爸妈妈教我怎么录视频，拍图片，这样爸爸妈妈不在的时候，我也可以自己完成这些事

有哪些问题

我觉得给书拍照和录视频都要大人帮忙，有时候爸爸妈妈不在家就很麻烦，我想自己学会。因为我想自己画一个图书，妈妈说她不会把我画的做成电脑图片，因为那个非常复杂。我好想学习这个本领呀！

教师评语

你是一个非常有想法，非常有主见的孩子。老师要为你敢于尝试新事物的勇气点赞！可以把你的想法和爸爸妈妈进行交流，我相信他们一定也会支持你的。接下来还有一次推荐，就让我们一起期待你制作出精彩的一页书推荐视频吧！

五、家长感悟——在公益服务中和孩子一起成长

家长感悟精选（一）

荐页书以享千册，积细流以成江河

田若驰妈妈

高尔基说过：书籍是人类进步的阶梯。阅读可以培养人的眼界和格局，

健康的书籍可以让人不断地进步。老师和家长引导孩子们从小就把阅读当做重要的兴趣爱好，形成一种良好的阅读习惯，是送给他们最珍贵的礼物和最宝贵的财富。

"一页书图书馆"是由一年级 17 班的孩子和老师以及家长们共同倾心打造的服务学习项目，每个孩子都推荐了自己喜爱的一页书，与伙伴们互通有无，分享读书的快乐，第一期的项目初步达到了项目的预期效果："荐页书以享千册，积细流以成江河。"作为家长，我在帮助孩子完成项目的过程中，收获良多。

首先，这一项目的实施，极大地激发了孩子阅读的积极性。田若驰在初期选择书目过程中，把自己书柜里的书通通拿出来筛选，有的还要仔细读一读，最终确定推荐《三毛流浪记》。这本书他之前已经独立阅读过，但是为了寻找最喜爱的一页推荐给同学们，他又细细地通读一遍，最后选择了"新的憧憬"这一页。为了能够顺利完成任务，他阅读了好几本一直放在柜子里从没有读过的书。同学之间的交流往往比家长的引导更具感召力，田若驰对同学们推荐的图书非常感兴趣，他对我说，同学们推荐的书他都要买来读。

其次，这一项目的实施，充分地调动了孩子勇于展现自我的主观能动性。田若驰的性格里有内向的一面，平时不善言语表达，不愿展现自我。在这次活动中，因为是选择了自己最熟悉最喜欢的书目，所以他很自信，很希望把他的想法分享给同学们，也就有了和大家交流的愿望和勇气，所以在录制推荐小视频时特别主动，一次完成，效果尚可。作为家长，他的这一点进步，让我特别欣慰。

再次，这一项目的实施，给孩子和家长都上了一堂完美的阅读教育课。项目的整个过程都在给孩子们传递一种能量，要用自己的所学去帮助他人。家长通过这次活动，也充分意识到激励孩子多读书、为孩子提供良好阅读条件的重要性。

腹有诗书气自华。孩子们在墨馥书香的熏陶净化下，在浩瀚书海的千锤百炼中，定会心有所持，温和坚定。经过这一学期的努力，我们打下了坚持的基础，未来，我们还要把这份爱心传递出去，让更多的孩子爱上阅读，为书香社会的创建添砖加瓦。

家长感悟精选（二）

和同学们一起，爱上阅读

张烁妈妈

这次 17 班的"一页书图书馆"服务学习项目，从立意上来讲紧扣当前社会阅读氛围不浓、阅读量较低的现状，从孩子们做起，以一个孩子带动一个家庭，具有现实而深远的意义。

咱们的孩子们刚上一年级，大多都是七龄童。但是在浏览了孩子们的一页书推荐后，我感到特别振奋。看得出来家长们都非常重视孩子的阅读教育。看看他们的阅读面多么广啊！内容上，有绘本故事，有名著，有经典儿童文学作品，也有科普读本，以及一些学科的学习读物；形式上，有配拼音的，有图文并茂的，也有纯文字读本。感觉得到，大家的阅读都是基于兴趣，立足于能力培养，以开阔视野为目标的。这是一个令人振奋的、蓬勃向上的、生机勃勃的阅读氛围。

阅读是一种重要的能力，说它是所有学科学习的基石都不为过。这种能力的培养需要日积月累，需要潜移默化，需要长期坚持。孩子现在还小，我们陪他们阅读简单的读本，以后，我们还应该逐步引导他们读文学、读哲学、读历史地理、读科学技术……引导他们把读到的内容吸收到自己的知识结构中，充实自己对世界、对社会的认识。

同时，我们也非常期待迎来项目的第二期，和孩子们一起走出校园，走进社会与生活，带动更多的人阅读。相信童言童语最可贵，同龄人精彩的介绍会吸引更多的孩子们参与进来，我们也愿意将我们的正能量传递给更多的人群，我想这大概就是我们这个项目希望达到的效果吧。读无止境，阅读是一生的修养。看到今天孩子们的努力，我也进一步反省了自己的阅读缺失。以此为契机，让我们和孩子们一起读书，一起成长吧。

六、帮扶对象——公益服务社会，爱心连接你我

帮扶对象感言精选（一）

8 岁小朋友希希的妈妈："孩子现在空闲时间喜欢玩游戏、看动画片，我们也非常希望孩子能热爱阅读，但是孩子一直兴趣不高，在朋友的推荐下我们接触了'一页书图书馆'，孩子最喜欢昕芮小朋友推荐的书。它是以一条鱼的视角讲述进化的故事，让很多大道理变得通俗易懂。我家孩子大概五六岁的时候经常会问：'人不是从猴子变的吗？那现在的猴子为什么不变成人呢？我不是你生出来的吗？'当时听到这些话觉得又好玩又无奈，而且一时还说不清楚其中的道理。这本书就用绘画的方式告诉了孩子动物的起源，人的进化等，更容易让孩子接受，也更符合孩子的认知。"

帮扶对象感言精选（二）

5 岁小朋友小雯的家长："5 岁的小朋友还比较贪玩，需要特别的吸引力才能走进阅读。刘岳霖推荐《365 illustrated Stories and Rhymes》这本书我家孩子非常喜欢，这本英文儿童读物在欧洲家喻户晓，有很多小故事和短小精悍的英文诗歌。我给孩子读了，孩子很喜欢，虽然我的孩子有很多内容还读不懂，但是已经被里面奇妙的图画吸引了。我们还一起欣赏了其他

同学的一页书推荐，大家都制作得很好，有很多书以前都不了解，经过小朋友们绘声绘色地介绍，连我都觉得非常感兴趣，孩子推荐的书更符合孩子的阅读口味，而且还可以丰富我家孩子的书单了，希望等他读完，也可以把自己喜欢的书分享给别人。"

七、成果展示——公益，我们一直在路上！

"一页书图书馆"项目于2018年2月底启动，至2018年6月份顺利完成第一期，项目组充分利用网络的共享、传播力量，推荐了中外文图书、名著、绘本等各类一页书共计76本，吸引了9865人次参与项目，转发和评论量达19666次，在低龄学生家庭中产生了极大的反响。有了第一期的基础，项目组还将持续开展第二期活动，让阅读活动不仅在学校内开展，还要走向更多的家庭，不仅要走入城市，更要走进贫困山区，以公益之力量，传播阅读之魅力。

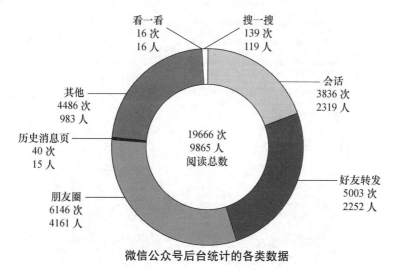

微信公众号后台统计的各类数据

"一页书图书馆"项目已上线的部分图书

"一页书图书馆"项目网友的精彩评论

结　语

　　服务学习，与爱同行。

　　本案例集从全校"服务学习"项目中精选了 16 个优秀项目，详细记录了学生参与"服务学习"的全过程，见证了一路以来学生们的收获与成长。这些项目展现的是学生们的一片赤诚之心，满怀着对生活的无限热爱，对他人的无私关爱。

　　"服务学习"带给我们太多的感动和惊喜，是大家共同用心浇灌而生发出的大爱之花。感谢"益路同行"对我们的认可，感谢所有指导教师们不辞辛劳的付出，感谢家长志愿者们的默默陪伴，感谢所有的媒体对"服务学习"项目的关注，感谢所有的社会单位对孩子们的支持，最需要感谢的还是我们可爱的孩子们，感谢你们用一颗大爱之心温暖社会、服务社会，你们不光具备公益的情怀，更具备公益能力，你们带着公益的感染力与穿透力，向全社会发出了当代少年的最强音。

　　又是一年服务学习项目接近尾声了，但我们服务的热情，服务的决心并没有画上句号。期待明年同学们群策群力，策划出更加具有创新性、利他性、可持续性、影响力的服务学习项目。

　　我们明年再见！